고전으로
미래를
읽는다
022

무의식의 분석

C.G. 융 외 지음 권오석 옮김

ANALYSIS OF UNCONSCIOUSNESS

홍신문화사

서문
존 프리먼

이 책의 출판 동기는 여느 책과는 다르므로 흥미를 끌 것이다. 또한 그 동기는 바로 이 책의 내용 및 의도에와 밀접한 관련이 있다. 그래서 이 책이 어떻게 하여 씌어졌는지 설명할까 한다.

1959년 어느 봄날, 영국 방송국에서 나에게 텔레비전 시청자를 위해 융 박사와 인터뷰할 것을 제의했다. 그 인터뷰는 '심층적'으로 다루지 않으면 안 되는 것이었다. 그 무렵 나는 융에 관해서나 그의 학문에 관해 거의 아는 것이 없었으므로, 즉시 취리히 근교 아름다운 호숫가에 있는 집으로 찾아갔다. 이것은 나에게 큰 의미가 있는 교우(交友)의 시작이었는데, 그 만남이 융에게도 그 만년에 다소라도 즐거움을 느끼게 만드는 것이었기를 바란다.

텔레비전 인터뷰에 대해서는, 그것이 성공적이었으며, 이 책은 그 성공의 마지막 산물로서 여러 가지 조건의 이상한 연결에 의해 출간하게 되었다는 것 이외에는 더 이야기할 것이 없다.

텔레비전에서 융을 본 사람들 중 알더스 출판사(Aldus Books)의 전무이사인 볼프강 포지스가 있었다. 그는 빈의 프로이트 집 근처에 살았던 유년시절부터 현대 심리학의 발달에 강한 흥미를 느끼고 있었다. 그래서 융이 자신의 인생과 학문과 사상에 관해 이야기하는 것을 보자 문득 다음과 같은 생각이 떠올랐다.

즉 프로이트 학설의 개요는 서구의 교양있는 대부분의 독자에게 잘 알려져 있는데 반해, 융은 일반 대중에게 전혀 알려져 있지 않고 일반 독자들이 읽기에는 너무 어렵다고 여겨져 온 것은 참으로 유감스러운 일이라는 생각이었다.

사실 포지스야말로《인간과 상징》의 창조자이다. 그는 텔레비전 화면을 통해 융과 나 사이에 흐르는 따뜻한 인간관계를 느끼고, 융을 설득하여 그의 가장 중요하고 기본적인 사상들을 책으로 엮어서 표현하고, 그것을 전문가가 아닌 일반 독자들이 쉽게 이해하고 흥미를 느끼도록 해보지 않겠느냐고 제의했다. 나는 그 생각에 찬성했으며, 이 일의 가치와 중요성을 융에게 틀림없이 납득시킬 수 있으리라 믿고 다시 한 번 취리히를 향해 출발했다. 융은 그의 정원에서 두 시간 동안 아무 말 없이 나의 이야기에 귀를 기울였고 — 이윽고 "노"라고 대답했다. 그는 되도록 거칠지 않게 말했지만 그 태도는 확고했다. 그는 지금까지 자기의 연구를 대중화하려고 하지 않았으며, 게다가 성공적으로 그 일을 할 수 있으리라고는 생각되지 않는다고 했다. 어쨌든 자신은 나이도 많고 지쳐 있으며, 또한 스스로 많은 회의를 느껴온 그와 같이 장기간에 걸친 작업을 맡아야 한다는 데 선뜻 마음이 내키지 않는다는 것이었다.

융이 결정적인 판단을 내리는 사람이라는 점에 대해서는 그의 모든 벗들이 나에게 동의할 것이다. 그는 문제를 서두르지 않고 주의깊게 잘 생각한다. 그러나 일단 대답을 하고 나면 그것은 반드시 결정적인 것이다. 나는 크게 실망하여 런던으로 돌아갔다. 융의 거절로 나는 이 이야기가 끝난 것으로 믿고 있었다. 그렇게 유산되었을지도 모를 이 작업에 뜻하지 않은 두 가지 요인이 개입되었다.

하나는 끈질긴 포지스의 태도였다. 그는 패배를 시인하기 전에 융과 한 번 더 접촉할 것을 주장했다. 다른 한 가지는, 지금 다시 생각해 보아도 여전히 나를 놀라게 하는 하나의 사건이었다.

앞에서 말했듯이 텔레비전 프로그램은 성공적이었다. 그 때문에 각계각층의 사람들이 융에게 아주 많은 편지를 보내왔다. 그들 대부분은 의학적·심리학적 교육을 거의 받은 적이 없는 보통 사람들이었다. 그들은 이 위대한 인간의 당당한 태도와 유머, 그리고 겸손한 매력에 사로잡혔으며, 그의 인생관 및 인간애가 넘치는 인격 속에서 자기들에게 도움이 되는 무엇인가를 엿보았던 것이다. 그리고 융은 단지 많은 편지를 받은 것이 아니라―그에게는 항상 편지가 아주 많이 왔다―평상시에는 그와 접촉할 수 없었던 사람들로부터 편지를 받았다는 사실을 몹시 기뻐했다.

융이 자신에게 대단히 의미 있는 꿈을 꾼 것도 바로 이 무렵이었다(독자는 이 책을 읽으면서, 그것이 얼마나 중요한지 이해하게 될 것이다). 그는 자기 서재에 앉아 세계 각지에서 찾아오는 명망 높은 의사나 심리학자와 이야기하는 대신 공공장소에서 많은 사람들에게 연설하는 꿈을 꾸었다. 그리고 그들은 융이 하는 말을 열심히 듣고, 그것을 이해했다.

그로부터 1, 2주일 후 포지스는 융에게 임상가(臨床家)나 철학자가 아니라 시정의 사람들을 위한 새로운 책을 써달라고 재삼 간청했고, 융은 겨우 납득했던 것이다. 그러나 그에 앞서 그는 두 가지 조건을 내놓았다. 첫째로 그 책은 단독 집필이 아니라 그 자신 및 그와 가장 가까운 제자들―그 제자들과 함께 그는 자기의 연구 방법과 가르침을 불후의 것으로 만들었는데―과 함께 공동으로 집필해야 하며, 둘째로 집필의 조정 및 저자와 출판사 사이에 생길지도 모르는 문제를 해결하는 일을 내가 맡아주어야 한다는 것이었다.

이 서문이 지나치게 주제넘은 글로 보이는 것을 막기 위해 나는 이 두 번째 조건이 나를 기쁘게 했다는 것, 그러나 무분별하게 기뻐한 것은 아님을 덧붙여두겠다. 왜냐하면 융이 나를 택한 본질적인 이유는, 내가 적당한 정도의 평범한 지능을 가졌고, 심리학에 관해 거의 지식이 없는 인간이라고 간주했기 때문이었다. 요컨대 나는 융에게 이 책의 '평균적 독자'였다. 그러니까 내가 이해할 수 있는 것은 그것에 흥미를 가진 모든 사람이 이해할 수 있는 것이고, 내가 이해하지 못하는 것은 그 사람들에게도 아주 어렵거나 모호하게 여겨질 가능성이 있었다. 나의 역할에 관한 이러한 판단에 의해 나는 부당하게 기쁨을 주는 일 없이 모든 문장이 어느 정도의 명료함과 직접성을 갖고 쓰여지도록, 그리고 필요하다면 다시 써달라고까지 주저 없이 주장했다(때로는 저자들을 화나게 하는 것은 아닐까 두려워하면서). 이리하여 이 책은 전적으로 일반 독자를 위해 기획되고 집필되었으며, 이 책이 다루고 있는 복잡한 테마는 보기 드물게 생생하고 간결하게 취급되었다고 확신을 갖고 말할 수 있게 되었다.

많은 논의 끝에 이 책의 포괄적인 제목을 《인간과 상징(Man and his Symbols)》으로 하는 데 의견일치를 보았다. 그리고 융은 이 책의 공동 저자로서 그와 가장 가까운 전문적인 동료이며 친구의 한 사람인 취리히의 마리 루이즈 폰 프란츠(Marie Louise von Franz) 박사와 미국의 융학파에서 가장 뛰어나고 신뢰받는 학자 중 한 사람인 샌프란시스코의 조지프 L. 헨더슨(Joseph L. Henderson) 박사, 그리고 경험 많은 분석가이며 융이 신뢰하는 개인비서요 그의 전기를 쓴 취리히의 아니엘라 야페(Aniela Jaffé) 여사, 융에 이어 취리히의 그룹 중 가장 경험이 풍부한 저술가인 욜란드 야코비(Jolande Jacobi) 박사를 선정했다. 이들 네 사람이 선정된 것은 그들의 기술과 경험이 할당된 주제에 알맞을 뿐만 아니라, 그들 모두가 팀의 멤버로서 융의 지시에 사심 없이 따라주리라 믿을 수 있었기 때문이다. 융의 개인적인 책임은 책의 전체적인 구성을 계획하고 공동 저자의 논문을 지도하며 수정하는 일 및 '무의식의 접근'이라는 이 책의 중심이 되는 장을 집필하는 것이었다.

그의 만년은 대부분 이 책에 바쳐졌으며, 1961년 6월 그가 사망했을 때 그 자신이 맡은 부분은 이미 완성되어 있었다(그는 실로 임종의 병석에 눕기 겨우 10일 전에야 집필을 끝냈던 것이다). 그리고 그의 동료들이 집필한 각 장에 대한 초고는 그에 의해 승인되었다. 그가 죽은 후 폰 프란츠 박사가 그의 상세한 지시를 좇아 이 책을 완성시키는 책임을 맡게 되었다. 따라서 《인간과 상징》의 주요 제목과 큰 줄거리는 — 세부적인 것에 이르기까지 — 융 자신에 의해 결정된 것이다. 그의 이름을 붙인 장은 전적으로 그의 저술로서(일반 독자의 이해를 돕기 위해 상당히 광범위하게 이루어진 편집상의 개변(改變)은 별도로 하고), 다른 누구의 것도 아니다. 그리고 그것은 영어로 씌어졌다. 그 밖의 장은 융의 지시와 지도하에 몇 명의 저자에 의해 씌어졌다. 융의 사후 이 복잡한 책의 편집은 인내심과 이해력과 훌륭한 인간성을 가진 폰 프란츠 박사에 의해 이루어졌으며, 그 점을 출판사와 나는 대단히 고맙게 생각하고 있다.

마지막으로 이 책의 내용 자체에 관해 설명하겠다. 융의 사상은 어설프게 알고 있는 대부분의 사람들이 생각하는 이상으로 현대 심리학의 세계를 장식하고 있다. 예를 들어 '내향(內向)'과 '외향(外向)', 그리고 '원형(元型)'과 같은 잘 알려진 낱말들은 모두 융학파의 개념으로서, 다른 사람들에 의해 차용되거나 때로는 오용되고 있다. 그러나 그가 심리학적인 지식에 더해 압도적으로 공헌하고 있는 것은 그의 '무의식의 개념'에 의해서이며, 그것은 프로이트의 '잠재의식'처럼 억압된 욕구의 잡동사니 그릇 같은 것은 아니다. 그것은 한 개인의 생활에서 자아의 의식적이고 신중하게 생각된 세계만큼이나 중요한 현실의 부분이며, 끝없이 넓고 풍부한 세계인 것이다. 무의식 세계의 언어와 '주민'은 상징(심벌)이고, 그 커뮤니케이션의 수단은 꿈인 것이다.

따라서 인간과 상징의 연구란, 요컨대 인간이 그 자신의 무의식과 어떻게 얼마만큼 관련이 있는지를 탐구하는 일이다. 융의 관점에 의하면 무의식은 의식의 위대한 안내자요 벗이요 의논 상대이기 때문에, 이 책은 가장 직접적인 언어로 인간과 인간의 영혼에 대한 문제의 연구와 관련되는 것이다. 우리는 무의식을 알며, 주로 꿈에 의해 그것과 교신한다(상호작용). 그리하여 이 책 전체를 통해 — 특히 융이 쓴 장에서 — 개인생활에서 꿈꾸는 것의 중요성이 매우 두드러지게 강조되고 있음을 독자는 깨닫게 될 것이다.

융의 작업을 해설하고자 시도하는 일은 나의 능력으로는 주제넘은 일일 것이며, 많은 독자는 그 내용을 이해하는 데 나보다 훨씬 뛰어난 자질을 갖고 있으리라 생각한다. 나의 역할은 단지 이해력을 시험하는 일종의 필터(여과기)일 뿐 결코 해설자는 아님을 상기해 주기 바란다. 그럼에도 불구하고 아마추어인 나에게 중요하게 생각되고 다른 비전문가에게도 도움이 되리라 생각되는 두 가지 일반적인 점을 감히 제시해 보겠다. 첫째는 꿈에 관한 것이다. 융학파의 학자들에게 꿈이라는 것은 상징적 의미에 관한 어휘표(語彙表)에 의해 해독되는 일종의 표준화된 암호문은 아니다. 그것은 각 개인의 무의식의 핵심이고 중요한 개인적인 표현이다. 그것은 개인에게 딸려 있는 어떤 현상과 마찬가지로 현실적인 것이다. 꿈을 꾸는 사람 개인의 무의식은 바로 그 한 사람과만 교신하고, 또 그 누구도 아닌 꿈꾸는 사람에게만 의미가 있는 그런 상징을 선택한다.

그러므로 꿈의 해석은 분석가에 의해서든 꿈을 꾼 사람 자신에 의해서든 융학파의 사람들에게는 전적으로 개인적이고 개성적인 일이며(그리하여 때로는 실험적이고 아주 긴 시간을 요구하는 것이다), 결코 대략적인 규칙을 좇아 행해지는 것은 아니다.

이와는 반대로 무의식과의 커뮤니케이션은 꿈꾸는 사람에게 가장 중요하여 — 무의식은 인간의 전존재의 적어도 절반이기 때문에 당연히 그렇지만 — 자주 다른 어떤 것으로부터도 얻을 수 없는 충고나 지도를 제공한다. 따라서 융이 많은 사람들에게 이야기하던 꿈을 내가 앞에서 언급한 것은, 어떤 유의 마술에 관해 풀이하고자 한 것도 아니고, 융이 장난삼아 점을 치고 있음을 암시하고자 한 것도 아니다. 나는 단지 일상생활에서 경험하는 보통의 말로, 융이 그 마음의 의식적인 부분에서 이루어진 부적당한 판단을 어떻게 융 자신의 무의식에 의해 고치도록 '충고'를 들었는지 이야기하려고 했을 뿐이다.

이 점을 생각할 때 잘 적응된 융학파의 사람들에게 꿈을 꾼다는 것은 단순한 우연일 수 없다는 점이 명백해질 것이다. 반대로 무의식과의 커뮤니케이션을 확립할 수 있는 능력은 전인격의 일부이기 때문에, 융학파의 사람들은 꿈을 수용할 수 있도록 자기 자신을 '가르친다'(나는 이 이상 적당한 말을 찾아내지 못했다). 따라서 융이 이 책을 쓸 것인가 말 것인가 하는 중요한 결정을 내려야 했을 때, 그는 자기의 의식과 무의식 양쪽에 의지하여 결정을 내릴 수 있었던 것이다. 독자는 이 책의 곳곳에서 꿈이 꿈꾸는 사람에게 직접적이고도 개인적으로 의미있는 커뮤니케이션으로 간주되고 있음을 발견하게 될 것이다—그것은 전인류에게 공통적인 상징을 사용하고 있지만, 모든 경우에 전적으로 개인적인 방법을 쓰는 까닭에 완전히 개인적인 '열쇠'에 의해서만 해독될 수 있는 것이다.

내가 두 번째로 지적하고 싶은 점은, 이 책의 공동 저자들 모두—아마도 융학파의 모든 학자들—에게 공통적인 특별한 논법(論法)에 관해서다. 스스로를 전적으로 의식의 세계에서만 사는 자로 한정하고 무의식과의 교섭을 거부하고 있는 사람들은, 자기 자신을 의식적이고도 형식적인 생활의 법칙에 결부시킨다. 그들은 대수식(代數式)과 같은 절대로 확실한, 그러나 자주 무의미한 논리를 가지고, 가정된 전제로부터 논의의 여지가 없는 연역에 의해 결론으로 이끌어간다. 그러나 융과 그의 동료들은—그들이 그것을 알고 있는지 어떤지는 모르지만—

이런 논의의 방법에 내포된 제약을 거부하고 있는 것처럼 생각된다. 그렇다고 그들이 논리를 무시하는 것은 아니지만, 줄곧 의식은 물론 무의식에 관해서까지도 논하려 한다. 그들의 변증법은 그 자체가 상징적이고 자주 우회한다. 그들은 삼단논법이라는 초점을 모은 스포트라이트에 의해서가 아니라, 주제의 주위를 맴돌고, 되풀이하며 동일한 대상을 그때마다 조금씩 다른 각도에서 본 순환적인 견해를 제시한다. 그리하여 독자는 결코 단 한 번의 결정적인 증명의 순간을 인지하지는 못하지만, 자기도 모르는 사이에 자신이 좀더 넓은 진실의 품속에 있음을 갑자기 깨닫게 되는 것이다.

융의 논법은 ― 그의 공동 저자들 역시 ― 새가 나무 주위를 맴돌듯이, 대상의 위를 위쪽으로 선회하며 올라간다. 새는 처음에 지면 가까이에서는 잎사귀나 나뭇가지가 뒤엉켜 있는 것만 볼 수 있을 뿐이다. 하지만 차츰 높게 날아오름에 따라 나무 주위에서 보는 측면은 전체를 형성하고 그 주변 환경과도 연결된다. 어떤 독자들은 이 '나선형' 논법을 얼마 동안은 알기 어렵고 혼란스럽다고 생각할지도 모른다 ― 그러나 나는 그와 같은 느낌이 결코 오래 지속되지는 않으리라 생각한다. 이것은 융의 방법의 특징으로서, 독자는 그 방법에 의해 자신이 설득적이고 아주 흥미로운 여행길로 인도되고 있음을 깨닫게 될 것이다.

이 책의 각 장에 관해서는 그 장이 스스로 말해 줄 것이므로 굳이 나의 소개는 필요하지 않으리라고 생각된다. 융 자신이 집필한 장은 독자를 무의식과 그 언어를 형성하는 원형 및 상징, 그리고 무의식의 내용을 전하는 꿈으로 안내해 줄 것이다. 다음 장에서 헨더슨 박사는 고대의 신화와 전설 및 원시적인 의식 속에 몇 개의 원형의 양식이 나타나고 있음을 예시하고 있다. 폰 프란츠 박사는 '개성화의 과정'이라 이름붙인 장에서 의식과 무의식이 한 개인의 내부에서 서로 알고 서로 존중하며 서로 적용하기를 배워가는 과정을 설명한다. 어떤 의미에서

이 장은 이 책 전체의 요점일 뿐 아니라, 융의 인생관의 본질을 보여주고 있다고 할 수 있다. 그러니까 인간은 개성화의 과정이 완성되었을 때, 즉 무의식과 의식이 평화롭게 공존하고 서로 보상할 때―그리하여 그렇게 되었을 때―전체로서 통합되고, 차분하면서도 풍요롭고 행복해질 수 있다. 야페 여사는 헨더슨 박사와 마찬가지로 잘 알려져 있는 의식의 구성물, 즉 이 경우에는 그림에 있어서 무의식의 상징에 대해 인간이 되풀이해서 갖게 되는 흥미―거의 강박에 가깝다―를 보여줄 것이다. 상징은 인간에게 의미 깊고 영양이 풍부하며 생명을 유지하는 내적인 매력―그런 상징이 헨더슨 박사가 분석한 신화나 옛날 이야기 속에서 나타나든, 또는 야페 여사가 보여주듯이 무의식에 대한 끊임없는 호소에 의해 우리를 만족시키고 즐겁게 해주는 미술에서 나타나든―을 지니고 있다.

끝으로 야코비 박사의 장에 관해 간단히 설명하고자 한다. 그 장은 이 책의 다른 장과는 다소 다른 하나의 흥미롭고 성공적인 분석의 사례사(事例史)를 요약한 것이다. 이 책에서 그런 장이 지니고 있는 가치는 명백하다. 그러나 다음 두 가지에 주의할 필요가 있다. 첫째는 폰 프란츠 박사가 지적하는 것처럼 전형적인 융학파의 분석이란 것은 존재하지 않는다는 점이다. 모든 꿈은 사적이고 개인적인 커뮤니케이션이며, 그와 같은 어떤 꿈도 무의식의 상징을 같은 방법으로 쓰는 일은 없기 때문에 전형적인 분석이라는 것은 있을 수 없는 것이다. 융 학파의 분석은 모두 저마다 독특한 것이고, 그러므로 야코비 박사의 임상기록철에서 인용한 하나의 사례를―혹은 일찍이 인용된 어떤 것이라도―'대표적'이라든가 '전형적'인 것으로 생각하는 것은 잘못이다. 헨리의 사례와 그가 종종 꾸었던 무시무시한 꿈에 관해 말할 수 있는 모든 것은, 융학파의 방법이 어떤 특수한 경우에는 이런 식으로 적용되기도 한다는 하나의 실례를 보여주고 있다는 점이다. 둘째로 비교적 복잡하지 않은 사례라 하더라도 온전히 설명하려면 한 권의 책이 될 것이라는 점이다. 헨리의 분석 이야기에 다소 이해하기 힘든 면이 있는 것은 불가피한 일이었다. 이를테면 역(易)에 관한 말은 전체의 맥락을 좇아 제시된 것이 아니기 때문에 어딘가 모호하고 그 비교(秘敎)의 부자연스러움 — 그러므로 나에게는 불만족스러운 — 을 느끼게 된다. 그럼에도 불구하고 우리는 — 나는 독자도 동의하리라 확신하고 있지만 — 당연히 받아야 할 충고는 충고로 받아들이고, 헨리의 사례에 관한 인간적인 흥미는 물론이고 그 명확성은 이 책의 내용을 더욱 풍요롭게 만들었다고 결론지었다.

나는 이 글을, 융이 어떻게 해서 《인간과 상징》을 쓰게 되었는지 설명하는 것으로 시작했다. 지금 이 서문을 끝내면서, 나는 이 책의 출판이 얼마나 주목할 만한 — 아마도 유니크한 — 일인지 독자들이 상기해 주기를 바란다. 칼 구스타프 융은 전시대를 통해 위대한 의사들 중의 하나이며 금세기 최고 사상가 중 한 사람이었다. 그의 목적은 언제나 사람들이 그들 자신을 알려고 하는 것을 돕고, 그 결과 자각과 사려 깊은 자기개발에 의해 그들이 충실하고 풍성하며 행복한 인생을 보낼 수 있도록 하는 데 있었다. 그는 이전에 내가 만난 어떤 사람보다도 충실하고 풍성하며 행복했던 그 자신의 생애의 마지막을 목전에 두고 일찍이 시도한 바 없는, 많은 대중에게 자신의 사상을 전하는 일에 남은 생애를 바치기로 결심했던 것이다. 그는 같은 달에 그 학문과 인생을 완성했던 것이다. 이 책은 그가 많은 일반 독자들에게 물려준 유산이다.

이집트 왕 람세스(Ramses) 3세의 무덤 입구

무의식의 분석

contents

서문 _ 2

Ⅰ. 무의식의 접근 _ 17

꿈의 중요성 _ 18

무의식의 과거와 미래 _ 41

꿈의 기능 _ 56

꿈의 분석 _ 85

유형(類型)의 문제 _ 93

꿈의 상징에서의 원형 _ 112

인간의 영혼 _ 142

상징의 역할 _ 162

단절의 치유 _ 177

Ⅱ. 고대 신화와 현대인 _ 184

영원의 상징 _ 185

영웅과 영웅을 만드는 것 _ 195

이니시에이션의 원형 _ 233

미녀와 야수 _ 249

오르페우스와 사람의 아들 _ 259

초월의 상징 _ 275

해설 _ 293

무의식의 접근

칼 구스타프 융

I

꿈의 중요성

인간은 자기가 전달하고자 하는 의미를 표현하기 위해 말이나 글을 사용하며, 그 언어는 상징으로 가득 차 있다. 그러나 인간은 종종 엄밀하게 말하면 비서술적(非敍述的)인 기호나 이미지를 사용한다. 어떤 것은 한낱 약식 부호나 일련의 머릿글자, 예를 들어 UN(국제연합), UNICEF(국제연합아동기금), UNESCO(국제교육과학문화

4인의 복음 전도자 중 세 사람이 동물로서 상징된다(샤르트르 대성당의 부조). 사자는 마가, 수소는 누가, 독수리는 요한이다.

기구) 같은 것과, 잘 알려져 있는 상표나 특허약의 이름, 그리고 배지나 기장(記章) 등이 있다. 그것들은 그 자체만으로는 무의미하지만, 널리 사용되거나 또는 계획된 의도에 따라 나름대로의 의미를 갖게 된다. 그와 같은 것은 상징이 아니다. 그것은 기호로, 그것이 어떤 사물을 나타내고자 의도하는 이상의 것이 될 수 없다.

우리가 상징이라 부르는 것은 용어나 이름, 또한 일상적으로 친근감이 있는 그림조차도 습관적이고 명백한 의미에 덧붙여지는 무엇인가 특정의 함축을 가진 것이다. 그것은 모호하고 미지의 것이며, 우리에게는 숨겨진 무엇인가를 포함하고 있다. 이를테면 크레타 섬의 많은 기념비에는 두 자루의 손도끼 형상이 새겨져 있다. 손도끼 그 자체는 우리가 알고 있는 사물이지만, 그 상징적인 의미에 관해서는 모른다. 다른 하나의 보기로서, 영국에 다녀온 뒤 영국인은 동물을 숭배하고 있다고 벗에게 말한 인디언의 예를 들어보자. 그가 그렇게 말한 것은, 영국의 교회에 매며 사자며 수소의 조각이 있었기 때문이다. 그는 ― 많은 그리스도교도 역시 ― 그와 같은 동물이 에스겔(Ezekiel)의 환상에서 비롯된 사도(使徒)의 상징이며, 이집트의 태양신 호루스(Horus) 및 그의 네 아들과 유사성을 갖는다는 점을 몰랐던 것이다. 이것들 외에도 수레바퀴나 십자가 등, 온 세계에 널리 알려져 있지만 조건에 따라서는 상징적인 의미를 갖는 사물이 있다. 그것들이 정확히 무엇을 상징하고 있는가는 아직 논의의 여지가 많다.

그러므로 말이나 이미지는, 그것이 명백하며 직접적인 의미 이상의 무엇인가를 포함하고 있을 때 상징적인 것이다. 그것은 보다 넓은 '무의식'의 측면을 갖고 있으며, 그 측면은 결코 정확히 정의되거나 완전히 설명될 수 없는 것이다. 누구도 그것을 정의하거나 속속들이 설명하기를 바랄 수는 없다. 인간의 마음이 상징을 탐구하다 보면 이성의 파악을 초월한 관념에 이르게 된다. 수레바퀴를 탐구하면 우리의 생각은 '신(神)적인' 태양의 개념에 인도될 것이다. 그러나 이 점에서 이성은 그 무력함을 인정하지 않으면 안 된다. 즉 인간은 '신적인' 존재를 정의할 수 없는 것이다. 우리가 모든 지식을 동원하여 무엇인가를 '신적이다'라고 말할 때, 우리는 다만 그것에 이름을 붙인 데 지나지 않으며, 설사 그것이 신조에 바탕을 두고 있다 하더라도 사실적인 근거가 있는 것은 아니다.

인간의 이해 범위를 초월하는 것은 수없이 많이 있으므로, 우리는 정의할 수도 완전히 이해할 수도 없는 개념을 표현하기 위해 항상 상징적인 언어를 사용한다. 이것은 모든 종교가 상징적인 말이나 이미지를 사용하는 이유의 하나다. 그러나 상징의 이와 같은 의식적인 사용은 매우 중요한 심리적 사실의 일면에 불과하다. 또한 인간은 꿈의 형태에서 상징을 무의식적·자연발생적으로 산출하고 있는 것이다.

이 점을 분명히 이해하는 것은 쉬운 일이 아니다. 그러나 우리가 인간정신의 활동법에 관해 좀더 많은 지식을 쌓으면 이 점을 이해하기가 훨씬 쉬워질 것이다. 조금만 돌이켜 생각해 보면 알게 되는 일이지만, 인간은 결코 무엇인가를 완

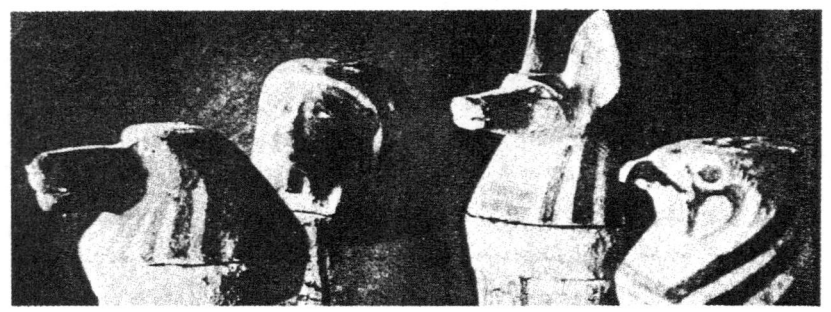

이집트의 신 호루스의 아들 가운데 셋도 역시 동물이다. 네 마리(사람)의 집단은 보편적인 종교적 상징이다.

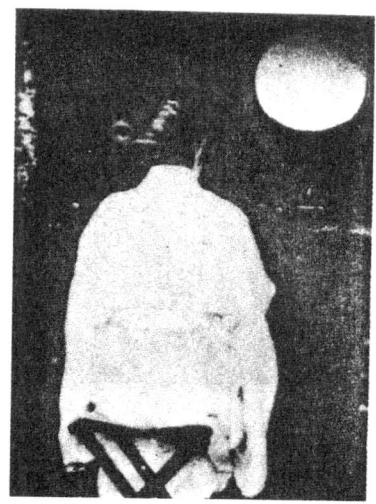

많은 사회에서 태양의 표상은 인간의 형용하기 어려운 종교성을 나타낸다.

▲ 기원전 14세기 이집트 왕 투탕카멘의 왕좌 뒤에 있는 장식은 태양의 원륜(圓輪)에 의해 지배되고 있다. 태양의 빛 끝에 있는 손은 생명을 주는 태양의 힘을 상징한다.

▶ 20세기 일본의 신주(神主)가 신도(神道)에서 거룩한 태양을 의미하는 거울 앞에 앉아 기도하고 있다.

전히 지각하거나 완전히 이해할 수는 없다. 사람은 보고 듣고 만지고 맛본다. 그러나 어느 정도 보고, 어느 정도 듣고, 그 촉감에 의해 무엇을 알며 또한 무엇을 느끼게 되는지는 전적으로 그의 감각의 수와 질에 달려 있다. 이런 점으로 말미암아 인간의 주위 세계에 대한 지각은 한정되어 있다. 물론 과학기구의 사용에 의해 감각의 결함을 부분적으로 보완할 수는 있다. 이를테면 쌍안경을 사용함으로써 그 시각의 범위를 넓힌다거나, 전기 진폭기를 이용하여 소리를 보다 크게 들을 수 있다. 그러나 아무리 정교한 기구라도, 멀리 있는 것이나 작은 사물을 눈으로 볼 수 있게 하고 희미한 소리를 듣기 쉽게 하는 이상의 기능은 하지 못한다. 어떤 기구를 사용하더라도 결국 인간은 정확함에서 어느 정도 한계에 도달하고, 의식적인 지식으로는 그 이상 초월할 수가 없는 것이다.

더욱이 우리의 현실지각에는 무의식적인 측면이 존재한다. 먼저 우리 감각이 현실의 현상. 즉 광경이나 소리에 반응할 때조차도 그것들은 현실의 영역으로부터 마음의 영역으로 옮겨진다는 사실이 존재한다. 그것들은 마음속에서 심적 사상(事象)으로 변화되는데, 그것들의 궁극적인 성질이 무엇인지는 알 수 없는 것이다(마음은 그 자신의 실체를 알 수 없기 때문이다). 이렇듯 모든 구상물(具象物)은, 우리가 물질 그 자체의 궁극적인 성질을 알 수 없기 때문에 당연히 항상 어떤 점에서는 미지의 것이고, 우리의 모든 경험 또한 무수히 많은 미지의 요소를 지니고 있다.

그리고 우리에게 의식되지 않는 어떤 유의 사상도 존재한다. 다시 말하면, 그것들은 의식의 영역 아래 머무른다고 하겠다. 어떤 일이 발생했지만 우리의 의식에 알려지지 않은 채 잠재의식 속으로 흡수되어 버린 것이다. 우리가 그와 같은 상황을 인지하는 것은 직관에 의한 경우거나, 깊은 사색의 과정에서 그것이 발생했음을 나중에야 알아차리는 경우뿐이다. 우리는 처음에는 그 정동적(情動

的) 생명력의 중요성을 무시하지만, 나중에는 일종의 추상처럼 그것이 무의식으로부터 분출되는 것이다.

이를테면 그것은 꿈의 형태로 나타날 수도 있다. 일반적으로 어떤 사상의 무의식적인 면은 꿈에 의해 분명히 드러나게 되는데, 그것은 합리적인 생각이 아니라 상징적인 이미지로서 나타난다. 역사적으로도 심리학자가 처음 의식적인 심리현상의 무의식적인 면을 탐구하는 일을 가능하게 한 것은 꿈의 연구였던 것이다.

이러한 연구에 의해 심리학자는 무의식적인 마음의 존재를 추론한다—많은 과학자나 철학자는 그 존재를 부정하고 있지만. 그들은 이와 같은 가설은 동일한 개인 속에 두 개의 '주체', 또는 일반적으로 표현하면 두 개의 인격이 존재함을 의미하는 것이라고 해서 반론을 제시하고 있다. 그러나 그것이야말로 실로 정당하게 우리의 가설이 의미하는 바로 그것인 것이다.

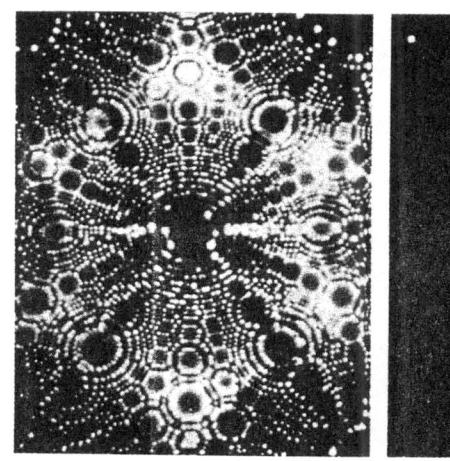 

왼쪽 : 텅스텐 원자를 200만 배의 현미경으로 본 모습.
오른쪽 : 중앙의 얼룩점은 가장 멀리 볼 수 있는 성운(星雲)이다. 인간이 그 감각을 아무리 확장한다 해도 의식적 지각의 한계는 존재한다.

그러므로 많은 사람들이 이 인격의 분리에 괴로워하는 것은, 현대인이 거쳐가는 하나의 과정이다. 이는 결코 병적인 징후는 아니며 어느 시기, 어느 곳에서나 볼 수 있는 일반적인 현상이다. 단지 노이로제 환자만이 자기의 왼손이 하고 있는 일을 오른손이 모르는 것은 아니다. 이러한 상황은 일반적인 무의식의 징후이고 거부할 수 없는 전인류의 공통적인 유산이다.

인간은 문명화된 상태 — 아마도 문자가 발명된 것은 기원전 4000년경이라고 생각되지만 — 에 도달하기까지 말할 수 없이 긴 세월 동안 고심하여 서서히 의식을 확립해 왔다. 그러나 이 진화는 아직도 완전하지 않다. 인간정신의 대부분은 아직도 어둠에 싸여 있기 때문이다. 우리가 '마음'이라고 부르는 것은 우리의 의식 및 그 내용과 동일한 것은 아니다.

무의식의 존재를 거부하는 사람은 누구나 현재 우리가 알고 있는 마음에 대한 지식이 전부라고 생각하고 있다. 이 생각은 우리가 이 자연 및 우주에 대해 알아야 할 것을 모두 알고 있다고 추론하는 것만큼이나 명백하게 그릇된 것이다. 우리의 마음은 자연의 일부이고 끝없는 수수께끼다.

따라서 우리는 자연도 마음도 정의할 수가 없다. 우리는 그것이 이러이러할 것이라고 믿는 바를 이야기하고 어떻게 기능하는가를 되도록 교묘하게 기술할 수 있을 뿐이다. 그러므로 의학적인 연구에 의해 축적된 증거와는 전혀 상관없이, '무의식은 존재하지 않는다'는 말을 물리칠 만한 강한 논리적인 근거가 있는 것이다. 무의식이 존재하지 않는다고 말하는 사람들은 옛날부터 존재해 온 '보수주의' — 미지의 새로운 것에 대한 두려움 — 를 나타내고 있는 데 불과하다.

인간의 마음속에 있는 미지의 부분이라는 개념에 대해 이렇듯 반론이 제시되는 데는 역사적인 이유가 있다. 의식은 자연의 완전히 새로운 획득물이고, 그것

'분리'는 신경증의 원인이 되는 마음의 분할을 의미한다. 스코틀랜드의 소설가 R. L. 스티븐슨의 유명한 소설인 《지킬 박사와 하이드 씨》는 이러한 상태에 대한 좋은 예이다. 그 소설에서 지킬의 '분신'은 실제의 경우처럼 내적인 심리상태보다는 오히려 신체적 변화의 형태를 취한다.
하이드 씨(1932년에 만든 영화 속 인물)—즉 지킬 박사의 다른 한쪽이다.

은 아직 '실험적인' 상태에 있다. 그것은 아직 연약하며, 특수한 위험으로부터 위협받고 상처입기 쉬운 것이다. 인류학자들이 기술한 것처럼 미개인들 사이에 가장 일반적으로 발생하는 정신착란 가운데 하나는 그들이 '영혼의 상실'이라고 부르는 것—그것은 그 명칭이 나타내듯이 의식의 두드러진 붕괴(혹은 보다 학술적으로 표현하면 의식의 분열)—을 의미한다.

이와 같은 사람들에게는 그 의식의 발달이 우리와는 다른 단계에 있고, 그 영혼(마음)은 하나의 통일체로 느껴지지 않는다. 많은 미개인은 자신의 영혼뿐만 아니라 '초원의 영혼'을 가지고 있다고 생각한다. 이 초원의 영혼은 야생동물이나 숲의 나무의 모습이 되어 나타나고, 그것에 대해 인간은 일종의 심리적인 동일성을 갖는 것이다. 이것은 프랑스의 유명한 인류학자인 뤼시앙 레비-브륄이 '신비적 관여(mystical participation)'라고 부른 것이다.

후에 그는 반대론의 압력에 굴복하여 이 용어를 취소하고 말았지만, 나는 그 비판이 잘못된 것이라고 생각한다. 개인이 다른 인간이나 동물에 대해 그와 같은 무의식의 동일성을 갖는다는 것은 매우 잘 알려진 심리적인 사실이다.

이 동일성은 미개인들 사이에서 갖가지 형태를 취하고 있다. 만일 초원의 영혼이 어떤 동물의 것이라고 한다면, 그 동물은 인간의 일종의 형제로 간주되는 것이다. 예를 들어, 악어와 형제 관계인 사람은 악어가 우글거리는 강에서 헤엄을 치더라도 안전할 것으로 생각된다. 만일 초원의 영혼이 어떤 나무의 것이라면, 그에 속한 사람에 대해 나무는 부모의 친척과 같은 그 무엇인가를 갖고 있다고 생각된다. 이 두 경우 초원의 영혼을 해치는 일은 그에 속하는 인간에 대해서도 해로운 일이 되는 것이다.

어떤 종족은 인간이 몇 개의 영혼을 갖고 있다고 생각한다. 이러한 확신은 어떤 미개인들이 스스로를 몇 개의 연결된, 그러나 다른 부분들로 성립되었다고 느끼고 있음을 나타낸다. 이는 인간의 마음이 완전히 통합되어 있다는 것과는 거리가 멀고, 오히려 반대로 그 마음은 감정이 격해질 때는 쉽게 분해될 염려가

왼쪽 : 미개인들은 분리의 상태를 '영혼의 상실'이라고 부른다. 그들은 인간이 자기의 영혼뿐만 아니라 '초원의 영혼'을 갖고 있다고 믿는다. 콩고의 니앙가족이 새의 깃털 가면을 쓰고 있는 모습. 그들은 초원의 영혼을 새와 동일시한다.
오른쪽 : 전화교환수들이 복잡한 스위치만으로 수많은 교신을 한꺼번에 처리한다. 이러한 작업에서는 사람들이 자기의 의식을 집중시키기 위해 그 일부를 '분리'한다. 그러나 이 분리는 조절된 일시적인 것이므로, 무의식적인 이상분리(異常分離)는 아니다.

있다.

　이러한 상태는 인류학자의 연구에 의해 우리에게 잘 알려져 있는데, 이것은 우리 자신의 진보된 문명과 겉으로 드러난 것만큼 무관하지는 않다. 우리 역시 분열되어 자신의 동일성을 잃는 일이 있다. 때때로 우리는 무드에 사로잡히거나 그에 의해 감정이 바뀌기도 하고, 자기 자신 혹은 타인에게 중요한 일이 생각나지 않거나 비합리적인 것으로 바뀌기도 한다.

　그러므로 사람들은 '무엇인가에 사로잡힌 것이 아닌가' 하고 질문을 한다. 우리는 '스스로를 통어(統御)할' 수 있다고 말하지만, 실제로 자기를 통어하는 것은 지극히 드문 훌륭한 덕목이다. 우리는 스스로를 자기의 통제 아래 두고 있다고 생각하지만, 자기도 깨닫지 못했던 점을 친구가 쉽게 지적해 줄 수도 있는 것이다.

　우리가 고도의 문명이라고 부르는 수준에서도 인간의 의식은 알맞은 정도의 연속성을 갖추지 못하고 있다는 것은 의심할 여지가 없다. 그것은 여전히 상처 입고 훼손되기 쉬운 것이다. 자기의 마음 일부분을 고립화시키는 능력은, 사실 가치있는 특성의 하나다. 그 점은 우리로 하여금 어느 시기에 하나의 일에만 전념하는 것을 가능하게 하고 주의를 끌 만한 다른 사항을 모조리 배제시킨다. 그러나 분리할 것을 의식적으로 결정하고 일시적으로 자기 마음 일부분을 억제하는 일은, 그와 같은 일이 모르는 결에 자기 의도와는 상관없이 자연히 생겨나는 상태와는 엄연히 다른 것이다. 전자는 문명의 소산이지만, 후자는 원시적인 '영혼의 상실'이며 신경증의 병리적 원인이기도 하다.

　그러므로 오늘날에도 의식의 통합성은 여전히 의심스러운 문제다. 그것은 너무나도 간단히 파괴된다. 자기의 감정을 통어할 수 있는 능력이라는 것은 어떤 관점에서는 매우 바람직한 일이지만, 다른 관점에서는 의심스러운 사항이 될 수도 있는 것이다. 즉 그것은 사회적 교제에서의 다양함이나 색채나 따뜻함을 제거해 버릴 것이기 때문이다.

이러한 배경으로 인하여 꿈―취약하고, 파악하기 어렵고, 믿기 어렵고, 막연하여 불확실한 것―의 중요성을 재검토하지 않으면 안 된다. 나의 생각을 명백히 밝히기 위해 여러 해에 걸쳐 그것이 어떻게 발전해 왔는지, 그리하여 어떻게 그 꿈이 인간의 상징기능의 연구를 위해 가장 빈번히, 그리고 일반적으로 접근하기 쉬운 원천이라고 하는 결론에 이르게 되었는지 설명하기로 하겠다.

지그문트 프로이트는 이 의식의 배경을 이루는 무의식을, 경험을 바탕으로 하여 최초로 탐구한 선구자다. 그는 꿈이 우연히 생기는 것이 아니고 의식적인 생각이나 문제와 관련하여 생겨난다고 하는 일반적인 가정을 바탕으로 하여 연구를 계속해 나갔다. 이 가설은 결코 그가 임의로 만들어낸 것은 아니었다. 그것은 저명한 신경학자들(예를 들면, 피에르 자네)에 의하면, 신경증의 증상은 무엇인가 의식적인 체험과 관련이 있다는 결론에 바탕을 둔 것이었다. 심지어 그것은 의식적인 마음에서 분리된 부분으로 나타날 때조차 있고, 시기나 조건에 따라 의식화되는 일도 있다.

금세기가 시작되기 전에 프로이트와 요제프 브로이어는 이미 신경증의 증상―히스테리라든가 일종의 통증, 비정상적인 행동―이 실은 상징적인 의미를 갖고 있다는 사실을 인정했다. 신경증의 증상은 꿈에서와 마찬가지로 무의식적인 마음이 스스로를 표현하는 하나의 방법이고, 또한 꿈과 같이 상징적인 것이다. 예를 들어, 견디기 어려운 상황에 직면한 어떤 환자는 무엇을 삼키려고만 하면 경련발작을 일으킨다. 말하자면 그는 '견디기 어려운 상황을 받아들이지 못하는' 것이다. 다른 환자는 똑같은 심리상황에서 천식발작을 일으키기도 한다. 그는 '그 분위기에 질식할 것 같은 감정을 느끼고 있는' 것이다. 다른 사람은 이상하게도 다리가 마비된다. 그는 걷지 못한다. 즉 '더 이상 나아가지 못하는' 것이다. 또 다른 사람은 먹기만 하면 구토를 한다. 무엇인가 불쾌한 사실을 '소화시키지 못하는' 것이다. 이와 같은 예는 얼마든지 인용할 수 있다. 그러나 이러한 신체적인 반응은 무의식적으로 우리를 괴롭히는 문제가 그 자신을 표명하기 위해 하나의 형태로 나타난 것에 불과하다. 그것들은 우리의 꿈을 통해 보다 자주 표현된다.

여러 사람들로부터 그러한 꿈의 기술을 들은 적이 있는 심리학자라면, 누구나 꿈의 상징은 신경증의 신체적 증상보다도 훨씬 풍부한 변화를 가지고 있음을 알 수 있을 것이다. 그것들은 흔히 정교하며 그림과 같은 공상으로 만들어지고 있다. 그러나 만일 이러한 꿈의 자료에 직면한 분석가가 프로이트가 창시한 '자유연상'의 기법을 활용한다면, 결국 꿈이 어떤 기본적인 형(型)으로 환원되는 것을 발견하게 될 것이다. 이 기법은 정신분석의 발전에 중요한 역할을 담당해 왔다. 왜냐하면 프로이트는 이것에 의해 꿈을 환자의 무의식적인 문제를 탐구하는 출발점으로 사용할 수 있었기 때문이다.

프로이트는 단순하긴 하지만 날카로운 관찰을 했다. 즉 꿈을 꾼 사람에게 그 꿈의 이미지나 그 이미지에 자극받아 떠오르는 생각에 관해 계속 말하도록 권하면, 그는 자기가 말한 것이나 의도적으로 말하지 않은 부분 속에 자기의 참뜻을 드러내게 되고, 그 병의 무의식적인 배경을 분명히 보여준다는 것이다. 환자의 생각은 비합리적이고 핵심을 벗어난 것처럼 보이지만, 얼마쯤 시간이 지나면 그가 피하려 하는 것이 무엇이고 억누르고자 하는 불쾌한 생각이나 경험이 무엇인지를 비교적 쉽게 알아낼 수 있다. 아무리 속이려 해도 그가 이야기하는 무엇인가가 그의 심리적 상태의 핵심을 나타내게 된다. 의사는 환자의 생활의 이면으로부터 매우 많은 것을 알아낼 수 있다. 따라서 환자가 마음의 꺼림칙함에 대한 신호로 내보이는 힌트를 해석하면 거의 틀리는 일이 없다. 그러나 유감스럽게도 의사가 궁극적으로 찾아내는 것은 그가 예상하고 있던 사실을 확인하는 것뿐이다. 지금까지 설명한 바로는 꿈의 상징의 명백한 원인이 억제와 욕구충족이라는 프로이트의 이론에 대해 아무도 반대하지 못할 것이다.

프로이트는 '자유연상' 과정을 출발점으로 삼아 꿈에 대해 특별한 중요성을 부여하고 있다. 그러나 나는 시간이 지남에 따라 이것은 잠자는 동안에 무의식

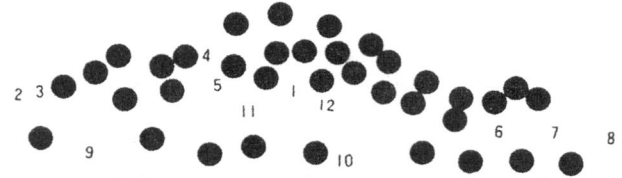

정신분석학의 위대한 선구자들. 1911년, 독일의 바이마르에서 열린 정신분석학회 때의 사진. 그중 주요한 인물들은 다음과 같다.

1. 지그문트 프로이트(빈)
2. 오토 랑크(빈)
3. 루트비히 빈스방거(클로이츠링겐)
4. A. A. 브릴
5. 막스 가이팅겐(베를린)
6. 제임스. J. 퍼트남(보스턴)
7. 어니스트 굴스(토론토)
8. 빌헬름 슈테겔(빈)
9. 오이겐 블로일러(취리히)
10. 엠마 융(퀴스나하트)
11. 산도르 페렌치(부다페스트)
12. 칼 구스타프 융(퀴스나하트)

이 만들어내는 풍부한 공상을 왜곡하도록 만드는 것이고 부적당한 사용이라고 느끼기 시작했다. 이와 같은 의문은 한 동료가 러시아에서 긴 기차여행을 했을 때의 경험을 이야기해 주었을 때 처음으로 제기되었다.

그는 러시아어를 몰랐고 시릴 자모(字母)를 판독할 수도 없었지만, 철도 안내 표지판 등에 씌어 있는 기묘한 문자에 흥미를 가지고 공상에 빠져 그 갖가지 의미에 대해 생각해 보았다.

하나의 생각이 또 다른 생각을 이끌어내는 느긋한 상태에서 그는 이 '자유연상'이 많은 옛날의 기억들을 되살아나게 한다는 것을 느꼈다. 그런 기억들 중 오랫동안 잊고 있었던 불쾌한 일 — 그가 잊고 싶었고 이미 의식 속에서는 잊어버리고 있던 일 — 을 생각해 내고 그는 괴로워했다. 그는 심리학자가 이른바 '콤플렉스'라고 부르는 것 — 즉 억압된 감정의 주체이고 항상 심리적 장애를 일으키며 많은 경우 신경증의 증상마저 일으키는 것 — 에 부닥쳤던 것이다.

이 에피소드는 나로 하여금 환자의 콤플렉스를 발견하고자 할 때, 자유연상 과정의 출발점으로서 꿈을 사용하는 일이 반드시 필요한 것은 아니라는 사실에 눈뜨게 만들었다. 이 사실은 주위의 어느 점으로부터도 곧바로 중심에 도달할 수 있음을 나에게 일깨워주었다. 즉 시릴 문자, 수정구(水晶球)에 관한 명상, 빙빙 돌리는 기도 기구, 근대회화, 혹은 아주 사소한 일에 관해 무심코 나눈 대화에서도 출발할 수 있는 것이다. 이에 반해 꿈은 상정할 수 있는 다른 어떤 출발점보다 그 이상도 그 이하도 아닌 것이다. 그럼에도 불구하고 꿈은 무엇인가 특정한 의미를 지니고 있다. 물론 그것이 대체로 만성적인 콤플렉스와 관련이 있는 정동적인 충격으로부터 생기는 것이기는 하지만 말이다(만성적인 콤플렉스는 마음의 약점으로서, 외적인 자극이나 장애에 대해 가장 신속히 반응한다). 이 때문에 자유연상은 어떤 꿈으로부터 시작하든 그 사람의 중대하고도 비밀스러운 생각

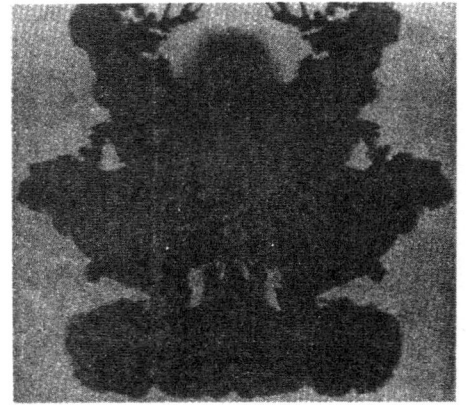

스위스의 정신과 의사인 헤르만 로르샤흐에 의해 고안된 잉크 얼룩의 테스트이다. 얼룩 모양은 자유연상의 자극에 도움이 되며, 실제로 모든 불규칙적인 모양은 연상 과정을 자극할 수 있다. 레오나르도 다빈치는 그의 수첩에 다음과 같이 썼다. '벽에 있는 얼룩, 화로에 타다 남은 재, 구름, 진흙, 혹은 그 비슷한 것들을 때때로 멈추어서서 바라보는 것은 그다지 어려운 일은 아니다. 실제로 당신은 그것들 속에서 훌륭한 아이디어를 발견할지도 모른다.'

을 이끌어낼 수 있다.

그렇지만 여기서—지금까지의 나의 주장이 옳다고 하면—꿈은 그 자체의 독특한, 보다 의미있는 기능을 갖고 있다는 생각이 당연히 생기게 된다. 꿈은 매우 자주 마음속 깊은 곳에 깔려 있는 생각이나 의도를 나타내고—그것은 대체로 금방 이해하기는 어려운 것이지만—확정적으로 명백한 목적을 가진 구조를 가지고 있다. 그러므로 나는 '자유연상'을 허용하고 그것에 이끌려 관념의 고리를 통해 콤플렉스에 도달하는 것보다는 오히려 꿈의 실제의 모습이나 내용에 주목해야 하지 않을까 하는 생각이 들었다. 콤플렉스에는 다른 방법에 의해서도 도달할 수 있는 것이다.

이 새로운 생각은 나의 심리학의 발전에 하나의 전기가 되었다. 그것은 나로 하여금 꿈의 원문(原文)으로부터 멀리 벗어나게 하는 연상을 추구하는 것을 서서히 포기하게 만들었던 것이다.

나는 오히려 꿈 그 자체의 연상에 집중하는 쪽을 택했다. 말하자면 꿈은 무의식이 말하고자 하는 무엇인가 특별한 것을 표현하고 있다고 확신했던 것이다.

이렇듯 꿈에 대한 나의 태도가 변화함에 따라 나의 방법도 변화하게 되었다. 즉 새로운 기법은 꿈의 갖가지 측면을 모두 고려할 수 있는 것이었다. 의식적인 마음에 의해 이야기되는 것에는 도입·전제·결말이 있다. 그러나 꿈의 경우에는 그렇지가 않다. 시간과 공간의 차원은 전혀 다르다. 꿈을 이해하기 위해서는 모든 면으로부터 그것을 조사해야 한다 ─ 그것은 마치 미지의 것을 자기 손으로 집어들고 그 모양에 완전히 익숙해지기까지 세세히 살펴보는 것과 같은 일이다.

이로써 내가 프로이트가 처음으로 사용한 '자유연상'의 방법과 점차 의견을 달리하게 된 이유가 충분히 설명되었으리라고 생각한다. 나는 되도록 꿈 자체에 가까이 접근함으로써 꿈이 불러일으키는 무관계한 관념이나 연상을 모두 배제

자유연상을 일으킬 수 있는 두 가지 다른 자극.
▲ 티베트의 걸인이 바퀴가 달린 기도 기구를 빙빙 돌리고 있는 광경.
▶ 점쟁이의 수정(영국의 한 축제에서 수정구를 보고 있는 현대의 점쟁이).

성행위의 상징적 혹은 비유적인 이미지가 많이 있는데, 이 사슴사냥은 그중 하나이다.
16세기의 독일 화가 크라나흐(Cranach, Lucas;1472~1553)의 그림 중 일부. 사슴사냥의 성적인 의미는 중세의 영국 민요 〈사냥터를 지키는 사람〉에 의해 강조되어 있다.

그가 겨냥한 최초의 사슴은 도망쳤네.
그가 잡은 두 번째 사슴에 그는 키스를 했네.
세 번째 사슴은 젊은이의 마음속에 도망쳐 들어왔네.
그녀는 푸른 잎의 큰 바다 한가운데 숨어 있네.

하려고 했던 것이다. 사실상 이것들은 환자의 콤플렉스로 이끌 수 있을 것이다. 그러나 나는 신경증의 장애를 불러일으키는 콤플렉스를 발견하는 것 이상의 원대한 목적을 갖고 있었다. 콤플렉스를 규명하는 방법은 이 밖에도 많다.

예를 들면, 언어연상 테스트(주어진 일련의 말에 대해 환자에게 무엇이 연상되는가를 묻고, 그 반응을 연구한다)를 사용하더라도 심리학자는 알고 싶어하는 모든 힌트를 얻을 수가 있다. 한 개인의 전인격의 심리적 삶의 과정을 알고 이해하기 위해서는 그의 꿈과 그것들의 상징적인 이미지가 보다 중요한 역할을 하고 있다는

자물통에 꽂혀 있는 열쇠는 하나의 성적인 상징일 수 있다. 그러나 반드시 그런 것은 아니다. 15세기 플랑드르의 화가 캄핀의 그림 중 일부이다. 그 문은 희망을, 자물통은 선의를, 열쇠는 신을 구하는 것을 상징한다.

영국의 주교가 교회의 성별식에서 교회의 문을 지팡이로 두드리는 전통적인 의식을 행하고 있는 광경—그것은 명백히 불합리한 상징이 아니라 권위와 양치기의 지팡이를 상징한다. 개개의 상징적인 이미지는 도그마적으로 고정되어 있는 것이 아니라 좀더 일반적인 의미를 갖고 있다고 하겠다.

것을 알아야 한다.

이를테면 대부분의 사람이 알고 있듯이 성적인 행위를 상징하는(혹은 비유라는 형태로 제시된다고도 할 수 있을 것이다) 여러 가지 이미지가 있다. 그것들의 이미지는 연상 과정을 통해 성행위에 대한 생각이나 어떤 개인이 자기의 성적 태도 속에 가지고 있는 특정한 콤플렉스로 이끈다. 그러나 그러한 콤플렉스는 판독할 수 없는 러시아 문자의 결합을 보고 공상을 하게 하더라도 찾아낼 수 있는 것이다. 그래서 나는 꿈을 성적인 비유 이상의 정보를 내포할 수 있는 것으로 가정하기에 이르렀다. 이 점을 나타내는 보기를 들어보겠다.

어떤 남성이 열쇠 구멍에 열쇠를 꽂거나, 무거운 몽둥이를 휘두르거나, 철퇴로 문을 부수는 꿈을 꾸었다고 하자. 이것들은 모두 성적인 비유라고 간주될 수 있다.

그러나 그의 무의식이 그 자신의 목적을 위해 이러한 특정 이미지 가운데 하나—즉 열쇠나 몽둥이나 철퇴—를 택했다는 사실이 중요한 의미를 갖고 있는 것이다. 참된 과제는 왜 몽둥이 대신 열쇠가, 철퇴 대신 몽둥이가 선택되었는가를 이해하는 데 있다. 또한 이런 점으로 말미암아 때때로 거기에 제시되고 있는 것이 성적인 행위 등이 아니라 전혀 다른 심리적 문제라는 것을 발견하게 될지도 모른다.

이와 같은 논리에서 나는 꿈의 명백하고 눈에 보이는 부분의 소재만을 해석에 사용해야 한다는 결론을 얻었다. 꿈은 스스로 그 자체의 한계를 갖는다. 특정의 형태 그 자체가, 무엇이 꿈에 속하고 무엇이 그에 속하지 않는가를 알게 해준다. 그런데 '자유연상'의 방법은 우리의 생각을 그 소재로부터 일종의 지그재그 형

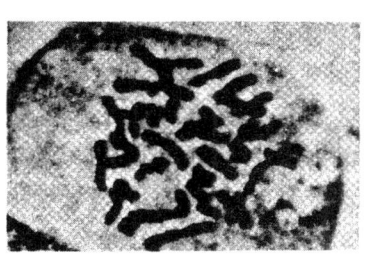

'애니머'는 남성의 무의식 속에 있는 여성적 요소이다(여성의 무의식 속에 있는 '애니무스'에 관해서는 다른 장에서 다루기로 하겠다). 이 내적 이중성은 종종 그림(▶)에 나타난 17세기 연금술의 기록처럼 왕관을 쓴 양성 소유자의 이미지로 상징화된다.

▲ 인간의 마음의 '양성적' 성질을 나타내는 신체적 이미지. 인간의 세포는 염색체를 갖고, 모든 유기체는 부모로부터 각각 하나씩 받은 2조(組)의 염색체를 갖는다.

꿈의 중요성 _ 37

태로 점점 먼 쪽으로 이끌고 간다. 그러나 내가 쓰고 있는 방법은 오히려 꿈의 이미지를 중심으로 하여 그 주변을 맴돌고 있는 것과 같다. 나는 꿈의 이미지를 중심으로 하여 분석하면서 꿈을 꾼 사람으로 하여금 꿈의 이미지로부터 달아나게 하려는 모든 시도를 무시한다. 분석작업을 할 때 나는 "자, 꿈으로 돌아갑시다. 꿈은 무엇을 말했을까요?"라고 몇 번이나 되풀이해서 말하지 않으면 안 되었다.

예를 들면, 나의 환자 하나가 술에 취한 채 머리카락이 헝클어져 있는 어떤 천박한 여자의 꿈을 꾸었다. 꿈속에서 그 여자는 그의 부인인 것 같았다. 그러나 실제 생활에서 그의 부인은 전혀 달랐다. 따라서 표면적으로 보면 이 꿈은 말도 되지 않는 거짓이었고, 환자는 그것을 꿈의 난센스라고 하며 거부해 버렸다. 만약 내가 그의 의사로서 그에게 일련의 자유연상을 하게 했다면, 그는 분명히 그 꿈의 불유쾌한 암시로부터 되도록 멀어지려고 했을 것이다. 그와 같은 경우 그의 주된 콤플렉스―아마도 그의 부인과 아무런 관계도 없는 콤플렉스―에 도달하게 될 것이다. 그리하여 우리는 이 특정한 꿈의 특별한 의미에 관해 아무것도 알아낼 수 없었을 것이다.

그렇다면 그의 무의식이 이와 같이 사실과 완전히 다른 증언에 의해 나타내려고 한 것은 무엇일까? 명백히 그것은 꿈을 꾼 사람의 생활과 밀접한 관계가 있는 타락한 여성에 대한 관념을 어떤 형태로든 표현하고 있다. 그러나 그의 부인에게 그러한 이미지가 투영(投影)된 것은 부당하고 사실상 거짓이므로, 나는 그 기분 나쁜 꿈이 무엇을 나타내는지를 알아내기 전에 다른 곳에서 그 이미지의 출처를 찾아야 했다.

생리학자가 선(腺)의 구조를 근거로 하여 모든 인간에게는 남성적 요소와 여성적 요소가 있다고 제시하기 훨씬 이전인 중세에 이미 '모든 남성은 자신 속에 여성을 가지고 있다'고 생각되었다. 내가 '애니머'라고 부르는 것은 모든 남성에게 있는 여성적인 요소다. 이 '여성적'인 면은 본질적으로는 주위 사람들, 특히 여성에 대한 어떤 열등한 종류의 관계성으로서, 그것은 자기에 대해서는 물론 타인에 대해서도 은밀하게 감추어져 있다. 바꾸어 말한다면 어떤 사람의 겉으로 나타난 인격은 지극히 정상이라 해도 '내적인 여성'이라는 가엾은 조건을 타인에게 ─ 혹은 자기 자신에게조차도 ─ 숨기고 있을지도 모르는 것이다.

우리의 환자가 바로 그런 경우였다. 말하자면 그의 여성적인 면은 좋지 않았던 것이다. 꿈은 그에게 "당신은 어떤 점에서 타락한 여성처럼 행동하고 있다"고 말했으며, 이것은 그에게 적절한 충격을 주었다(물론 이와 같은 예를 무의식이 '도덕적'인 훈계와 관련이 있는 증거라고 해석해서는 안 된다. 꿈은 환자에게 '보다 옳게 행동할' 것을 알리고 있는 것이 아니라, 전혀 빈틈이 없는 완전한 신사라는 허구를 유지하려는 그의 의식적인 마음의 불균형적인 성질을 바로잡고자 하는 데 지나지 않는다).

꿈을 꾼 사람들이 어째서 꿈의 메시지를 무시하거나 거부하려 하는가는 쉽게 이해되는 바이다. 물론 의식은 어떤 일이든 무의식의, 혹은 미지의 것에 저항한다. 미개인 사이에 존재하고 있는 인류학자가 '보수주의'라고 부르는 것, 즉 새로운 것에 대한 뿌리 깊은 미신적인 공포에 관해서는 이미 지적한 바 있다. 미개인은 곤란한 상황에 직면했을 때는 야성의 동물이 취하는 것과 같은 온갖 반응을 나타낸다. 그러나 '문명'인도 새로운 관념에 대해서는 거의 똑같은 방법으로 반응한다.

즉 무엇인가 새로운 것에 직면할 때 생기는 충격으로부터 자기를 지키고자 하여 심리적인 방벽을 세우려고 하는 것이다. 이것은 어떤 사람이 꿈에 나타난 무엇인가 놀라운 생각을 자기 자신의 것으로 인정할 수밖에 없게 되었을 때 그에 대해 보이는 반응 속에서 쉽사리 관찰할 수 있다. 철학이나 과학, 또는 문학의 세계에서조차도 선구자들은 그들과 동시대 사람들이 갖추고 있는 선천적인 보수주의의 희생물이 되어 왔다. 심리학은 과학 중에서 가장 역사가 짧은 학문이다. 심리학은 무의식의 활동을 다루고자 하는 것이므로 극단적인 보수주의에 직면하지 않을 수 없는 것이다.

무의식의 과거와 미래

지금까지 꿈의 문제에 접근함에 있어 기초가 되는 원리에 관해 몇 가지의 개략을 풀이했다. 상징을 산출하는 인간의 기능에 관해 연구하고자 할 때, 꿈은 그 목적을 위해 가장 입수하기 쉬운 기본적인 소재가 되기 때문이다. 꿈을 다루는 데는 기본적인 두 가지 문제가 있다. 첫째는 꿈은 하나의 사실로서 취급되어야 하며, 꿈이 의미를 갖고 있다는 것 이외에 어떤 전제도 가져서는 안 된다는 점이다. 둘째는 꿈은 무의식의 일종의 고유한 표현이라는 점이다.

이 이상 더 겸허한 원리의 제출방식은 생각할 수 없을 것이다. 무의식을 아무리 낮게 평가하는 사람이라 하더라도 그것이 연구할 가치가 있다는 점에는 동의할 것이 틀림없다. 말하자면 무의식이라는 것은 적어도 곤충학자의 성실한 흥미를 이끄는 이(蝨)와 동일한 선상에 있다. 꿈에 관해서 경험이나 지식이 거의 없는 사람이 꿈을 아무런 의미도 없는 혼란스러운 사상이라고 생각한다면, 그것은 그의 자유다. 그러나 만일 꿈이 정상적인 사항이라고 추론한다면(실제로 그렇지만) 꿈은 인과적(因果的)이든가 ─ 즉 그 존재에 합리적인 원인이 있든가 ─ 혹은 어떤 의미에서 목적을 가진 것이든가, 또는 양쪽 모두이든가를 생각하지 않으면 안 된다.

여기서 마음의 의식과 무의식의 내용이 어떻게 결합되어 있는가를 좀더 자세히 살펴보기로 하자. 누구나 잘 알고 있는 예를 들어보겠다. 방금 전까지만 해도 생각이 매우 명백했었는데 다음 순간 무엇을 말하려고 했는지 생각나지 않는다든가, 혹은 친구를 소개할 때 그 이름이 입속에서만 맴돌 뿐 나오지 않는 경우가 있다. 이때 당신은 생각나지 않는다고 말한다. 그러나 사실은 생각이 무의식으로 되었던 것이고, 또는 적어도 일시적이나마 생각이 의식으로부터 분리되었던 것이다. 우리는 똑같은 현상을 감각기능에서도 찾아볼 수 있다. 만일 우리가 들릴 듯 말 듯한 소리가 계속되고 있을 때 들으려고 하면, 그 소리는 일정한 간격을 두고 멈추었다가 다시 시작되는 것처럼 들릴 것이다. 이와 같은 동요는 인간의 주의력의 주기적인 감소와 증가에 의한 것으로서, 소리 자체의 변화 때문에 그런 것은 아니다.

무엇인가가 우리의 의식으로부터 빠져나갔을 때, 그것은 존재하지 않게 되었던 것은 아니다. 그것은 길모퉁이에서 시계(視界) 밖으로 사라져버린 자동차와 마찬가지로 다만 보이지 않게 되었을 뿐이다. 나중에 우리가 그 자동차를 또다시 볼 수 있는 것처럼, 일시적으로 잊고 있던 생각이 문득 떠오르게 된다.

이렇듯 무의식의 부분은 일시적으로 불명확해진 생각·인상·이미지 등 많은 것으로 이루어져 있고, 그것은 상실된 것임에도 불구하고 우리의 의식인 마음에 계속 영향을 주게 된다. 주의가 산만하거나 '제정신이 아닌' 사람이 무엇인가를 찾기 위해 방안을 걷고 있다. 그가 멈추어 선다. 난처한 일이 생긴 모양이다. 그는 자신이 무엇을 찾고 있었는지 잊어버린 것이다. 마치 몽유병자처럼 그의 두 손이 테이블 위의 것들을 더듬는다. 그는 그 원래의 목적은 잊어버렸지만, 무의식적으로 그것에 이끌리고 있다. 이윽고 그는 자기가 원했던 것이 무엇이었는지를 깨닫는다. 무의식이 그로 하여금 생각나게 만들었던 것이다.

만일 신경증인 사람의 행위를 관찰한다면, 마치 그가 의식적인 목적을 가지고

'보수주의(misoneism)'는 근대 심리학이 일반에게 받아들여지는 것을 방해하는 주된 장벽으로서, 새로운 생각에 대한 불합리한 두려움과 혐오를 불러일으킨다. 그것은 다윈의 진화론에도 반대했다. 이를테면 미국의 교육자인 스코프스가 1925년에 진화론을 가르치고자 했을 때 반대했던 것처럼.
법정에서 클라렌스 다로 변호사가 스코프스를 변호하고 있는 장면.

많은 일을 하고 있는 것처럼 보일 것이다.

그러나 그 일에 관해 묻는다면, 그 사람은 자신이 하는 일에 완전히 무의식적이거나 혹은 다른 것을 생각하고 있음을 알게 될 것이다. 신경증인 사람은 듣고 있지만 듣고 있지 않은 것이고, 보고 있지만 보고 있지 않은 것이며, 알고 있지만 무지하다. 이런 예는 극히 일반적인 일이기 때문에 전문가는 마음속의 무의식적인 부분이 마치 의식을 갖고 있는 것처럼 행동한다는 사실을 곧 알 수 있다. 이 경우 그의 생각이나 이야기나 행동이 의식적인지 어떤지는 결코 분명히 알 수 없다.

이러한 행동을 하기 때문에 많은 의사들이 히스테리 환자가 말하는 것을 모두 거짓으로 간주해 버리는 것이다. 실제로 이러한 사람들은 우리보다도 많은 허구를 만들어낸다. 그러나 여기서 '거짓말쟁이'라는 말을 쓰는 것은 적당하지 않다. 사실상 그들의 의식은 무의식으로부터의 간섭에 의해 예측할 수 없는 장애를 일으키기 쉽기 때문에 그들의 정신상태는 행동을 불확실하게 만드는 원인이 된다. 그들의 피부감각조차도 비슷한 인지(認知)의 변동을 보인다. 히스테리성인 사람

왼쪽 : 스코프스.
가운데 : 이와 같은 반(反)다윈 경향은 1861년에 발행된 영국 잡지 《펀치》에 실린 만화에도 나타나 있다.
오른쪽 : '보수주의'에 대한 유쾌한 풍자. 미국의 만화가 제임스 서퍼의 말에 의하면 그의 백모는 전기가 '사방 여기저기로 새어나가는 것'을 두려워했다고 한다.

은 바늘로 팔을 찔렀을 때 한순간은 아픔을 느낄지 모르지만 다음 순간에는 전혀 인지하지 못하기도 한다. 만일 그의 주의가 어떤 점에 집중된다면, 그의 몸 전체는 감각의 상실을 불러일으키는 긴장이 풀릴 때까지 계속 마비될 수 있다. 긴장이 풀리면 각 지각은 즉시 회복된다. 그렇지만 그 동안 어떤 상황이 발생했었는지에 대해서는 무의식적으로 알고 있다.

의사가 이러한 환자에게 최면을 걸 경우, 그는 그 과정을 명확히 볼 수 있다. 환자가 사소한 일까지도 모두 인지하고 있었다는 것을 제시하기란 쉬운 일이다. 바늘에 팔을 찔린 일이며 의식이 없는 상태에서 들은 말 등을 마치 감각의 마비나 '망각'이 없었던 것처럼 정확히 기억해 낼 수 있다.

완전한 혼미상태에서 병원에 입원했던 사람이 있었다. 이튿날 의식을 회복했을 때, 그녀는 자기가 누구인지는 알고 있었지만, 그곳이 어디며 어떤 이유로 그곳에 왔는지, 또 며칠인지 날짜도 몰랐다. 그러나 내가 최면을 걸자 그녀는 나에게 자신이 왜 병에 걸렸으며, 어떻게 하여 병원에 오고, 누가 입원을 시켰는지

◀극단적인 집단 히스테리—한때는 '귀신에 사로잡히는 것'이라고 했다—의 경우, 의식적인 마음과 통상적인 감각의 지각은 상실되는 것 같다.
검무를 추는 발리 섬 사람들의 광란상태. 이것은 무용수를 트랜스(trance ; 무아지경) 상태에 빠뜨리고, 때때로 검을 자기 자신에게 겨누기조차 한다.

현대의 로큰롤도 무용수에게 거의 트랜스와 비슷한 황홀상태를 불러일으킨다.

모두 말했다. 그녀가 말한 모든 자세한 내용은 사실로 입증되었다. 그녀는 병원 현관에서 시계를 보았었기 때문에 입원한 시간까지도 알고 있었다. 최면상태에서 그녀는 몹시 명석했으며, 마치 의식이 있는 사람 같았다.

    이와 같은 문제를 논의할 때 우리는 항상 임상적인 관찰에 의해 알게 된 사실을 인용할 필요가 있다. 이 때문에 대부분의 사람들은 무의식이라든가 혹은 모

미개인에게 있어 '사로잡히는 것'은 귀신이나 악마가 인간의 신체를 사로잡았다는 것을 의미한다.
위 왼쪽 : 종교적 엑스터시로 허탈상태에 빠진 하이티의 부인.
위 오른쪽 : 게데 신(神)에게 사로잡힌 하이티 사람. 그들은 예외없이 다리를 꼬고 담배를 문 자세를 취하고 있다.
아래 : 오늘날 미국의 테네시 주에서 행해지는 종교의식. 이 의식에는 독사를 건네주는 과정이 있다. 음악·노래·박자에 의해 히스테리를 불러일으키고, 사람들은 손에서 손으로 독사를 건네준다 (때로는 참가자가 뱀에게 물려 치명상을 입기도 한다).

든 미묘한 무의식의 표명은 정신병리학의 문제에만 속한다고 생각하기 쉽다. 그들은 무의식의 표현이 무엇인가 신경증적이며 정신병적인 것이라 믿고, 그것은 정상적인 정신상태와 아무런 관계도 없는 것이라고 생각한다. 그러나 신경증적인 현상은 결코 언제나 병에 의해 생기는 것은 아니다. 그것들은 정상적인 현상이 병적으로 확대된 것에 지나지 않으며, 과장되었기 때문에 그에 대응하는 정상의 상태보다 명백히 보일 뿐인 것이다. 히스테리 증상은 모든 정상적인 사람에게서도 볼 수 있지만, 그것들은 사실 지극히 미미하기 때문에 일반적으로 간과되고 만다.

이를테면 건망증이라는 것은 정상적인 과정이다. 그것은 그 사람의 주의가 다른 것에 쏠렸기 때문에 그의 어떤 의식적인 생각이 특정한 에너지를 잃게 된 것이다. 다른 것에 관심이 쏠릴 때 이전에 관심을 가졌던 것들은 그늘 속에 남는다. 이는 마치 탐조등이 다른 부분은 어둠 속에 남기면서 새로운 부분을 밝히는 것과 같다. 이것은 피할 수 없는 일이다. 왜냐하면 의식은 한 번에 약간의 이미지만을 완전하고 명백히 — 물론 이 명백함에도 기복이 있지만 — 유지할 수 있기 때문이다.

그러나 잊혀진 생각이라 해도 그 존재가 없어진 것은 아니다. 그것들은 비록 의지에 의해 재생될 수는 없지만 잠재적 상태 — 기억해 낼 수 있는 한계선을 조금 벗어난 부분 — 에 존재하며, 그곳에서 시기에 관계없이 자연발생적으로 다시 생각나는 일은 가능하다. 이따금 그것들은 외관상으로는 완전히 망각된 것처럼 보이지만 몇 년이 지난 후 다시 나타나는 일도 있다.

지금까지는 의식적으로 보거나 듣고 그 뒤에 망각하게 된 일에 대해 설명했다. 그러나 우리는 어떤 일을 그 당시에는 인지하지 못한 채 보거나 듣거나 냄새맡거나 맛보거나 한다. 그것은 우리의 주의가 다른 것에 쏠려 있거나 혹은 감

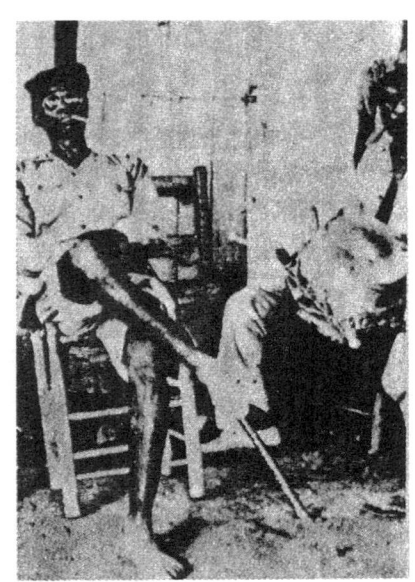

역시 게데 신에게 사로잡힌 하이티 사람으로, 다리를 꼬고 담배를 문 자세를 취하고 있다.

각에 대한 자극이 의식적인 인상을 남기기에는 너무 미약했기 때문이다. 그러나 무의식은 그런 것들에 주의를 기울인다. 그리하여 우리가 의식하고 있지 않더라도 잠재적인 지각은 어떤 사물이나 인간에 대해 반응하는 우리의 태도에 영향을 준다.

특히 이 점을 잘 밝히고 있다고 생각되는 예를 들어보겠다. 어떤 교수가 한 학생과 시골길을 걸으며 열띤 대화를 나누고 있을 때, 별안간 유아기의 어떤 기억의 흐름에 의해 자신의 생각이 방해받는 것을 깨달았다. 교수는 왜 그와 같이 주의가 산만해졌는지 설명할 수가 없었다. 그때 이야기하고 있던 내용은 유아기의 기억과 아무런 관계도 없는 것이었다. 곰곰이 생각해 보니, 그의 마음속에 유아기의 기억이 떠오른 것은 그가 농장을 지나가고 있었을 때였다. 그래서 교수는 학생에게 어릴 때의 기억이 시작되었다고 여겨지는 지점으로 가보자고 말했다.

그곳에 가보니 거위 냄새가 풍겼다. 교수는 곧 자기 기억의 흐름을 유도한 것이 그 냄새였음을 깨달았다.

그는 어렸을 때 거위를 기르는 농장에서 살았다. 그후 그 특유한 냄새를 잊었지만 인상은 지속적으로 남아 있었던 것이다. 산책 도중 농장을 지나가게 되자 그는 거위의 냄새를 잠재적으로 느끼고 무의식적인 지각이 오랫동안 잊고 있었던 그의 유아기의 기억을 되살아나게 했던 것이다. 그때 주의는 다른 것에 향해져 있었고 자극은 그 주의를 빗나가게 하거나 직접적으로 의식에 도달할 만큼 강하지 못했으므로 지각은 잠재적이었던 것이다. 그런데도 그것은 '잊고 있던' 기억을 유도해 냈다.

이와 같은 '실마리' 또는 '방아쇠'의 효과는, 광경이나 냄새나 소리가 과거의 상황을 양성(良性)의 추억으로 불러일으키는 것인 만큼 신경증 증상의 발단을 설명해 나갈 수 있게 해준다. 예를 들면, 건강하고 쾌활해 보이는 한 처녀가 사무실에서 일하고 있다. 그런데 잠시 후 두통이 일어나 눈앞이 캄캄해지고 다른 고통의 징후를 보인다. 그녀는 의식적으로 깨닫지는 못했지만 멀리서 들려오는 기적소리를 들음으로써 자신이 잊고자 애썼던 연인과의 불행한 이별을 무의식적으로 생각해 냈던 것이다.

정상적인 망각은 어떻든 프로이트는 불유쾌한 기억 — 말하자면 어떻게든 잊기 위해 애쓰고 있는 기억 — 의 망각에 대한 몇 가지 예를 기술하고 있다. 니체가 말한 것처럼 자긍심이 지나치게 강할 경우, 기억은 오히려 그것을 위해 길을 양보한다. 이렇듯 잃어버린 기억 속에서 우리는 그것의 불유쾌하여 양립하기 어려운 성질 때문에 잠재적인 상태 — 의식적으로 기억하기가 불가능한 상태 — 에 있는 것들을 많이 발견하게 된다. 심리학자들은 이것을 억압된 내용이라고 부른다.

이러한 문제점에 대한 예로서, 자기 고용주의 한 동료를 질투하는 여비서의 경우가 있다. 그녀는 그 사람의 이름을 자기가 사용하는 리스트에 분명히 기록해 두었음에도 불구하고 번번이 그를 회의에 초대하는 것을 잊어버린다. 그러나 이 점에 관해 해명을 요구하면 그녀는 다만 '잊었다' 든가 '다른 일에 쫓긴 나머지' 라고 대답할 뿐 자기 자신에게조차도 결코 그 실수의 진짜 이유를 인정하려고 하지 않는다.

많은 사람들은 의지력의 역할을 과대평가하는 오류를 범하고, 스스로 결정하거나 의도하지 않았던 것은 그들의 마음속에서 일어날 수 없다고 생각한다. 그러나 우리는 마음속의 의도적인 내용과 의도적이 아닌 내용을 주의깊게 구별하는 법을 배우지 않으면 안 된다. 전자는 자아인격(自我人格)으로부터 비롯된 것이고, 후자는 자아와 동일하지는 않지만 자아의 '또 하나의 면' 인 마음의 원천으로부터 비롯된 것이다. 앞에서 말한 여비서로 하여금 초대를 잊게 만든 것은 사실상 이 '또 하나의 면' 인 것이다.

우리가 인지하거나 체험한 일을 잊는 데는 상당히 많은 이유가 있고, 그것들이 우리 마음속에서 다시 생각나게 되는 방법도 많이 있다. 잠재기억(cryptomnesia) 혹은 '숨겨진 기억' 은 그것의 흥미로운 한 가지 예다. 어떤 작가가 처음에 생각한 계획에 따라 논의를 진행시키거나 이야기의 줄거리를 발전시키면서 써나간다. 그런데 갑자기 이야기가 궤도에서 벗어난다. 아마도 새로운 생각이 떠올랐거나 아니면 다른 이미지, 혹은 전혀 새로운 부차적인 줄거리가 생각났기 때문일 것이다. 무엇이 그와 같은 탈선을 야기시켰는지 물어보아도 그는 대답을 못할 것이다. 그는 완전히 새로운, 그리고 전에는 전혀 깨닫지 못했던 재료를 만들어내고 있으면서도 그 자신은 그러한 변화를 깨닫지 못한다. 더욱이 때로는 그가 쓴 것이 타인의 작품—그는 그것을 한 번도 읽어본 일이 없다고 믿고 있

폴크스바겐 광고에서 그 상표를 구성하고 있는 장난감 자동차. 이것은 독자의 어린 시절의 무의식적인 기억을 불러일으키는 '방아쇠'의 효과를 지니고 있을지도 모른다. 그 기억이 즐거운 것이라면, 그 즐거움은 (무의식적으로) 그 제품이나 상표와 결부될지도 모른다.

다—과 몹시 흡사하다는 사실이 밝혀지기도 한다.

나는 이러한 흥미 있는 예를 니체의 《짜라투스트라는 이렇게 말했다》에서 발견했다. 니체는 1886년 그 작품 속에서, 항해일지로서 보고된 사항의 한 마디 한 마디를 거의 똑같이 재생하고 있다. 나는 우연한 기회에 1835년—그러니까 니체가 책을 쓰기 반세기 전쯤—에 발행된 이 선원이 쓴 수기를 읽었다. 그리고 《짜라투스트라는 이렇게 말했다》라는 작품 속에서 비슷한 구절을 발견했을 때, 그것이 니체가 평소에 자주 사용하던 말과는 다른 특수한 스타일이라는 점에 놀랐다. 나는 니체가 그에 관해 전혀 언급하지 않았지만, 그가 지난날 그 수기를 읽었던 것이 틀림없다고 확신했다.

당시 생존해 있던 니체의 누이에게 편지를 보냈더니, 그녀는 니체가 11세 때 둘이 함께 그것을 읽은 적이 있다고 증명해 주었다. 전체의 흐름으로 보아 니체에게 그것을 표절하려는 의도가 있었다고는 생각되지 않는다. 나는 50년이 지난 뒤 뜻밖에도 그의 의식 속에 그 책에 대한 인상이 뚜렷하게 되살아났던 것이라고 생각하고 있다.

이러한 예로서 그것이라고 인식하지 못하는 순수기억이 있다. 이와 똑같은 일은 음악가에게도 생길 수 있다. 어린 시절 농부의 노래나 유행가를 들은 음악가가 성장한 후 작곡 중인 교향곡 악장의 테마로서 그것이 떠오르는 것을 깨닫는 일이 있다. 생각이라든가 이미지가 무의식으로부터 의식적인 마음속으로 흘러들어온 것이다.

무의식에 대해 지금까지 설명한 것은 인간의 마음의 이 복잡한 부분의 성질과 기능에 대한 대략적인 스케치에 불과하다. 그러나 꿈의 상징이 자연히 산출되는 잠재적인 소재의 종류에 대해 제시할 수 있었다고 생각한다. 이 잠재적인

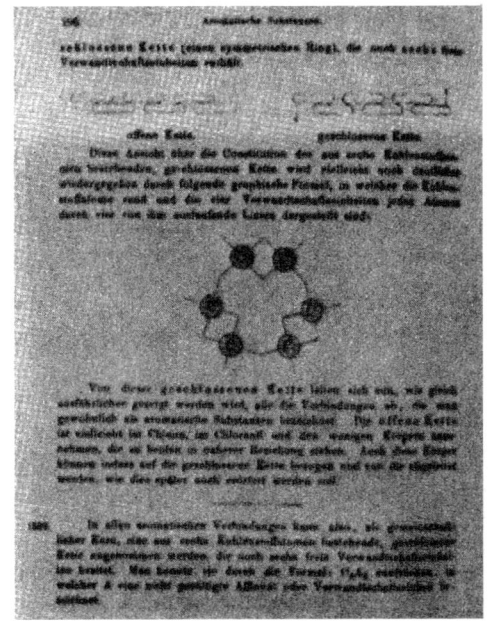

19세기의 독일 화학자 케쿨레는 벤젠의 분자구조를 연구하던 중 뱀이 자기의 꼬리를 입에 물고 있는 꿈을 꾸었다(이것은 아주 오랜 상징으로서, 오른쪽 그림은 기원전 3세기의 그리스 문서에 나타나 있는 것이다). 케쿨레는 이 꿈을 해석하여, 벤젠의 분자구조는 닫힌 탄소의 고리라고 생각했다. 왼쪽은 그의 저서 《유기화학》(1861)에 실린 그림이다.

소재는 모든 동인(動因), 충동, 경향성, 온갖 지각과 직관, 합리적 및 비합리적인 생각, 결론, 귀납, 연역, 전제 등과 같은 모든 종류의 감정으로 성립된다. 이 모든 것들은 부분적으로, 일시적으로, 혹은 항상 무의식의 형태를 취할 수가 있다.

이와 같은 소재는 거의 무의식적인 것이 된다. 말하자면 의식 속에 그것을 머물게 할 만한 장소가 없기 때문이다. 어떤 생각은 그 정동적인 에너지를 잃고 잠재적인 것이 되기도 한다(그러니까 그것들은 우리의 의식적인 주의를 그다지 많이 받지 않게 된다). 왜냐하면 그것은 흥미가 없거나 무관하게 되거나, 혹은 그것들을 자기의 시계 밖으로 밀어내려고 하는 어떤 이유가 있기 때문이다.

이와 같이 '잊는' 일은 우리에게 있어서 실로 정신적이며 반드시 필요한 것이다. 즉 우리의 의식인 마음에 새로운 인상이나 관념을 위한 자리를 만들어주기 때문이다. 만약 이런 일이 생기지 않는다면 우리의 모든 경험은 의식역(意識閾) 위에 머무르게 되고, 우리 마음은 엄청난 혼란에 빠지고 말 것이다. 이러한 현상은 오늘날 매우 널리 인정되므로, 심리학에 관해 조금이라도 지식이 있는 사람은 대부분 이것을 당연하다고 생각한다.

의식적인 내용이 무의식 속으로 사라져버리는 것과 같이 새로운 내용 — 지금까지 한 번도 의식화되지 않았던 것 — 도 무의식으로부터 생겨날 수 있다. 이를테면 사람은 어떤 것이 의식 속으로 들어오려 하고 있음을 어렴풋하게 느끼는 일이 있다. 즉 '무엇인가 있을 것 같다' 라든가 '이것은 어쩐지 수상쩍다' 고 느끼는 것이다. 무의식이 단지 과거의 것만 축적된 창고가 아니라 미래의 심적인 상황이나 생각의 가능성으로 가득 차 있다는 발견은 나로 하여금 심리학에 새로이 접근하도록 해주었다. 이 점을 둘러싸고 대단히 많은 논쟁이 벌어졌다.

그러나 의식된 먼 과거로부터의 기억뿐만 아니라 완전히 새로운 생각이나 창조적인 관념 — 지금까지 한 번도 의식화된 적이 없는 생각이나 관념 — 도 무의식 속에서 비롯된다는 것은 사실이다. 그것은 마음의 어두운 심층(深層)으로부터 연꽃처럼 성장해 가는 것으로서 잠재의식의 가장 중요한 부분을 형성한다.

이것은 일상생활에서 딜레마가 이따금 놀랄 만큼 새로운 제의에 의해 해결될 때 발견할 수 있다. 즉 많은 예술가나 철학자, 그리고 과학자조차도 무의식으로부터 갑자기 솟아난 영감에 힘입어 최고의 업적을 이룩하게 된다고 한다. 이런 풍부한 소재의 광맥(鑛脈)에 도달하고 그것을 효과적으로 철학·문학·음악 혹은 과학적인 발견으로 연결하는 능력은, 일반적으로 천재라 불리는 사람들의 특성 가운데 하나다.

이러한 사실에 대한 명백한 증거는 과학사 속에서 찾아볼 수 있다. 예를 들면, 프랑스의 수학자 푸앵카레(Poincaré, Juies Henri, 1854~1912)나 화학자 케쿨레(Kekuĺe, Friedrich August von, 1829~96)의 그 중요한 과학상의 발견은 — 그들 스스로 그것을 인정하고 있듯이 — 무의식으로부터 갑자기 생겨난 회화적인 '계시'의 도움을 입은 것이다. 프랑스의 철학자 데카르트의 이른바 '신비적' 체험에는, 그가 일순간에 '모든 과학의 질서'를 보았다고 하는 이와 비슷한 갑작스러운 계시와 관계가 있다. 영국의 작가 로버트 루이스 스티븐슨은 몇 년 동안 '인간의 이중성에 관한 강한 느낌'에 꼭 들어맞는 이야기를 찾던 중 마침내 《지킬 박사와 하이드 씨》의 줄거리가 갑자기 그의 꿈속에 나타났던 것이다.

나는 나중에, 무의식으로부터 어떻게 그와 같은 소재가 생겨났는가에 대해 좀더 자세히 설명할 것이다. 그리고 그것이 표현되는 형태에 대해서도 검토하겠다. 여기서는 그와 같은 새로운 소재를 산출하는 인간의 마음의 능력이 꿈의 상징성을 다룰 때 특히 중요하다는 점을 지적해 두고 싶다. 왜냐하면 나의 전문적인 연구에서 꿈의 이미지나 관념은 기억이라는 말만으로는 설명이 불가능하다는 것을 여러 차례 발견했기 때문이다. 그것들은 의식역에 지금까지 한 번도 도달해 본 적이 없는 새로운 생각을 표명하고 있는 것이다.

꿈의 기능

앞에서 나는 세계의 기원(起源)에 관해 매우 자세히 설명했다. 그것은 꿈이란 대부분의 상징들이 처음 싹트고 자라는 토양이기 때문이다. 그러나 유감스럽게도 꿈은 이해하기가 어렵다. 이미 지적했던 것처럼 꿈은 의식적인 마음에 의해 이야기되는 것과는 전혀 다르다. 일상생활에서 사람들은 자기가 말하고 싶은 것에 관해 잘 생각하

유럽의 일반 고속도로에서는 '동물 횡단 조심'이란 표지판이 세워져 있는 것을 자주 볼 수 있다. 그러나 운전자(그들의 그림자가 전면에 보인다)는 코끼리나 물소, 심지어는 공룡까지도 목격할 수 있다. 이 꿈의 그림(근대 스위스의 화가 에르하르트 야코비가 그린)은 꿈의 이미지로서, 외관상 비논리적이고 모순된 성질을 묘사하고 있다.

비합리적이고 공상적인 꿈의 성격을 가진 예이다. 부엉이와 박쥐가 꿈꾸는 사람 위에 떼지어 있다. 그림은 스페인의 화가 고야의 작품이다.

고 그것을 나타내는 가장 효과적인 방법을 선택하며, 자기의 이야기가 논리적으로 일관된 것이 되도록 노력한다. 이를테면 교양있는 사람은 자기의 관점이 혼란된 인상을 주는 것을 두려워하고 모순을 동반하는 비유의 혼용(混用)을 피하고자 한다. 그러나 꿈은 다른 구성을 갖는다. 모순되거나 우스꽝스럽게 보이는 이미지가 꿈꾸는 사람에게 쇄도하고, 보통의 시간감각은 상실되며, 평범한 것들이 매력적인 혹은 무서운 형태를 취하여 나타나는 일도 있다.

　우리가 깨어 있는 상태에서 사고할 때의 기본이라고도 할 수 있는 통제가 된 구조와는 전혀 다른 방법으로, 무의식이 그 소재를 정리하고 있음은 이상하게 생각될 것이다. 그러나 자주 시간을 쪼개어 꿈을 생각해 내려고 해본 사람이라면 누구나 이러한 차이를 깨닫게 될 것이다. 그것은 실제로 평범한 사람들이 꿈을 이해하는 것을 몹시 곤란하게 생각하는 이유의 하나다. 꿈은 그 사람이 정상

용이나 그것과 비슷한 괴물은 꿈의 이미지로서 흔한 것이다. 용이 꿈꾸는 사람을 쫓고 있다. 〈폴리 필로의 꿈〉이라는 이 목판화는 15세기 이탈리아의 수도사인 프란체스코 콜론나의 작품.

적으로 깨어 있을 때의 체험이라는 관점에서 보면 아무런 의미도 없다. 그래서 사람들은 꿈을 무시해 버리거나, 꿈이 그들을 곤란하게 만든다고 고백하는 것이다.

얼핏 보아 통제가 된 각성시에 우리가 취급하는 관념이라는 것이 그렇게 믿을 만큼 엄밀한 것은 아니라는 사실을 우선 깨닫는다면, 방금 말한 점을 보다 쉽게 이해할 수 있을 것이다. 그뿐만 아니라 각성시의 관념의 의미는 — 그리고 그 정동적인 의미는 — 보다 상세히 조사하면 할수록 더욱더 부정확한 것이 된다. 이 것은 우리가 듣거나 경험한 일은 무엇이든 잠재적으로 — 말하자면 무의식 속에 들어가는 것 — 되기 때문이다. 우리가 의식 속에 유지하고 의지에 의해 재생할 수 있는 것조차 매번 회상될 때마다 무의식의 빛깔을 띠고 그 빛깔에 의해 관념

현대의 화가 마르크 샤갈의 〈시간은 기슭이 없는 강이다〉라는 제목의 그림. 뜻하지 않은 꿈의 이미지의 연합은—물고기, 바이올린, 시계, 연인들—그야말로 꿈의 모든 기묘함을 갖고 있다.

꿈의 기능 _ 59

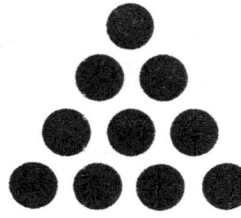

▲ 보통의 수(數)의 신화적 측면을 마야의 부조에서 볼 수 있다(730년). 그것은 시간의 수량적인 구분을 신에 의해 인격화하고 있다.

◀ 점의 피라미드는 그리스 피타고라스학파의 철학(기원전 6세기)의 테트락티스를 표현한다. 이것은 1·2·3·4의 네 숫자를 포함하며, 이를 합하면 10이 된다. 4와 10은 피타고라스학파의 사람들에게는 신성함을 의미한다.

이 물들게 된다. 실제로 우리의 의식적인 인상은 심리적으로 중요한 무의식적인 의미의 요소를 즉시 받아들이지만, 우리는 이 잠재적인 의미의 존재 및 그것이 일반적인 의미를 확장하거나 혼란시킨다는 사실을 깨닫지 못하고 있다.

물론 그와 같은 심적인 빛깔은 사람에 따라 각기 다르다. 각 개인은 어떤 추상적·일반적 관념도 그 개인의 마음의 문맥(文脈)에 흡수한다. 그러고 나서 그것을 저마다의 개인적인 방법으로 이해하고 응용한다. 담화 중에 내가 '지위'·'돈'·'건강'·'사회'와 같은 말을 사용할 때, 듣는 쪽도 내가 이해하고 있는 것과 '어느 정도' 비슷하게 이해한다고 생각한다. 그러나 여기에서 '어느 정도'라고 하는 것이 논점이 된다. 어떤 말이라도 같은 문화적 배경을 가지고 있는 사람들 사이에서조차 각 개인에게 무엇인가 조금은 다른 의미를 가지고 있는 것이다. 이와 같은 차이가 생기는 이유는, 일반적인 개념이 개인의 문맥 속에 받아들여지고 그 때문에 조금은 개인적인 방법으로 이해되어 적용되기 때문이다. 그러므로 의미의 차이는 사람들이 현저하게 다른 사회적·정치적 혹은 심리적인 체험을 가지고 있을 때는 당연히 매우 커진다.

개념이 그 말 자체인 한에 있어서는 그 차이는 거의 눈에 보이지 않고 실제적인 문제가 되지 않는다. 그러나 정확한 정의나 주의깊은 설명이 필요할 경우, 우리는 그 용어의 순수한 지적인 이해의 측면뿐만 아니라, 특히 정서적인 색조나 그 적용상 놀랄 만한 차이를 발견한다. 대체로 이것들의 차이는 잠재적이므로 결코 인지되는 일이 없다.

이와 같은 차이는 일상적인 필요와는 거의 관계가 없는 군더더기나 버려도 좋은 의미의 뉘앙스 문제라 하여 무시되기 쉽다. 그러나 이와 같은 차이가 존재한다는 사실은, 의식의 가장 즉물적(卽物的)인 내용조차도 어딘가 그 주위에 불확실한 그늘을 갖고 있음을 나타낸다. 어떤 용어가 내포하는 이상의 것은 전혀 포

숫자뿐만 아니라 돌이나 나무와 같은 흔한 물건이라도 상징적인 중요성을 갖는다.

◀ 인도의 여행자들이 길에 놓아둔 돌. 그것은 남근(linga)을 나타내는데, 힌두의 창조성의 상징이다.

함하고 있지 않다고 주의깊게 정의된 철학이나 수학상의 개념조차도 우리가 생각하고 있는 이상으로 불확실한 그늘을 갖고 있다. 그것은 심적 사상이기 때문에, 그 자체만으로도 알 수 없는 부분이 어느 정도는 있는 것이다. 계산할 때 사용하는 숫자조차도 우리가 생각하는 이상의 것을 가지고 있다. 숫자는 동시에 신화적인 요소인 것이다(예를 들면, 피타고라스학파의 사람들에게 숫자는 신성한 것이었다). 그러나 우리가 숫자를 실제적인 목적으로 쓰고 있을 때는 이 점을 전혀 인식하지 못한다.

요컨대 우리 의식 내의 모든 개념은 그 자체의 심리적인 연합을 갖고 있다. 그것들의 연합은 — 그 개념의 전인격에 대한 중요성 혹은 무의식에서 연상된 다른 개념이나 콤플렉스 등에 의해 — 다른 힘을 갖는다. 즉 그 개념의 '보통'의 성격을 바꿀 수 있는 것이다. 그것이 의식의 수준 아래까지 밀려 떠내려감에 따라 전혀 다른 것이 되는 수도 있다.

이와 같이 우리에게 생기는 모든 사항의 잠재적인 면은 일상생활에 별로 중요한 부분을 차지하고 있지 않은 것처럼 생각된다. 그러나 꿈의 분석에서 심리학자는 무의식의 표현을 다루고 있으므로, 그것들은 큰 관계가 있다. 즉 잠재적인 면이라는 것은 우리의 의식적인 생각의 눈에 보이지 않는 근원이다. 꿈속에서 보통의 사물이나 생각이 아주 강한 심리적인 의미를 지닐 수 있으므로, 단지 자물쇠가 채워진 방이라든가 기차를 놓쳐 버린 꿈을 꾸었을 뿐인데도 우리는 현저하게 혼란스러워 잠에서 깨어나게 되는 것이다.

꿈속에서 생긴 이미지는 그것의 깨어 있는 분신이라 할 수 있는 개념이나 체험보다도 훨씬 회화적이고 생생한 것이다. 그 이유의 하나는, 꿈속에서는 그와 같은 개념이 무의식적인 의미를 표현할 수 있다는 데 있다. 의식적인 생각에서 우리는 자기를 합리적인 표현 안에 제한한다. 그 표현은 그것에 수반되는 심리적인 연상의 대부분을 제거하고 있기 때문에 보다 생동감이 부족한 것이다.

해석하기가 어려웠던 나 자신의 꿈이 생각난다. 꿈속에서 한 사나이가 내 등 뒤에서 덤벼들려고 했다. 내가 그 사나이에 대해 알고 있는 것은, 그가 내가 한 말을 거론하며 그 의미를 괴이한 웃음거리로 만들고 억지로 왜곡시켰다는 것뿐이었다. 그러나 나는 이 사실과 그가 꿈속에서 나에게 덤벼들려고 한 일과의 관

서부 아프리카에 있는 나무로, 주민들은 그것을 주주(JuJu)라든가 성령의 나무라고 부르며 마술적인 힘이 있다고 생각한다.

꿈의 기능 _ 63

련성을 찾아낼 수가 없었다. 그렇지만 나의 전문적인 학문세계에서는 내가 말한 것을 사람들이 오해하는 일이 자주 있었다. 너무 자주 있는 일이기 때문에 이와 같은 오해가 자신을 격분하게 만드는지 어떤지조차 거의 신경쓰지 않았다. 그런데 자기의 정서적인 반응에 대해 의식적인 조절기능을 유지하는 일은 가치가 있는 일이다. 나는 바로 이것이 꿈이 지적하려고 했던 점이라는 것을 알았다. 꿈은 오스트리아의 사투리를 택했고, 그것을 회화적인 이미지로 번역한 것이었다. 그 말은 일상의 회화에 흔히 나오는 것으로서ㅡDu Kannst mir auf den Buckel steigen(영어로는 You can climb on my back ; 너는 내 등에 올라타도 좋다)ㅡ그것은 '네가 나에 관해 무엇이라고 말하든 나는 태연하다'는 의미를 나타내는 것이다. 이 말의 미국적 표현은 'Go jump in the lake'인데, 비슷한 꿈으로 나타날 수 있을 것이다.

　이 꿈의 이미지는 상징적이라고 할 수 있다. 왜냐하면 그 상황을 직접 표현하는 것이 아니고, 처음에는 내가 이해하지 못했던 은유의 방법으로 그 점을 간접적으로 표현하고 있기 때문이다. 이런 일이 생기는 까닭은ㅡ자주 그렇지만ㅡ꿈이 그것을 의도적으로 변장하고 있기 때문은 아니다. 말하자면 그것은 정서적인 것을 포함한 회화적 언어에 대한 우리의 이해에 결함이 있었던 것을 보여주는 데 불과하다. 일상적인 경험에서는 어떤 사항을 되도록 정확히 말하는 것이 필요하고, 우리는 말이나 사고에서 공상적인 장식물을 버려야 한다는 사실을 배워 오고 있다ㅡ이와 같이 하여 어떤 소질을 잃기도 하지만, 이것은 지금도 미개인의 마음에 있어서는 특징적인 것이다. 우리 대부분은 모든 사물이나 관념이 갖고 있는 공상적인 심리적 연상의 전부를 무의식에 떠맡기고 있다. 이에 반해 미개인은 그와 같은 심리적인 특성을 아직도 인정하고 있으며, 동물이나 식물이나 돌에 대해 우리가 기묘하게 느끼고 받아들이기 곤란한 힘을 부여한다.

예를 들면, 아프리카의 정글에 사는 주민들은 한낮에 야행성 동물을 보면 그것을 마법사가 일시적으로 그런 모습을 취한 것이라고 생각한다. 혹은 그것이 초원의 영혼이라든가 종족의 조상의 혼령이라고 생각할지도 모른다. 한 그루의 나무가 어떤 미개인의 생명의 중요한 부분을 담당하는 일도 있다. 그 경우 나무는 그를 위해 고유한 넋과 목소리를 갖고 있으며, 당사자는 그 나무와 운명을 나누어 갖는다고 느끼게 된다. 남미의 어떤 인디언들은 자신들에게 깃털이나 날개나 부리가 없음을 잘 알고 있으면서도 그들 자신이 붉은 아라라 잉꼬라고 당신에게 확언할 것이다. 왜냐하면 미개인의 세계에서는 모든 일이 우리의 '합리적인' 사회처럼 뚜렷한 경계를 갖고 있지 않기 때문이다.

결국 우리의 세계는 심리학자가 마음의 동일성이라든가 '신비적 관여'라고 부르는 것 등을 제거하고 말았다. 그러나 무의식의 연상이라고 하는 이 후광(後光)이야말로 미개인의 세계에 색채적인, 그리고 공상적인 면을 부여하고 있다. 우리는 그것을 너무 많이 잃어버렸기 때문에 그에 다시 접하게 되더라도 깨닫지 못한다. 그런 것들은 우리의 의식역 아래에 보존되어 있는데, 그것들이 어쩌다 나타나면 우리는 무엇인가 잘못되었다고 생각하게 된다.

교육도 받고 지능도 높은 사람이 이상한 꿈이나 공상 혹은 환상을 보고 너무나도 큰 충격을 받은 나머지 나에게 의논하러 온 적이 여러 번 있다. 그들은 마음이 건강한 상태일 때는 그와 같은 일이 일어나지 않으며, 실제로 환상을 본 사람은 병적인 장애를 가진 사람이라고 확신한다. 어떤 신학자는 일찍이 나에게 "에스겔의 환상은 병적인 증상에 지나지 않으며, 또 모세나 그 밖의 예언자들이 '하느님의 목소리'를 들었다고 하는 것은 그들이 환청에 사로잡혀 있는 것"이라고 말한 적이 있다. 그런데 그에게 그와 똑같은 일이 '자연스럽게' 일어났을 때, 그가 얼마나 당황하게 될지는 충분히 상상할 수 있을 것이다. 우리는 이 세계의

> 620　　　　　　　　　　　　　　　　**liquefy**
>
> lion, li´ən, n. a large, fierce, tawny, loud-roaring animal of the cat family, the male with shaggy mane: (fig.) a man of unusual courage: (astron.) the constellation or the sign Leo: any object of interest, esp. a famous or conspicuous person much sought after (from the lions once kept in the Tower, one of the sights of London): an old Scots coin, with a lion on the obverse, worth 74 shillings Scots (James VI.).—fem. li´oness.—ns. li´oncel, li´oncelle, li´onel, (her.) a small lion used as a bearing; li´onet, a young lion; li´on-heart, one with great courage.—adj. li´on-heart´ed.—n. li´on-hunter, a hunter of lions: one who runs after celebrities.—v.t. li´onise, to treat as a lion or object of interest: to go around the sights of: to show the sights to.—n. li´onism, lionising: lion-like appearance in leprosy.—adjs. li´on-like, li´only.—lion's provider, the jackal.

　얼핏 보기에는 합리적으로 보이는 성격에 너무나 익숙해져, 상식으로 설명할 수 없는 일이 있다고는 생각도 하지 않는다. 그러나 미개인은 이와 동일한 충격을 받더라도 결코 자기의 정신상태가 정상인지 의심하지 않는다. 이때 그는 물신(物神)이라든가 정령(精靈) 등과 같은 신에 대해 생각할 것이다.

　그러나 우리에게 영향을 주는 정서라는 것은 이와 똑같다. 우리가 꼼꼼하게 만들어낸 문명으로부터 생기는 공포 등은, 악령으로 인한 것이라고 간주하는 미개인의 공포보다 훨씬 더 무서운 것이다. 근대적인 문명인의 태도로는 나의 진료소에 입원해 있던 정신병 환자가 생각나는데, 그 자신 역시 의사였다. 어느 날 아침, 내가 "어떻습니까?" 하고 묻자 그는 머큐로크롬으로 온 천국을 소독하는 기이한 밤을 보냈는데, 그렇듯 빠짐없이 소독하던 중에도 신의 흔적을 보지 못했다고 대답했다. 여기서 우리는 신경증, 혹은 그보다 더 나쁜 것을 보게 된다. 즉 신 혹은 '신에 대한 두려움'이 불안신경증 내지는 일종의 공포증으로 대치된 것이다. 정서는 본래 그대로인데, 그 대상물이 이름도 성격도 보다 나쁜 쪽으로

카메룬의 샤먼이 사자 가면을 쓰고 있는 모습. 그는 사자의 흉내를 내고 있는 것이 아니라 자기가 사자 그 자체임을 확신한다. 콩고의 인간과 새의 가면(26쪽)처럼 그는 그 '심리적 동일성'을 동물과 공유하고 있다. 그러한 동일성은 신화나 상징성 속에 존재하는 것이다. 근대의 '합리적'인 사람은 자기 자신을 그와 같은 심리적 결합으로부터 분리시키려고 했다(그것은 무의식 속에 존재하는 것이지만). 그에게 있어 스페이드는 스페이드이고, 사자는 사전(66쪽)에서 설명하고 있는 이상의 것은 아니다.

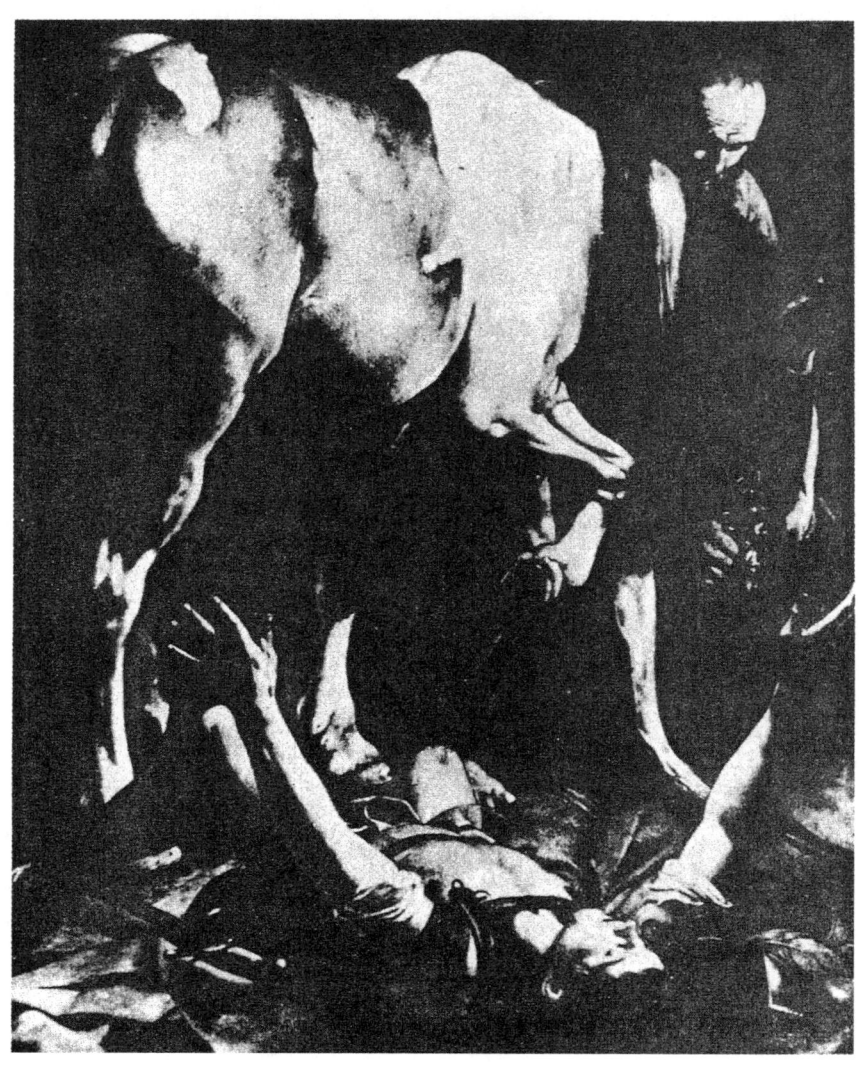

성바울이 그리스도의 환영에 충격을 받고 쓰러진 장면(16세기 이탈리아의 화가 카라바지오(Caravaggio, da Michelangelo ; 1569?~1609?)의 그림).

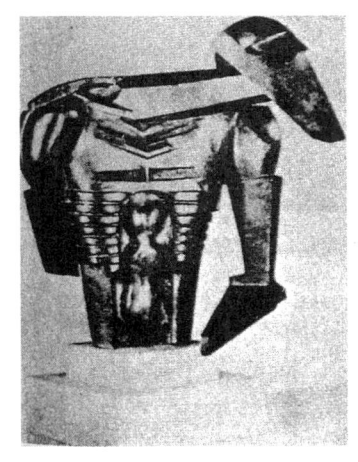 

왼쪽 : 근대 영국 조각가 제이콥 엡스타인(Jacob Epstein ; 1880~1959)의 작품으로, 인간이 기계화한 괴물로 표현되고 있다—아마도 현대적 악령의 이미지일 것이다
오른쪽 : 자바 섬의 농부들이 논의 정령으로부터 보호받기 위해 닭을 희생으로 바치는 장면. 이런 종교적인 신앙이나 행사는 미개인의 생활에 있어 기본적인 것이다.

바뀌고 말았던 것이다.

내게 암 공포증에 관해 의논하러 온 철학 교수가 있었다. 그는 많은 X선 사진에서 아무것도 발견되지 않았음에도 불구하고 악성 종양이 있다는 강박적인 확신에 시달리고 있었다. 그는 "아무것도 없다는 것을 알고 있습니다. 그러나 뭔가 있을지도 모릅니다"라고 말했다. 대체 무엇이 이와 같은 생각을 낳게 한 것일까? 그것은 명백히 의식적인 생각에 의해 성립되는 것이 아닌 공포로부터 생기는 것이다. 이 병적인 생각은 갑자기 그에게 몰아닥치고 자기로서도 조절할 수 없는 그 자체의 힘을 가지고 있는 것이다.

고등교육을 받은 그로서 이러한 것을 인정하기란, 미개인이 유령에게 화를 입었다고 말하는 것보다 훨씬 어려운 일이었을 것이다. 악령의 무서운 영향이라는 것은, 적어도 미개인의 문화에서는 허용될 수 있는 가설이다. 그러나 문명

영혼을 시각화한 두 가지 보기

▲ 성안토니우스에게 달려드는 지옥의 악마들(독일의 화가 그뤼네발트(Grünewald, Matthias : 1460~1530)의 그림).
▶ 19세기 일본의 세 폭 병풍. 살해된 인간의 유령이 그 살해자를 때려눕히고 있다.

인으로서는, 그의 고뇌가 우스꽝스러운 상상의 장난에 불과하다는 것은 받아들이기 어려운 체험이다. 미개의 '신들림'이라는 현상은 없어진 것은 아니다. 그것은 여전히 그대로 남아 있으며, 다만 좀더 불유쾌한 방법으로 해석되고 있을 뿐이다.

  나는 현대인과 미개인에 관해 이같은 몇 가지 비교를 제시했다. 뒤에서 보게 되겠지만, 이러한 비교는 인간의 상징을 만들어내는 경향이나 그것들을 표현함에 있어 꿈이 담당하고 있는 역할을 이해하는 데 필수적인 것이다. 왜냐하면 많은 꿈은 미개인의 사고나 신화나 의식과 유사한 이미지와 연상을 보여주기 때문이다. 이들 꿈의 이미지는 프로이트에 의해 '고대의 잔재'라 불렸고, 이 용어는 그것들이 아득하게 먼 옛날부터 인간의 마음에 존재해 온 심리적 요소임을 시사하고 있다. 이와 같은 관점은 무의식을 의식의 단순한 부속물 — 혹은 보다 회화적으로 표현하면, 의식적인 마음에 의해 거부된 모든 것을 모으는 휴지통 — 이라고 간주하는 사람들의 특징이다.

  그 뒤의 연구에 의해 나는 이러한 태도를 지지할 수 없으며, 버려야만 한다는

꿈의 기능 _ 71

생각을 갖게 되었다. 나는 이와 같은 연상이라든가 이미지라는 것은 무의식의 주요한 부분이고, 곳곳에서 — 꿈을 꾼 사람이 교육을 받았든 무학(無學)이든, 혹은 지적이든 그렇지 못하든 — 관찰될 수 있다는 것을 알아냈다. 그것은 아무리 생각해 보아도 생명이 없는, 무의미한 '잔재'는 아니다. 그것은 지금도 활동하며 '역사적인' 관습이라는 점 때문에 특히 가치가 있는 것이다(이 책의 뒤에서 헨더슨 박사가 이 점을 제시하고 있다). 그것들은 우리가 의식적으로 생각을 표현하는 방법과 보다 원시적이며 색채가 풍부한 회화적인 표현과의 사이에 하나의 다리를 형성한다. 이 표현 형태야말로 감정이나 정서에 직접적으로 호소해 오는 것이다. 우리의 '역사적인' 연상은 의식의 합리적인 세계와 본능의 세계를 연결시키는 것이다.

나는 이미 각성시에 갖는 '조절된' 생각과 꿈속에서 산출되는 풍부한 심상(心像) 사이의 흥미로운 대조에 관해 논했다. 여기서 그와 같은 차이가 생기는 또 다른 이유를 알 수 있게 된다. 우리는 문명화된 생활에서 관념이 갖는 정동적인 에너지의 대부분을 벗겨냈으므로, 이미 그것들에 대해 마음으로부터 반응하는 일은 없다. 우리는 그와 같은 관념을 일상회화에서 사용하고, 또 다른 사람이 그것을 사용할 때에도 일률적인 반응을 보이지만, 그것이 우리에게 깊은 인상을 주는 일은 없다. 우리의 태도나 행동을 변화시킬 만큼 무엇인가를 느끼도록 하기 위해서는 그 이상의 무엇이 필요하다. 그 역할을 '꿈의 언어'가 해내는 것이다. 꿈의 상징은 아주 많은 심적 에너지를 갖고 있으므로 우리는 그것에 주의를 기울이지 않을 수 없다.

이를테면 논리적인 이야기에 대해 완강히 저항하고 우스꽝스러운 편견을 가지고 있는 것으로 알려진 부인이 있었다. 그녀와는 밤새도록 논의해도 결론이 나지 않는다. 그것에 대해 그녀는 아무런 주의도 기울이지 않았다. 그런데 그녀의 꿈은 다른 각도에서 그녀에게 접근해 왔다. 어느 날 밤, 그녀는 중요한 사교 모임에 참석하는 꿈을 꾸었다. 여주인은 그녀에게 "잘 오셨습니다. 모두들 벌써 오셔서 당신을 기다리고 있습니다"라고 인사했다. 그리고 문 쪽으로 안내했다. 그녀는 그가 열어 주는 문 안으로 들어갔다 ― 그곳은 외양간이었다.

이 꿈의 언어는 아무리 어리석은 사람이라도 이해할 수 있을 정도로 단순하다. 이 부인은 처음에는 자기의 자만심을 너무나도 직접적으로 지적한 이 꿈의 요점을 인정하려 하지 않았다. 그러나 그 메시지는 충격을 주었고, 스스로 자기에게 가한 경멸의 의미를 인정할 수밖에 없었기 때문에 그것을 받아들이지 않으면 안 되었다.

무의식으로부터의 이와 같은 메시지는 많은 사람이 생각하는 것보다 훨씬 중요한 것이다. 우리의 의식적인 생활은 온갖 종류의 영향에 노출되어 있다. 타인은 우리를 자극하거나 우울하게 만든다. 직장이나 사회생활에서의 일들이 우리를 혼란에 빠뜨린다. 이와 같은 일들이 우리를 개성에 부적당한 쪽으로 유혹한다. 의식에 미치는 영향을 인지하든 인지하지 않든 의식은 거의 무방비 상태에서 그것들에 의해 혼란스러워지거나 영향을 받는다. 이와 같은 일은 외향적인 태도에 의해 외적인 사물을 강조하는 사람, 혹은 자기의 가장 깊은 곳에 있는 인격에 열등감을 느끼거나 감정을 품고 있는 사람에게 특히 발생하기 쉽다.

의식이 편견이나 잘못이나 공상, 그리고 어린아이 같은 소망에 영향을 받으면 받을수록 전부터 존재했던 의식과 무의식 사이의 틈이 보다 넓어져 신경증적 분리에 이르고, 그것은 어떤 의미에서는 부자연스런 생활이 되어 건강한 본능이나 자연이나 진실로부터 멀어진다.

꿈의 일반적인 기능은, 미묘한 방법으로 마음 전체의 평형성을 이루게 하는 재료를 산출함으로써 심리적인 평형을 회복시키는 것이다. 이것은 내가 우리 마

이데올로기로 인한 갈등은 많은 현대인들로 하여금 '몽마(夢魔)'를 만들어내게 한다.
왼쪽 : 미국의 만화가 윌슨(Gahan Wilson)은 흐루시초프의 그림자를 괴물 같은 죽음의 기계로 묘사하고 있다.
오른쪽 : 러시아의 잡지 《크로코딜(Krokodil)》에 실린 만화로 서구의 '제국주의자'를 무서운 늑대로 표현함으로써 새로 독립한 아프리카 국가들의 국기들에 의해 아프리카에서 쫓겨나고 있음을 나타낸다.

음의 메커니즘에서 꿈의 보족적(補足的) — 혹은 보상적 — 역할이라 부르는 것이다. 이것은 비현실적인 이상을 품고 있거나 자기 자신을 지나치게 높게 평가하거나 자기의 능력과 어울리지 않는 거창한 계획을 세우는 사람들이 하늘을 날든가 혹은 떨어지는 꿈을 꾸게 되는 이유의 하나다. 꿈은 그들의 인격의 결함을 보완하거나 동시에 그것들의 현재의 방향이 위험한 것임을 경고하고 있다. 꿈의 경고를 무시한다면 실제로 사고가 생길 수도 있다. 희생자는 계단에서 떨어지든가 자동차 사고를 당하기도 한다.

문득 불미스러운 일련의 사건에 휘말려 달아나고 싶어하던 한 남성이 생각난다. 그는 일종의 보상작용으로서 위험한 산악 등반에 거의 병적이라 생각될 만

큰 정열을 기울이게 되었다. 그는 '자기보다 더 높은 곳에 도달하기를' 추구하고 있었던 것이다. 어느 날 꿈속에서 그는 자기가 높은 산의 정상에서 공중으로 걸어가는 것을 보았다. 그가 그 꿈에 대해 이야기했을 때, 나는 즉시 위험하다고 생각하여 그것이 경고임을 강조했고, 그에게 조심하라고 충고했다. 그 꿈은 그가 산악사고에 의해 죽게 되리라는 것을 예언하고 있다고까지 말했다. 그러나 그것은 헛수고였다. 6개월 후 그는 '공중을 걷고 있었다'. 한 산악 안내인은 그가 친구와 함께 난코스에서 로프를 타고 내려오는 것을 보았다. 친구는 바위의 튀어나온 부분에서 잠시 쉴 수 있는 발판을 발견했고, 그도 뒤따라 내려왔다. 갑자기 그가 잡고 있던 로프를 놓았다. 보고 있던 산악 안내인의 말에 의하면 '마치 공중으로 낙하하는 것 같았다'고 한다. 그는 친구 위로 떨어져 둘 다 추락하여 사망했다.

또 하나의 전형적인 예로서 분수에 넘치는 삶을 영위하고 있던 한 부인의 경우를 들겠다. 그녀는 일상생활에서는 고상하고 훌륭했다. 그러나 그녀가 꾼 꿈은 온갖 불미스러운 것을 생각나게 만드는 충격적인 것이었다. 내가 그 뜻을 밝혀냈을 때 그녀는 그것을 인정하지 않았다. 그러나 꿈은 점점 강박적인 것이 되었고, 언제나 그녀가 혼자서 정열적인 공상에 잠겨 걷는 숲속의 산책에 관한 것으로 가득 차게 되었다. 나는 위험을 느꼈지만, 그녀는 나의 거듭되는 경고를 귀담아 듣지 않았다. 그후 그녀는 숲속에서 한 사디스트의 습격을 받고 심한 봉변을 당했다. 그녀의 비명소리를 듣고 사람들이 달려오지 않았더라면 그녀는 살해되었을 것이다.

여기에는 마술적인 것은 하나도 없다. 이 부인의 꿈이 나에게 알려준 것은, 그녀가 그와 같은 모험을 은밀히 동경하고 있었다는 사실이다. 그것은 저 등산가가 난코스를 극복하는 확실한 길을 찾아내는 데서 무의식적으로 만족을 느끼려

오늘날 개인의 의식에 영향을 주고 있는 두 가지 문제. 하나는 광고(미국의 광고는 '사교성'을 강조한다)이고 또 하나는 정치적 선전이다(1962년 프랑스의 국민투표 포스터로서 '찬성'의 투표를 호소하며 '반대'를 한쪽에 붙이고 있다). 이것들의 또 다른 영향은 우리가 개인의 성격에 맞지 않는 방법으로 생활하는 것의 원인이 된다. 그리하여 그에 이어 생기는 마음의 불균형은 무의식에 의해 보상된다.

했던 것과 마찬가지다. 명백히 그들은 둘 다 거기에 포함된 엄청난 대가를 생각하지 않았다. 그녀는 갈비뼈 몇 개가 부러졌고, 그는 생명이라는 대가를 치렀다.

이와 같이 꿈은 때때로 어떤 사태가 실제로 일어나기 훨씬 전에 그 장면을 보여줄 수도 있다. 이것을 굳이 기적이라든가 예언의 한 형태라고 표현할 필요는 없다. 인생에서 수많은 위험은 긴 무의식적인 역사를 가지고 있다. 우리는 위험이 산더미처럼 쌓여 있는 것도 모르고 그것을 향해 한 걸음씩 다가간다. 그러나 우리가 의식적으로 알기 어려운 사항은 종종 무의식에 의해 감지된다. 무의식은 그 정보를 꿈을 통해 전달할 수 있는 것이다.

꿈은 흔히 이와 같은 방법으로 곧잘 우리에게 경고한다. 그러나 또 이따금 그렇지 않은 것처럼 생각되기도 한다. 그러므로 자비로운 손길이 사전에 우리를 보호해 준다는 가정은 의심스러운 것이다. 좀더 구체적으로 말하면, 그 자비로운 손길이라는 것은 활동할 때도 있고 활동하지 않을 때도 있는 것 같다. 그 신비의 손은 파멸의 방향을 가리키는 일도 있을지 모른다. 꿈은 때로는 함정이라는 것이 판명되는 일도 있고, 그렇게 생각되기도 한다. 꿈은 때때로 크로이소스(Kroisos) 왕에게 주어진 델포이(Delphoi)의 신탁(神託), 즉 그가 할리스 강을 건넌다면 거대한 왕국을 멸망시킬 것이라고 한 신탁과 똑같은 작용을 한다. 강을 건너 싸운 전투에서 완전히 패배한 후에야 왕은 신탁이 말한 왕국이 바로 자기 왕국이었음을 깨달았던 것이다.

꿈을 다룸에 있어서는 단순 소박하게 행동해서는 안 된다. 꿈은 완전히 인간적인 것이 아니다. 그것은 오히려 자연의 숨결 — 아름답고 관대하며 동시에 잔인하기도 한 여신의 정신 — 에서 비롯된 것이다. 만일 이 정신의 특성을 알려고 한다면, 현대인의 의식보다는 고대의 신화나 원시림의 전설 속에서 보다 확실히 그 특징에 접근할 수 있을 것이다. 나는 문명사회의 발전의 결과로 획득한 엄청난 이익을 부정하는 것은 아니다. 그러나 이와 같은 이익은 헤아릴 수 없을 만큼 막대한 손실을 치르고 얻어낸 것이다. 원시인의 상태와 문명인의 상태를 비교한 목적의 하나는 이것들의 손득(損得)의 균형을 제시하기 위해서였다.

원시인은 자기 자신을 '조절하는' 법을 배운 '합리적'이고 현대적인 자손들보다 훨씬 더 그 본능에 의해 지배되고 있다. 이 문명화의 과정에서 우리는 그 의식을 인간의 보다 깊은 본능적인 층으로부터 더욱 분리시켰고, 그리고 마침내는 심리현상의 신체적 기초로부터도 분리시키기에 이르렀다. 다행히도 우리는 이 기본적·본능적인 층을 잃지는 않았다. 그것들은 반드시 꿈의 형태로서만 우리에게 제시될 수 있는 것이지만, 그것은 무의식적인 부분으로 남아 있다. 이들 본능적인 현상들은 — 그 특성이 상징적이기 때문에 그것들이 대체 무엇인가를 항상 인지할 수 있는 것은 아니지만 — 내가 앞에서 꿈의 보상적인 기능이라고 부른 것에서 중요한 역할을 한다.

등대지기(미국의 롤란드 윌슨의 만화)가 고독한 생활 때문에 심리적으로 약간 혼란스러운 상태에 있다. 그 보상적인 기능으로서의 무의식은 환각적인 동료를 만들어냈다(만화의 설명에 의하면). 등대지기는 그 동료에게 "빌, 그것뿐이야? 나는 어제 또 혼잣말을 하고 있는 자신을 발견했다네!"라고 말한다.

    정신적인 안정을 위해, 그리고 신체적인 건강을 위해서도 무의식과 의식은 하나로 결합되어야 하고, 따라서 서로 평행적으로 작용하지 않으면 안 된다. 만일 그것들이 서로 떨어지거나 '분리되기에 이르면' 심리적인 장애가 따르게 된다. 이런 점에서 꿈의 상징은 인간 마음의 본능적인 부분으로부터 합리적인 부분으로 보내지는 중요한 메시지의 전달자이다. 그것을 해석함으로써 빈곤한 의식은 풍부해지고 잊혀진 본능의 말을 다시금 이해하는 법을 배우게 되는 것이다.

    물론 사람은 꿈의 상징을 자주 깨닫지 못하거나 이해하지 못한 채 지나쳐버리기 때문에 이 기능에 대해 불신을 품게 마련이다. 일상생활에서 꿈의 해석은 자주 쓸데없는 일로 간주된다. 이 점은 내가 동아프리카의 미개인에게서 경험한 바에 의해 설명할 수 있다. 놀랍게도 이 종족들은 그들이 꿈을 꾼다는 것을 부정했다. 그러나 별로 중요하지 않은 대화를 참을성 있게 계속하는 동안, 나는 그들이 다른 모든 사람과 마찬가지로 꿈을 꾸고 있다는 것, 그러나 그들은 그 꿈이 아무런 의미도 없는 것이라고 확신하고 있음을 알게 되었다. "보통 사람의 꿈은 아무런 의미도 없다"고 그들은 나에게 말했다. 그들에게 문제가 되는 꿈은 오직 추장이나 샤먼의 꿈뿐이며, 종족의 이익과 큰 관련이 있는 이들의 꿈은 매우 중요시되고 있었다. 여기서 유일한 장애는 추장이나 샤먼들이 의미 있는 꿈을 꾸지 않게 되었다고 주장한 일이었다. 그와 같은 변화는 영국인이 그들의 나라에 온 이후에 일어났다고 했다. 지방장관─즉 그들을 담당하는 영국인 관리─이 지금까지 그 종족의 행동을 이끌어온 '크나큰 꿈'의 기능을 빼앗았다는 것이다.

이 종족들이 꿈을 꾼다는 사실을 분명히 인정하면서도 그 꿈을 의미 없는 것이라고 생각하는 것은, 현대인이 꿈을 이해할 수 없다는 이유를 들어 그것을 무의미하다고 생각하는 것과 다를 바가 없다. 그러나 문명인조차도 꿈이─비록 그가 기억해 내지 못할지도 모르지만─자기의 기분을 좋게도 또는 나쁘게도 만

아테네의 에게우스왕이 받은 델포이의 신탁(항아리의 그림)이다. 무의식으로부터의 '메시지'는 신탁이 제시하는 것과 마찬가지로 수수께끼 같으며 불명확하다.

꿈에 대한 두 가지 책. 하나는 현존하는 영국의 것이고, 다른 하나는 고대 이집트의 것(후자는 가장 오래 전에 씌어진 문장으로서, 기원전 2000년까지 거슬러올라간다). 이같은 기성의 대략적 규제에 의한 꿈의 해석은 아무 가치도 없다. 꿈은 고도로 개성화된 것으로서, 그 상징은 간단히 분류될 수 없다.

들 수 있다는 것을 자주 관찰하게 된다. 그 꿈은 '이해된' 것이기는 하지만, 다만 잠재적인 방법으로만 이해되었던 것이다. 이것은 일반적으로 잘 일어나는 현상이다. 대부분의 사람들이 꿈을 해석하기를 원하는 것은, 꿈이 특별히 인상적이거나 혹은 같은 꿈이 정기적으로 몇 번이나 반복해서 나타나는 매우 드문 경우뿐이다.

여기서 나는 지식도 없고 자격도 갖추지 않은 채 시행하는 꿈의 분석에 대해 경고를 가하지 않을 수 없다. 어떤 사람들은 그 정신상태에 너무나도 평형이 결여되어 있어 꿈의 해석이 아주 위험한 경우가 있다. 즉 그와 같은 경우 매우 일방적으로 된 의식은 그것과 대응하여 비합리적인, 또는 '미친' 무의식으로부터 분리되어 있다. 그리고 이 양자는 특별한 배려 없이 함께 다루어서는 안 된다.

보다 일반적으로 말한다면, 참고서를 한 권 사서 개개의 상징의 의미를 조사

흔히 볼 수 있는 점점 커지는 꿈의 유명한 예. 《이상한 나라의 앨리스》(1877)의 삽화로, 앨리스가 방안에 가득 찰 만큼 커져 있는 모습.

마찬가지로 흔히 볼 수 있는 하늘을 날고 있는 꿈. 이 그림(19세기 영국의 화가 윌리엄 블레이크 작)에는 〈오, 얼마나 불가능한 일을 꿈꾸는 것일까〉라는 제목이 붙어 있다.

하면 된다는 식으로 꿈의 해석에 대한 기성(既成)의 해설서를 신용하는 것은 참으로 바보스러운 일이다. 꿈의 상징은 그 꿈을 꾼 사람을 떠나서는 생각될 수 없고, 어떤 꿈에 대해서도 확정된 단순한 해석 따위는 있을 수 없다. 무의식이 의식을 보상하는 방식은 각 개인마다 매우 다르기 때문에 꿈과 그 상징이 어느 정도까지 분류될 수 있는가를 확정하는 것은 불가능하다.

전형적으로 잘 나타나는 꿈이나 단일한 상징 — 주제라고 불러야 한다고 생각하지만 — 이 있는 것은 사실이다. 그러한 주제 중에는 낙하한다든가, 비상한다든가, 위험한 동물 혹은 적대적인 인간에게 쫓긴다든가, 공개적인 장소에서 복장을 제대로 갖추지 않고 있다든가, 우스꽝스러운 모습을 하고 있다든가, 또는 싸우는 중인데 무기가 쓸모없거나 전혀 무방비한 상태라든가, 열심히 뛰고 있지만 목적지에 좀처럼 도착할 수 없는 등 여러 모티프가 있다. 전형적으로 유아적인 꿈의 주제는 작아지거나 커지는 것, 또한 다른 모습으로 차례차례 변용되는 것이 있다 — 예를 들면, 그것은 루이스 캐럴(Lewis Carroll, 1833~98)의 《이상한 나라의 앨리스》에서 볼 수 있다. 그러나 나는 여기서 또다시 이러한 주제들이 꿈 그 자체의 문맥 속에서 고찰되어야만 하며, 무엇인가 자명한 암호로 생각해서는 안 된다는 점을 강조하지 않을 수 없다.

같은 꿈을 반복해서 꾸는 것은 주목할 만한 현상이다. 같은 꿈을 어릴 적부터 늙어서까지 반복해서 꾸었다는 사람들이 있다. 이런 종류의 꿈은, 일반적으로 꿈을 꾼 사람의 생활태도에 있는 특정 결함을 보상하려는 시도다. 혹은 그것은 어떤 편견을 마음속에 남길 만한 심적인 상처를 받은 순간부터 생기는 일도 있다. 그것은 또한 장래의 중요한 사건을 예측하는 것일 수도 있다.

나는 수년에 걸쳐 동일한 주제의 꿈을 꾼 적이 있다. 그 꿈에서 나는 나의 집에서 지금까지 그런 장소가 있었는지 생각도 못했던 한 부분을 '발견했다'. 그곳은 때에 따라 벌써 오래 전에 돌아가신 양친이 살았던 방인데, 놀랍게도 나의 아버지는 그곳에 물고기의 비교해부학을 연구하던 실험실을 갖고 있었고, 어머니는 유령과 같은 손님들을 위해 호텔을 경영하고 있었다. 손님용의 이 별채는 오랫동안 잊혀졌던 낡은 역사적 건물로서 내가 상속받은 재산의 하나이다. 그곳에는 흥미를 끄는 낡은 가구가 있었고, 이 일련의 꿈의 마지막 장면에서 나에게는 미지의 책이 있는 오래된 서재가 발견되었다. 마지막 꿈에서 나는 마침내 많은 책 가운데 한 권을 꺼내 펼쳤고, 그 속에서 상당히 훌륭한 상징적인 그림을 발견했다. 잠에서 깨어났을 때 나의 심장은 흥분으로 뛰고 있었다.

이 마지막 꿈을 꾸기 얼마 전에 나는 고문서(古文書) 전문서점에 중세의 연금술에 관한 고전적인 편집본 한 권을 주문했었다. 나는 책 속에서 한 인용문을 발견했는데, 그것이 초기 비잔틴 시대의 연금술과 관련이 있을지도 모른다고 생각한 나는 그것을 조사해 보기로 마음먹었다. 저 미지의 책에 대한 꿈을 꾸고 나서 며칠이 지난 뒤 서점으로부터 소포가 배달되었다. 그 속에는 16세기의 양피지로

1926년, 융(오른쪽에서 네 번째)이 케냐의 엘곤 산의 종족과 함께 찍은 사진. 미개인 사회에 대한 융의 직접적인 연구는 그에게 매우 가치있는 심리학적 인식을 갖게 해주었다.

된 책이 들어 있었다. 그 책에는 훌륭한 상징적인 그림이 있었는데, 그것은 곧 내가 꿈속에서 본 상징을 연상하게 하는 것이었다. 연금술의 법칙을 재발견하는 일은 심리학의 선구자격인 나의 일에서 중요한 부분이었으므로, 나는 내가 반복해서 꾸었던 꿈의 주제를 쉽게 이해할 수 있었다. 물론 꿈속의 집은 나의 인격과 그 의식적인 흥미의 분야의 상징이었고, 알려지지 않은 별채는 그때까지 나의 의식이 인식하지 못하고 있던 관심을 끄는 새로운 연구 분야를 예고하는 것이었다. 30년 전인 그때 이후 나는 그 꿈을 두 번 다시 꾸지 않았다.

꿈의 분석

나는 이 책의 첫 장에서 먼저 기호와 상징의 차이에 관해 주목했다. 기호는 보통 그것이 대표하고 있는 개념 이하의 것이지만, 상징은 즉각적으로 명백하게 아는 의미 이상의 무엇인가를 나타내고 있다. 그 밖의 상징은 자연적이며 인위를 가하지 않은 산물이다. 펜이나 못을 손에 들고 "이제부터 상징을 만들어내겠다"고 말한 천재는 한 사람도 없었다. 누구도 논리적인 결론이나 의도적인 시도를 통해 얻은 어느 정

무생물도 때로는 상징적으로 '행동하는' 것처럼 생각된다. 1786년 프리드리히 대왕이 죽었을 때 멈추었던 시계. 상징은 무의식으로부터 자연적으로 산출된다(물론 그것들은 나중에 의식적으로 연마될지도 모른다).

도의 합리적인 생각에 대해 '상징적'인 형태를 부여하는 일은 하지 못한다. 이와 같은 생각에 아무리 훌륭한 장식을 가한다 하더라도 그것은 역시 그 배후의 의식적인 생각과 결합하고 있는 기호로서, 아직 알려져 있지 않은 무엇인가를 암시하는 상징은 아닌 것이다. 꿈에 있어서는 상징은 자연히 생겨난다. 왜냐하면 꿈은 생기는 것이지 만들어지는 것은 아니기 때문이다. 그러므로 그것들은 상징에 관한 우리 지식의 모든 주된 원천이다.

그러나 상징은 반드시 꿈에만 나타나는 것은 아니라는 점을 지적하지 않을 수 없다. 상징은 온갖 종류의 마음의 표현으로 생겨난다. 상징적인 생각이나 감정, 상징적인 행동이나 장면이 존재한다. 무생물조차도 상징적인 양식을 설정함에 있어 무의식과 서로 협력하고 있는 것처럼 보인다. 그 주인의 죽음과 함께 시계가 멈추었다는 이야기는 수없이 확증되고 있다. 그중의 하나는 상수시에 위치한 프리드리히 2세(Friedrich Ⅱ, 1712~86)의 궁전에 있는 추시계로서, 그것은 대왕의 임종과 동시에 멈추었다. 그 밖에도 사람이 죽었을 때 거울이 깨진다든가 벽

왼쪽 : 고대 이집트의 생명과 우주와 사람의 상징인 앙크.
오른쪽 : 0 것과 대조적으로 항공회사의 표지는 의식적으로 만들어진 기호이며, 상징은 아니다.

왼쪽 : 융의 부모. 고대 종교나 신화에 대한 융의 관심은 그를 부모의 종교적인 세계로부터 멀어지게 만들었다(그의 아버지는 목사였다). 그에 대해서는 이 장(章)에서 풀이하는 꿈에서 제시되고 있다. 그 꿈은 프로이트에게 분석을 받고 있을 당시 꾼 것이었다.
오른쪽 : 부르크횔츨리(취리히 소재) 정신병원에서의 융의 모습. 그는 1900년 그곳에서 정신과 의사로 일하고 있었다.

의 그림이 떨어진다든가, 누군가가 정서적인 위기에 부닥쳤을 때 집안에서 사소하지만 설명할 수 없는 파손이 일어나는 예를 흔히 볼 수 있다. 회의적인 사람은 이와 같은 보고를 믿을 수 없다고 하지만, 이런 종류의 이야기는 늘 발생하고 있으며, 그 일만으로도 그 심리적인 중요성에 대한 충분한 증거가 된다.

많은 상징 중에서―그중 가장 중요한 것이지만―그 성질이나 기원에 있어 개인적이 아니라 집단적인 것이 있다. 그것은 주로 종교적인 이미지다. 신자는 그러한 상징들이 신에 그 기원을 갖는다―그러므로 그것은 인간에게 계시된 것이다―고 생각하지만, 회의적인 사람은 그것이 만들어진 것이라고 단언한다. 그러나 양쪽 다 잘못 생각하고 있다. 회의적인 사람이 지적하듯이 종교적인 상징이나 개념은 몇 세기에 걸쳐 공을 들인 지극히 의식적인 조탁(彫琢)의 대상이라는 것은 사실이다. 또한 신자들이 생각하고 있듯이 그 기원은 과거의 신비 속에 깊이 파묻혀 인간적인 원천을 갖고 있지 않은 것처럼 보인다는 것도 사실이다. 그러나 그것들은 사실 태고의 꿈이나 창조적인 공상으로부터 생겨난 '집단적 표상'이다. 이와 같이 이것들의 이미지는 자연히 현현(顯現)한 것으로서, 결코 의도적으로 만들어진 것은 아니다.

나중에 설명하겠지만, 이 사실은 꿈의 해석에 대해 가장 직접적이고 중요한 방향을 제시한다. 꿈이 상징적이라고 추론하는 한, 우리는 본질적이고 힘의 바탕이 되는 사고나 정동(情動)은 이미 알려진 것이고 단지 꿈에 의해 '위장되어 있는 데 불과하다'고 믿는 사람들과는 명백히 다른 방법으로 꿈을 해석하게 될 것이다. 후자의 경우 꿈의 해석은 아무런 의미도 없게 된다. 왜냐하면 그것은 이미 알고 있는 일을 찾아내는 데 지나지 않기 때문이다.

이러한 이유에서 나는 언제나 학생들에게 이렇게 말하곤 한다. "상징성에 관해 되도록 많은 공부를 해라. 그러나 여러분이 꿈을 분석할 때는 그것을 전부 잊어버려라." 이 충고는 실제적인 중요성을 지니고 있으므로, 나는 내가 누군가의 꿈을 충분히 이해하고 그것을 바르게 해석하는 일은 절대로 있을 수 없다는 점을 나 자신에게 들려주는 것을 신조로 하고 있다. 나는 이렇게 함으로써 꿈의 분석에서 나 자신의 연상이나 반응의 흐름이 내 환자의 불신이나 망설임을 압도하는 일이 없도록 주의한다. 분석자가 꿈의 개개의 메시지 ― 무의식이 의식적인 마음에 주고 있는 공헌 ― 를 될 수 있는 한 정확히 받는 것은 치료에서 가장 중요한 사항이기 때문에, 꿈의 내용을 철저히 탐구하는 일은 분석가에게는 필수적인 것이다.

나는 프로이트와 함께 일할 때 이 점을 명백하게 해주는 꿈을 꾸었다. 꿈속에서 나는 '나의 집'에 있었다. 그곳은 아마 2층이었던 것으로 여겨지는데, 아담하고 쾌적한 거실에 18세기풍의 가구가 놓여 있었다. 나는 이러한 방을 전에는 본적이 없었으므로 꽤 놀랐으며, 1층은 어떻게 꾸며져 있을지 궁금해졌다. 아래층에 내려갔더니 어둠침침한 거울 벽으로 둘러싸인 방이 보였다. 그곳에는 16세기 혹은 그 이전의 것이라고 생각되는 중후한 가구가 놓여 있었다. 나의 놀라움과 호기심은 점점 커졌다. 나는 그 집의 전체 구조를 보고 싶었다. 그래서 지하실에 가보았는데, 문이 열려 있고 계단이 있었으며, 그 계단은 아주 큰 아치형의 천정을 가진 방으로 연결되어 있었다. 바닥은 넓고 평평한 돌로 되어 있고, 벽은 매우 오래된 것처럼 보였다. 그 모르타르(벽의 재료)를 살펴본 나는 그것이 벽돌 조각을 혼합한 것임을 알았다. 분명히 그 벽은 로마 시대에 만들어진 것 같았다. 나는 더욱더 흥분했다. 그 한 모서리의 돌판에 쇠고리가 달려 있는 것을 발견하고 그 돌판을 잡아당겼더니 또 하나의 좁은 계단이 동굴 같은 곳으로 통하고 있었다. 동굴은 마치 선사시대의 무덤같이 보였는데, 두 개의 두개골과 약간의 뼈와 옹기 조각이 있었다. 그 순간 나는 잠에서 깨었다.

프로이트가 이 꿈을 분석할 때 그 개개의 연상이나 내용을 탐구하는 나의 방법을 따랐더라면 그는 좀더 넓은 범위에 걸친 이야기를 들을 수 있었을 것이다. 그러나 프로이트는 그와 같은 일은 하나의 문제 — 말하자면 그것은 그 자신의 문제였던 것이지만 — 로부터 달아나기 위한 노력에 지나지 않는다는 이유로 그것을 버렸을지도 모를 일이다. 그 꿈은 사실 나의 인생의 짧은 요약, 좀더 명확히 말하면 나의 마음의 발달의 요약이다. 나는 200년이나 된 집에서 자랐고, 가구들은 300년쯤 전의 것이었다. 정신적인 면에서 그때까지 나의 가장 커다란 정신적인 탐험은 칸트와 쇼펜하우어의 철학을 연구한 일이었다. 그 당시의 최대 뉴스는 찰스 다윈의 업적이다. 그 직전까지만 해도 나는 양친의 중세적인 사고방식과 함께 생활하고 있었다. 양친에게 이 세계나 인간은 신의 전지전능함과 섭리에 의해 관장되고 있는 것이었다. 그러나 그와 같은 세계는 점점 고리타분하고 시대에 뒤진 것이 되어 갔다. 나의 기독교에 대한 신앙은 동양의 종교와 그리스 철학의 만남에 의해 상대적인 것이 되어 갔다. 이 때문에 꿈에서 1층은 그렇게 조용하고 어두우며 사람이 살고 있지 않았던 것이다.

역사에 관한 당시의 나의 흥미는 해부학 연구소에서 조수로 근무하던 시절 비교해부학과 고생물학에 관한 본질적인 관심에 의해 발전했던 것이다. 나는 화석이 된 인간의 뼈에 흥미를 가졌고, 특히 그 무렵 종종 논의되었던 네안데르탈(Neanderthal ; 독일의 네안데르탈 강 유역에서 유골이 발견된 구석기시대의 원시인류) 혹은 그 이상 논의의 대상이 된 뒤부아의 피테칸트로푸스(Pithecanthropus ; 자바의 직립원인 유인원과 사람의 중간)의 해골에 매혹되었다. 실제로 이것들은 이 꿈에 나타난 나의 원래의 모습의 연상이었다. 그러나 그와 같은 해골이라든가 뼈라든가 시체에 관한 것은 프로이트가 별로 좋아하는 화제가 아니라는 것을 알고 있었으므로 말하지 않았다. 프로이트는 내가 일찍 죽기를 원한다는 매우 색다른 생각을 가지고 있었다. 그는 그러한 결론을 내가 브레멘(Bremen ; 북부 독일의 항구도시)의 블레이켈러에서 미라가 된 시체에 많은 관심을 보였던 사실로부터 끌어냈다. 그 브레멘은 1900년 미국을 항해하기 전 우리가 함께 방문했던 도시다.

그 무렵의 경험으로 나는 프로이트의 정신적 구조 및 그 배경과 나의 그것 사이에 메울 수 없는 매우 큰 틈이 있음을 깊이 느꼈기 때문에 내 생각을 입 밖에 내기를 망설였다. 만일 내가 나의 내적인 세계를 펼쳐 보인다면, 그것은 그에게 매우 이상하게 보일 것이다. 나는 그 때문에 그와의 우정에 금이 가지나 않을까 두려워했던 것이다. 스스로의 심리학에 관해서 아직 확신이 없었으므로, 나는 거의 자동적으로 나의 '자유연상'에 관해 거짓말을 함으로써 개인적이며 그와는 전적으로 다른 나의 소질을 그에게 납득시키는 불가능한 일로부터 도망치려고 했다.

 프로이트에게 꿈 이야기를 할 때 처했던 나의 곤란한 입장에 관해 다소 길게 설명한 데 대해 독자의 양해를 바란다. 그러나 이것은 실제로 꿈을 분석할 때 부닥치는 곤란에 대한 좋은 실례이다. 매우 많은 일이 분석자와 분석되는 자 사이의 개인차에서 비롯되고 있다. 나는 프로이트가 내 속에서 무엇인가 모순된 소망을 찾고 있음을 이내 알아차렸다. 그래서 나는 시험삼아 꿈에서 본 두개골은 내가 어떤 알 수 없는 이유에서 죽기를 바라는 가족의 일원과 관련이 있을지도 모른다고 말해 보았다. 그는 그 말에 동의했지만, 나는 그런 식의 엉터리 해결에는 만족할 수 없었다.

 프로이트의 질문에 대해 적당한 대답을 찾아내고자 궁리하는 동안 나는 심리적인 이해에서 주관적인 요인이 담당하는 역할에 관해 갑자기 어떤 직관을 느끼고 혼란에 빠졌다. 그 직관은 매우 강했으므로, 나는 그 감당하기 어려운 혼란으로부터 어떻게 하면 달아날 수 있을까에 대해서만 생각했고, 그 결과 거짓말을 하는 안이한 방법을 취했던 것이다. 그것은 칭찬받을 것도 아니고, 도덕적이고 변호될 수 있는 것도 아니다. 그러나 그렇게 하지 않았더라면 프로이트와 치명적인 일전을 치러야 했을 것이다. 당시 나는 여러 가지 이유에서 그 싸움을 감당할 자신이 없었던 것이다.

 나의 직관은 다음과 같은 사실에 대해 급격하고도 뜻하지 않은 통찰을 가져왔다. 즉 나의 꿈은 나 자신이고, 나의 생활과 나의 세계이며, 타인이 그 나름대로의 이유나 목적을 위해 만들어낸 이론적 구조와는 다른 나의 전현실(全現實)이라는 사실이다. 그것은 프로이트의 꿈이 아니라 나 자신의 것이었다. 나는 순간적으로 그 꿈이 의미하는 바를 깨달았다.

 위에서 말한 갈등은 꿈의 분석에 관해 중요한 점을 보여주고 있다. 그것은 학습을 통하거나 어떤 규칙을 좇아 적용되는 하나의 기술이 아니라 두 인격 사이의 변증법적 대화인 것이다. 만약 그것을 기계적인 기술처럼 취급한다면 꿈을 꾼 사람 개인의 인격이라는 것은 상실되고 치료적인 문제는 다음과 같은 단순한 질문으로 환원될 것이다. 즉 두 사람 가운데 어느 쪽이—말하자면 분석자나 피분석자—다른 한쪽을 지배하고 있을까 하는 질문이다. 나는 이 때문에 최면요법을 포기했다. 왜냐하면 자기의 의지를 타인에게 떠넘기는 일은 하고 싶지 않았기 때문이다. 나는 치료의 과정을 통해 환자 자신의 인격이 발전되기를 원했으며, 나의 암시에 의해 단지 일시적인 효과만 있는 치료를 원한 것은 아니었다. 나의 목적은 환자의 권위와 자유를 지키고 유지하는 일이다. 그것에 의해 그는 그의 인생을 자기 자신의 소망에 따라 살 수가 있다. 프로이트와의 이 대화에서 나는 인간이나 그 마음에 관한 일반적인 이론을 만들기 전에 우리가 취급하지 않으면 안 되는 실제의 살아 있는 인간에 관해 좀더 배워야만 함을 깨닫기 시작했던 것이다.

개인이야말로 유일한 현실이다. 그 개인으로부터 떠나 인류라고 하는 추상적인 관념으로 향하면 향할수록 우리는 오류에 빠지기 쉽다. 현대의 사회적인 혼란이나 급변하는 시대에 있어서는 개인에 관해 보다 많은 것을 아는 일이 바람직하다. 왜냐하면 너무나 많은 일이 개인의 정신적 혹은 도덕적인 자질에 의존하고 있기 때문이다. 그러나 바른 위치에서 사물을 보기 위해서는, 우리는 현재뿐만 아니라 과거의 인간에 관해서도 알아야 한다. 이것이 신화나 상징의 이해가 본질적으로 중요한 이유이다.

유형(類型)의 문제

심리학 이외의 모든 과학 분야에서는 하나의 가설을 비개성적인 주체에 적용하는 것이 정당한 방법이라고 인정되고 있다. 그러나 심리학에서는 아무래도 두 개체 사이의 살아 있는 관계에 직면하지 않을 수 없다. 즉 양자 어느 쪽으로부터도 그 주관적인 인격을 빼앗을 수 없으며, 다른 방법으로 비인격화할 수도 없는 것이다. 분석가와 환자는 어떤 선정된 문제에 관해 비개인적·객관적인 방법으로 그것을 다루는 것에 동의할지도 모른다. 그러나 그 문제에 착수하자마자 그들의 전인격이 그 이론에 관여하게 된다. 이렇게 되면 상호 동의가 이루어질 때만 더한층 진보할 수 있게 되는 것이다.

우리는 최종적인 결과에 관해 어떤 객관적인 판단을 할 수가 있는 것일까? 우리의 결론과 하나의 표준, 즉 그 개인이 속해 있는 사회적 환경에서 일반적으로 가치가 있다고 여겨지는 보편타당한 기준을 비교함으로써만 그 판단은 가능한 것이다. 그런데도 우리는 개인의 정신적인 평형―혹은 '정신적 건강'―에 관해 고려하지 않으면 안 된다. 왜냐하면 그 결과 그 사람이 속한 사회의 '규범'에 그를 적응시키기 위해 그의 개성을 완전히 일반적인 것으로 만들어버리는 일은 불가능하기 때문이다. 결국 그 일은 가장 부자연스러운 상태를 초래하게 될 것이다. 건강하고 정상적인 사회란 모든 사람들이 완전히 등의하지는 않는 사회인 것이다. 말하자면 만장일치라는 것은 인간의 본능적인 성질의 영역 밖에서는 비교적 드문 것이기 때문이다.

의견의 불일치는 사회에서 정신적인 생활의 일종의 원동력과 같은 기능을 한다. 그러나 물론 그것은 사회의 목적은 아니다. 의견이 일치하는 것도 마찬가지로 중요하다. 심리학은 기본적으로 균형이 잡힌 대극성(對極性)에 의존하므로 어떤 판단도 그 반대의 상태가 고려되지 않는 한 최종적인 것이라고 말할 수는 없다. 이와 같은 특수성이 생기는 이유는 정신이 무엇이냐 하는 궁극적인 판단을 가능하게 하는 관점이 심리학 그 자체에도, 외부에도 없다는 데 있다.

꿈이 개별적인 취급을 필요로 하고 있다는 사실에도 불구하고 심리학자가 다수의 개인을 연구할 경우 수집한 자료를 분류하고 명확히 하기 위해서는 어느 정도 일반화가 필요하다. 수많은 개개의 사례를, 그것들이 어떤 공통점을 가졌

이것은 미국의 만화가 줄리스 페이퍼의 그림으로서, 확신에 넘친 외향적인 사람이 소극적이고 내향적인 사람을 압도하고 있는 광경이다. 이들 인간의 유형에 관한 융학파의 용어는 도그마틱인 것은 아니다.

으며 또한 어떻게 다른지 명확히 하려는 노력도 하지 않고 단순히 기술하는 것만으로 어떤 심리학 이론을 만들거나 가르치거나 하는 것은 분명히 불가능하다. 어떤 일반적인 성격이 그 이론의 기초로서 채택될 수는 있다. 이를테면 비교적 단순하게 우리는 어떤 개인이 '외향적'인 성격을 갖고 있다든가 혹은 '내향적'인 성격을 갖고 있다든가 하는 구별을 할 수 있다. 이것은 일반화가 가능한 한 많은 것 중 하나일 뿐이지만, 우리는 그것에 의해 분석자가 어떤 희귀한 유형이고 환자가 다른 유형일 때 생기는 난점을 즉각 간파할 수 있다.

꿈의 심오한 분석에서도 두 개인이 서로 직면하게 되기 때문에 그들 태도의 유형이 동일한가 그렇지 않은가에 따라 커다란 차이가 생기게 마련이다. 만약 두 개인이 동일한 유형에 속한다면 오랫동안 서로 잘 협력할 수 있을 것이다. 그러나 만약 한 사람은 외향적이고 다른 사람은 내향적이라면, 그들의 서로 다르고 어긋나는 기본점은 즉각 충돌을 일으킬 염려가 있다. 특히 그들이 자기 자신의 성격의 유형에 관해 모를 때, 혹은 자기의 유형이 옳다고 확신할 때는 더욱

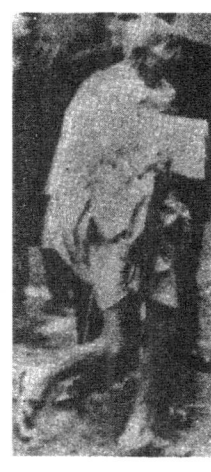

예를 들면, 간디는 수도자(내향적)인 동시에 정치적인 지도자(외향적)였다. 군중들 속에 있을 때의 한 개인(오른쪽)은 어느 정도만 분류가 가능하다.

유형의 문제 _ 95

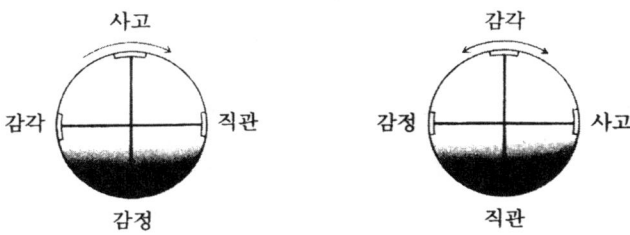

마음은 하나의 '나침반'이며, 이것은 일반적인 사람을 보는 융학파의 방법 중 하나이다. 이 나침반의 각 점은 그 대극(對極)을 갖고 있다. 예를 들면, '사고형'에 있어서 가장 발달되지 않은 부분은 '감정'이다(여기서 '감정'은 그 체험을 저울질하고 평가하는 기능을 의미한다. 그것은 어떤 사람이 그것이 '왜' 그러한가를 분석하거나 이론을 부여할 필요 없이 '그것을 하는 것은 좋은 일이다'라고 할 경우이다). 물론 각 개인에게는 어느 정도의 중복이 있다. 즉 '감각형'의 사람은 사고와 감정이 거의 같을 만큼 강할 수도 있다(이 경우 감각의 대극인 '직관'은 가장 약할 것이다).

그러하다. 이를테면 외향적인 사람은 다수의 견해를 택할 것이고 내향적인 사람은 그것이 유행이라는 이유만으로 거부할 것이다. 한쪽에 가치가 있는 것은 다른 쪽에는 무가치한 것이기 때문에 이와 같은 의견의 어긋남은 쉽게 생긴다. 이를테면 프로이트는 내향적인 유형을, 자기 자신에 관해 병적인 관심을 갖고 있는 사람이라고 해석했다. 그러나 내향성이나 자기에 관한 지식은 최대의 가치와 중요성을 똑같이 지닐 수 있는 것이다.

꿈의 해석에서 이러한 성격의 차이를 고려하는 것은 참으로 필요한 일이다. 분석가는 심리학 이론과 그에 상응하는 기술을 몸에 지니고 있다는 이유만으로 그와 같은 차이를 뛰어넘는 초인이라고 가정할 수는 없는 것이다. 분석가는 그의 이론이나 기술이 인간 마음의 전부를 포괄할 수 있는 절대적인 진실이라는 가정하에서만 스스로를 우월한 존재라고 생각할 수 있다. 그러나 그와 같은 가정은 너무나 의심스러운 것이어서, 분석가는 실제로는 확신을 가질 수가 없다. 따라서 그가 그 이론이나 기술 — 한낱 가설이나 시도에 불과하지만 — 에 의해 환자의 전인간성에 직면하고 그 자신의 살아 있는 전체성에 의하지 않을 경우에는 내심의 의혹에 사로잡히게 될 것이다.

분석가의 전인격이야말로 환자의 인격에 충분히 대항할 수 있는 것이다. 심리학적인 경험이나 지식은 분석가에게 단순한 이점 이상의 것은 아니다. 체험이나 지식에 의존한다 하더라도 분석가는 환자와 마찬가지로 자기 자신도 시험을 받는 이 투쟁으로부터 벗어날 수가 없다. 이리하여 그들의 인격이 조화를 이루고 있는가, 갈등에 빠져 있는가, 혹은 상호보완적으로 활동하고 있는가 하는 것은 아주 중요한 문제가 된다.

외향과 내향은 인간 행동의 많은 특성 가운데 고작 두 가지 측면에 불과할 뿐이다. 그것들은 명백하고 쉽게 인지할 수 있다. 이를테면 외향적인 사람들을 조사해 보면 그들은 많은 점에서 서로 다르다는 것을 곧 깨닫게 되므로, 외향적이라는 것이 하나의 특성이라 하기에는 너무나 표면적이고 너무나 일반적임을 알 수 있을 것이다. 그와 같은 이유로 오래 전에 나는 좀더 다른 기본적인 특성 — 즉 인간의 개성에는 얼핏 보아 무한이라고 할 수 있는 다양성이 있지만, 그것에 어떤 규칙성을 주는 데 이바지할 수 있는 특성 — 을 찾아내 보려고 했다.

나는 매우 많은 사람들이 되도록 자기의 지력(知力)을 사용하려 하지 않는다거나, 혹은 자기의 지력을 사용하기는 하되 놀랄 만큼 우스꽝스러운 방법으로 쓰고 있다는 사실에 언제나 깊은 인상을 받았다. 나는 또 지적이고 빈틈없는 많은 사람들이 마치 감각기관을 사용하는 법을 배운 일이 없는 것처럼 살아가는 데 놀랐다. 그들은 자기 눈앞에 있는 것을 보지 않을 뿐만 아니라 귀에 들려오는 말을 듣지 않으며, 만지거나 맛보는 것들도 인지하지 못한다. 또한 어떤 사람은 자기 자신의 신체 상태를 거의 인지하지 않은 채 살고 있다.

혹은 아주 다른 의식상태에서 살고 있는 것처럼 보이는 사람도 있다. 그들은 오늘날 도달하는 시점이 변화의 가능성이 전혀 없는 최종적인 것처럼, 또는 세계나 마음은 정적(靜的)이고 늘 그 상태인 채 머물러 있을 것처럼 살고 있다. 그들은 모든 상상을 버리고 오로지 자기의 감각기관에만 의존하고 있다. 우연이라든가 가능성이라는 것은 그들의 세계에는 존재하지 않는다. 따라서 '오늘' 속에는 진정한 '내일'이라는 것은 없다. 미래라는 것은 과거의 반복에 불과할 뿐이다.

나는 여기서 독자들에게 내가 만난 많은 사람들을 관찰하기 시작했을 때 받은 첫인상의 일부분만을 전달하고자 한다. 그런데 곧 자기의 지력을 사용하는 사람들이란 바로 생각하는 사람들이라는 점이 명확해졌다—요컨대 지적인 기능을, 자기 자신을 타인이나 환경에 적응시키기 위해 사용하는 사람들이다. 그리고 마찬가지로 지능은 있지만 생각하지 않는 사람들이란 자기의 방법을 감정에 의해 찾아내고, 또 찾아내고자 하는 사람들이다.

'감정(feeling)'이라는 말에는 약간의 설명이 필요하다. 이를테면 사항이 감정—프랑스어의 sentiment에 해당한다—과 관계가 있을 때 감정이라고 말하는 경우가 있다. 그러나 감정이라는 말은 의견을 말할 경우에도 사용된다. 예를 들면, 백악관의 어떤 발표는 "대통령은 ~라고 느끼고 있습니다" 하고 시작되기도 한다. 또 이 말은 직관을 표현하는 경우에 사용되기도 한다. 그것은 "~와 같은 느낌이 듭니다만……" 하고 말할 때이다.

내가 '사고(thinking)'에 대응하여 이 '감정'이라는 말을 쓸 경우 나는 그것들을 가치판단, 즉 쾌·불쾌 혹은 선·악 등의 가치판단에 연관짓고 있는 것이다. 이 정의에 따른다면 감정은 정동(emotion)은 아니다(정동은 그 말이 나타내고 있듯이 자연발생적인 것이다). 내가 말하는 감정은 사고와 마찬가지로 합리적인(즉 질서를 부여한다) 기능이고, 이에 반해 직관은 비합리적인(무엇인가를 인지하는) 기능이다. 직관을 하나의 '육감'이라는 의미에서 본다면, 그것은 의도적인 행위에 의해 산출된 것은 아니다. 그것은 판단의 작용이라고 하기보다는 오히려 자연발생적인 것으로서 외적·내적으로 다른 환경에 의존하고 있다. 직관은 감각지각과 같은 것이고, 그것은 그 존재가 정신적인 원인보다는 오히려 신체적인 원인에 의해 일어나는 외적인 자극에 본질적으로 의존하고 있다는 것인 만큼 역시 비합리적인 사항이다.

이들 네 가지 기능의 유형은 의식이 그 경험의 방향 규정을 얻는 명백한 방법에 대응하고 있다. 감각, 즉 감각기관은 우리에게 무엇인가가 존재한다는 것을 알려주고, 사고는 그것이 무엇인지를 알려주며, 감정은 그것이 쾌감을 주는지 어떤지 알려주고, 직관은 그것이 어디로부터 와서 어디로 가는지를 알려준다.

뉴욕 빈민가의 몰락한 알코올 중독자(1955년의 영화 〈보웨리 25시〉에서). 이와 같은 이미지는 자기가 타인보다 뛰어나다고 느끼는 사람들의 꿈에 나타나기도 한다. 그렇게 하여 그의 무의식이 그의 의식의 한 단면을 보상하게 된다.

18세기 스위스 태생의 화가 헨리 퓌슬리의 〈악몽〉이라는 그림. 거의 모든 사람이 꿈에 의해 놀라고 혼란에 빠지곤 한다. 우리가 잠을 잔다고 해서 무의식의 내용으로부터 보호받지는 못하는 것 같다.

    인간 행동의 유형에 관한 이들 네 기준은 다른 많은 것, 즉 권력에 대한 의지라든가 기질, 상상력 혹은 기억 중에서 불과 네 가지 관점을 말한다는 것을 이해해야 할 것이다. 이것들에 관해서는 전혀 독단적인 것은 없고, 오히려 그 기본적인 성질로 말미암아 분류를 위한 알맞은 기준으로 추천할 수 있는 것이라고 생각된다. 나는 이것들이 부모에게 그 아이들에 대해 설명하라든가, 남편에게 그 부인에 대해 설명하라든가, 혹은 그 반대의 경우에 아주 유용하다고 생각한다. 또한 그것들은 자기 자신의 편견을 이해하는 데도 유용한 것이다.

    그러므로 만일 당신이 타인의 꿈을 이해하려고 한다면, 자신의 기호를 버리고 자신의 편견을 억제하지 않으면 안 된다. 그것은 용이하거나 기분 좋은 일은 아니다. 왜냐하면 그것은 하나의 윤리적인 노력이고, 모든 사람이 즐기는 것이라고 할 수는 없기 때문이다. 그러나 분석가가 자기 자신의 입장을 비판하고 혹은 그 상대성을 인정하려고 노력하지 않는다면 환자의 마음에 대해 올바른 정보를 얻거나 또는 충분한 통찰을 가질 수 없다. 분석가는 환자에 대해 적어도 분석가의 의견을 받아들이고 그것을 진지하게 검토하는 자세를 갖출 것을 기대한다. 그러나 환자 쪽에도 똑같은 권리가 주어지지 않으면 안 된다. 이러한 관계는 어떤 인간관계의 이해에서도 없어서는 안 되는 것이며, 따라서 그 필요성은 자명한 것이지만, 우리는 치료에서 분석가의 이론적인 기대를 만족시키기보다 환자가 이해하는 것이 보다 중요함을 다시금 명심해야 한다. 분석가의 해석에 대한 환자의 저항이 반드시 나쁜 것만은 아니다. 그것은 오히려 무엇인가가 '어긋나고 있다'는 신호다. 즉 환자가 아직 분석가가 이해한 점까지 도달하지 못했거나, 혹은 그 해석이 적합하지 않은 경우인 것이다.

　우리가 타인의 꿈의 상징을 해석하려고 노력하는 경우 만나게 되는 장애는 자기의 이해의 피하기 힘든 갭을 투영 — 즉 분석자가 보거나 생각하는 일은 피분석자도 마찬가지로 보거나 생각하고 있다는 단순한 가정 — 에 의해 메우려 하는 경향이다. 이런 유의 오류의 근원을 극복하기 위해 나는 꿈 일반에 관한 이론적인 모든 가정 — 꿈이 어떤 의미로든 의미를 갖는다는 가정을 제외하고 — 을 배제함으로써 그 개개의 꿈의 흐름으로부터 떠나지 않는 것이 중요하다는 점을 항상 주장해 왔다.

　지금까지 설명한 것으로서, 꿈을 해석함에 있어서는 일반적인 규칙을 설정할 수 없다는 점이 명백해졌을 것이다. 나는 앞에서 꿈의 일반적인 기능이 의식적인 마음의 결함이나 왜곡을 보상하는 데 있는 것처럼 생각된다고 말했는데, 그때 나는 이 가정이 어떤 종류의 꿈의 성질에 접근해 가는 가장 효과적인 방법을 제시한 것이라고 생각했었다. 몇몇 사례에서 우리는 이 기능이 명백히 나타난 것을 볼 수 있다.

나의 환자 중 한 사람은 자기 자신을 높이 평가하고 있었는데, 그를 알고 있는 대부분의 사람들이 그 고상한 체하는 태도에 짜증스러워하고 있음을 자신은 전혀 모르고 있었다. 그는 나에게 술에 취한 떠돌이가 개천에 쓰러져 있는 꿈을 꾸었다고 했다—그 광경에 대해 그는 오만한 코멘트를 했었다. "인간이 그토록 낮은 곳까지 전락하는 모습을 보는 것은 참으로 끔찍한 일이다"라고. 이 꿈의 불유쾌한 성질은 적어도 자기 자신의 장점에 대한 그의 과대한 의견을 다소나마 상쇄하려는 시도라는 것은 명백하다. 그러나 거기에는 그 이상의 무엇인가가 있었다. 그에게는 알코올 중독으로 폐인이 된 형제가 있었던 것이다. 이 꿈은, 그의 우월적인 태도가 그의 외적 혹은 내적인 이미지로서의 이 형제를 보상하는 것이라는 점을 명확히 보여주는 것이었다. 생각나는 또 다른 사례로서, 심리학에 대한 자기의 지적인 이해를 자랑스럽게 생각하는 어떤 부인이 있었다. 그녀는 다른 부인에 대한 꿈을 몇 번이나 꾸었다. 그녀는 일상생활에서는, 그 꿈속의 부인을 만나면 허영심 많고 불성실한 책략가라고 생각하여 싫어했다. 그러나 꿈속에서 그 부인은 참으로 자매처럼 친근하고 호감이 가는 모습으로 나타났다. 나의 환자는 자기가 싫어하는 부인에 관해 왜 그토록 호감이 가는 꿈을 꾸어야 하는지 이해할 수가 없었다. 그러나 그 꿈은 그녀 자신이 그 부인과 비슷한 무의식적인 성격에 의해 '그림자가 드리워져' 있음을 표명하기 위한 것이었다. 자신의 인격에 관해 매우 명확한 신뢰를 갖고 있던 나의 환자가, 그 꿈이 그녀 자신의 권력 콤플렉스 및 자기의 숨겨진 동기에 관해 이야기하고 있음을 인지하는 것은 쉬운 일이 아니었다. 그와 같은 무의식적인 영향은 그녀의 친구들과 여러 차례 불유쾌한 다툼을 일으킬 수 있는 것이었다. 그녀는 이러한 경우 언제나 자기 자신보다 타인을 책망했던 것이다.

우리가 간과하든가 무시하든가 억압하든가 하는 것은 우리 인격의 '그림자'

부분뿐만이 아니다. 우리는 또한 자기의 좋은 성질에 대해서도 똑같은 일을 할 수 있다. 그러한 한 예로서, 겉으로 보기에는 아주 겸손하고 조심성 있으며, 더욱이 매력적인 태도를 갖춘 한 남자가 있었다. 그는 항상 뒷좌석에 앉는 것으로 만족했다. 그러나 그렇게 조심스럽기는 해도 강의시간에 빠지는 일은 한번도 없었다. 이야기를 하라고 하면 내용에 잘 들어맞는 의견을 말하긴 하지만 결코 자신의 생각을 남에게 강요하지는 않았다. 그리고 때로는 주어진 문제에 대해 보다 높은 차원에서 훨씬 뛰어난 방법으로 처리할 수 있다는 암시를 주곤 했다(그러나 그는 결코 그 방법에 관해서는 설명하려고 하지 않았다).

그런데 그는 꿈속에서 언제나 나폴레옹이라든가 알렉산드로스 대왕과 같은 위대하고도 역사적인 인물과 만나고 있었다. 이런 꿈은 분명히 열등감을 보상하는 것이었다. 그러나 여기에는 다른 의미도 내포되어 있다. 그 꿈은, 그런 저명한 방문자를 기다리고 있는 나는 대체 어떤 인간일까 하고 묻고 있었다. 그런 점에서 그 꿈은, 그의 열등감을 지워버릴 은밀한 과대망상증을 지적하고 있었다. 이런 무의식적인 과대 관념은 환경이라는 현실로부터 그를 고립시켰으며, 다른 사람들 같으면 피하기 어려운 의무에 대해 무관심한 것을 가능하게 했다. 그는 자기의 뛰어난 판단이 그 뛰어난 장점에 바탕을 두고 있음을 ― 자신에 대해서도 타인에 대해서도 ― 증명할 필요가 없다고 느끼고 있었다.

사실 그는 무의식적으로 엉뚱한 게임을 하고 있었던 것이다. 그리하여 그 꿈은 그것을 기묘하고도 막연한 방법으로 의식의 수준에까지 끌어올리려 애쓰고 있었다. 나폴레옹과 친밀하게 교제하고 알렉산드로스 대왕과 이야기를 나누는 것은 분명히 열등 콤플렉스가 만들어낸 일종의 공상이다. 그러나 꿈은 그 일에 관해 왜 좀더 공개적이고 직접적일 수 없는가, 또한 반드시 말해야 할 것을 왜 분명히 말하지 않는가 하는 의문이 떠오른다.

영웅적인 꿈. 이것에 의해 월터 미티(1947년의 영화 〈무지개를 움켜진 남자〉 속에서는) 그 열등감을 보상받는다.

나는 자주 이와 같은 질문을 받았고, 또 나 자신에게도 물어보았다. 나는 꿈이 조바심을 내게 하는 방법을 너무 많이 쓰거나, 명확한 정보를 피하고 결정적인 점을 숨기려는 것처럼 보이는 데 자주 놀라고 있었다. 프로이트는 마음의 어떤 특수한 기능의 존재를 추정하여, 그것을 '검열'이라고 불렀다. 그는 검열기관이 꿈의 이미지를 왜곡시키고 무엇인가 인정하기 어려운 것, 오해하기 쉬운 것으로 바꾸어버림으로써 꿈의 참된 주제에 관해 꿈꾸고 있는 의식을 속인다고 생각했다. 꿈꾸는 사람으로부터 비판적인 생각을 감추어버림으로써 그 '검열기관'은 불유쾌한 기억에 의한 충격으로부터 수면을 보호하고 있다는 것이다. 그러나 나는 꿈이 수면의 보호자라고 하는 이 이론에 대해 회의적이다. 꿈은 자주 수면을 방해하는 일이 있기 때문이다.

의식에 대한 접근은 마음의 잠재적인 내용들을 '지워버리는' 효과를 갖고 있는 것처럼 생각된다. 잠재의식의 상태에서는 관념이나 이미지는 의식 내에서보다 훨씬 낮은 긴장도를 유지하고 있다. 잠재의식적인 조건에서 관념이나 이미지는 그 정의(定義)의 명확성을 상실한다. 그것들의 관계는 보다 덜 필연적인 것이 되고, 모호하고 유비적(類比的)이며 합리성을 상실함으로써 더욱 이해하기 어려운 것이 된다. 이 점은 피로나 열병이나 중독 등에 의한 모든 꿈과 같은 상태에서 관찰할 수 있다. 그러나 이러한 이미지 중 어떤 것이 보다 높은 긴장을 주는 일이 생기면, 그 이미지는 보다 덜 잠재적인 것이 되고, 그것들이 의식의 영역에 가까워짐에 따라 보다 명확히 정의된다.

이 사실에 의해 꿈이 왜 자주 유비적 표현을 사용하는가, 혹은 왜 하나의 꿈의

고야가 그린 〈정신병원〉. 오른쪽에 있는 '왕'과 '주교'에 주의할 것. 분열병자는 곧잘 '자기찬양'의 형태를 취한다.

이미지가 다른 이미지 속에 들어오는가, 왜 우리가 각성하고 있을 때의 논리와 시간의 척도가 꿈에서는 적용되기 어려운가를 이해할 수 있을 것이다. 꿈이 취하고 있는 이 형태는 무의식에 있어서 자연적인 것이다. 왜냐하면 꿈이 산출하는 소재라는 것은 잠재의식의 상태에서는 바로 그러한 형태로 보존되어 있기 때문이다. 꿈은 프로이트가 말하듯이 '인정할 수 없는 소망'으로부터 수면을 지켜주고 있는 것은 아니다. 프로이트가 꿈의 '변장'이라고 부르는 것은, 사실은 모든 충동이 무의식 속에서 자연스럽게 취하고 있는 모습인 것이다. 그러므로 꿈은 명확한 사고를 산출할 수 없다. 만일 꿈이 명확한 사고를 나타내기 시작한다면, 그것은 의식의 영역 — 의식의 문턱 — 을 넘어버리게 되고, 따라서 그것은 이미 꿈이라고 할 수 없다. 꿈이 의식적인 마음에서 가장 중요한 점을 빠뜨림으로써, 개기일식이 있을 때 희미하게 반짝이는 별들처럼 오히려 '의식의 가장자리 장식'을 현출(現出)하는 듯이 보이는 것도 이 때문이다.

우리는 꿈의 거의 모든 상징이 의식의 조절을 초월한 마음을 표현하고 있음을 이해해야만 한다. 의미나 목적성은 마음의 특전이 아니라 생명체 전체에 작용하고 있다. 유기체적인 성장과 마음의 성장 사이에는 원칙적으로 아무런 차이도 없다. 식물이 꽃을 피우듯이 마음은 상징을 창조한다. 모든 꿈은 이 과정의 나타남이다.

이와 같이 하여 꿈을 통해 — 그것이 직관이나 충동이나 그 밖의 자연발생적인 것과 함께 — 본능적인 힘이 의식의 활동에 영향을 주게 된다. 그 영향이 보다 좋은 쪽인가 아니면 보다 나쁜 쪽인가는 무의식의 실제 내용에 달려 있다. 무의식이 통상 의식화되어야 할 것보다 훨씬 많은 것을 포함하고 있을 경우, 그 기능은 왜곡되고 편협함을 보이게 된다. 거기에 나타난 동기는 참된 본능에 바탕을 둔 것이 아니라 그 존재나 심적인 중요성이 억압 혹은 부정에 의해 무의식 속에 유출된 것이라는 사실에 힘입는다고 볼 수 있다. 그것들은 마치 통상적인 무의식의 마음에 겹쳐져 그 기본적인 상징이나 주제를 표출하는 자연스러운 경향을 왜곡시키는 것 같다. 그러므로 분석가는 당연히 정신적인 장애의 원인에 관해 환자로부터 어느 정도 자발적인 고백을 받아 치료를 시작해야 하는 것이다.

이것은 고대로부터 해온 교회의 고해(告解)와 비슷한 것으로, 고해는 많은 점에서 근대의 심리학적인 기술을 앞지르고 있다. 적어도 이것이 일반적인 규칙이다. 그러나 실제로는 이것이 반대의 활동을 할 경우도 있다. 환자의 지나친 열등감이라든가 약점은 자기 자신의 부적합성에 대한 새로운 증거에 직면하는 것을 아주 어렵게 하거나 또는 불가능하게 하는 일조차 있기 때문이다. 이 때문에 나는 환자에게 처음부터 확신적인 전망을 주는 일이 유익함을 자주 깨달았다. 이것은 환자가 많은 고통스러운 통찰에 접근했을 때 도움이 되는 안정감을 준비해 두는 것이 된다.

이를테면 영국 여왕과 함께 차를 마신다든가 교황과 친히 이야기를 나누고 있다는 등의 '오만스러운 과시'의 꿈을 예로 들어보자. 만일 꿈을 꾼 사람이 정신병 환자가 아니라면 이 상징의 실제적인 해석은 그의 그때의 심리상태 ― 즉 그의 자아의 상태 ― 에 따라 달라진다. 꿈을 꾼 사람이 자신의 가치를 과대평가하는 사람이라면 ― 관념의 연합에 의해 제시된 자료로서 ― 그의 의도가 얼마나 부적절하고 어린아이 같은 것이며, 그것들이 부모와 동등해지거나 또는 초월하고 싶어하는 유아적인 소망으로부터 비롯된 것임을 보여주기란 쉬운 일이다. 그러나 그런 꿈이 열등감으로 인한 것이고, 또 자신의 무가치성이 그 인격의 모든 적극적인 면을 이미 완전히 압도해 버린 경우라면, 그가 얼마나 유아적이고 우스꽝스러우며 도착적인가를 보여줌으로써 그를 억누르는 것은 잘못이다. 그것은 매우 잔혹한 형태로 그의 열등감을 증가시키며, 그는 당연히 치료를 기뻐하지 않을 뿐만 아니라 불필요한 저항을 하게 될 것이다.

 치료자가 접수하는 모든 사례는 어떤 특수한 조건하에 있는 개인이기 때문에 모든 사람에게 일반적으로 적용할 수 있는 치료 기술이나 치료 이론이라는 것은 존재하지 않는다. 내가 9년간에 걸쳐 치료해야 했던 한 환자가 생각난다. 그는 외국에 살고 있었으므로 1년에 2, 3주일밖에 만날 수가 없었다. 나는 처음부터 그의 진짜 문제가 무엇인지 알고 있었다. 그러나 그 진실에 다가가기 위한 작은 시도조차도 거친 방위반응을 불러일으키고 그로 인하여 우리 두 사람 사이가 완전히 벌어지고 말 염려가 있다고 판단되었으므로, 나는 좋든 싫든 우리의 관계를 유지하는 일, 그리고 그의 경향을 따라가는 일에 최선을 다하지 않으면 안 되었다. 이 경향은 꿈에 의해 지지되었고, 우리의 대화는 그의 신경증의 근본적인 원인과는 전혀 다른 방향으로 나아갔다. 그 대화의 내용이 지나치게 광범해졌으므로, 나는 환자를 혼란에 빠뜨리는 것은 아닐까 하고 나 자신을 자주 책망했다. 그의 상황이 서서히, 그러나 뚜렷이 개선되어 가는 사실만 믿고 나는 그가 잔혹한 진실과 직면하는 일이 없도록 막아주었다.

 그러나 10년째 되는 해 그 환자는 나에게 자신이 치유되었으며, 모든 증상으로부터 해방되었다고 선언했다. 이론적으로 그의 상태는 치료 불능이었으므로 나는 매우 놀랐다. 내가 놀라는 것을 보고 그는 미소를 지으며 말했다. "나는 내 신경증의 괴로운 원인에 관해 우회하는 것을 도와준 당신의 효과적인 치료 방법과 참을성에 대해 특히 감사하고 싶습니다. 이미 지금은 무엇이든 이야기할 수 있습니다. 만일 그것에 관해 내가 자유롭게 이야기할 수 있었다면, 당신과 최초로 상담할 때 이야기했겠지요. 그러나 그렇게 했다면 당신과 나의 관계는 깨졌을 것입니다. 그러면 나는 어떻게 되었을까요? 나는 심리적으로 파멸하고 말았을 것입니다. 지난 10년간 나는 당신을 믿는 법을 배웠습니다. 그리고 당신에 대한 나의 신뢰가 커감에 따라 나의 상황은 좋아졌습니다. 그 느린 과정이 나 자신에 대한 신뢰를 되찾는 데 도움이 되었기 때문이라고 생각합니다. 지금 나는 나 자신을 파괴해 버릴 것만 같았던 그 문제에 관해 당신과 이야기를 나눌 만큼 충분한 힘을 갖고 있습니다."

그러고 나서 그는 자기의 문제를 지극히 솔직하게 고백했다. 그 문제는 우리의 치료가 따라가지 않으면 안 되었던 특이한 과정의 이유를 보여주는 것이었다. 그 근본적인 충격이 너무나도 강한 것이었으므로 그는 그것에 혼자 직면할 수가 없었던 것이다. 아무튼 그는 타인의 도움을 필요로 했으며, 치료의 과제는 임상적인 이론을 논증하는 것이 아니라 서서히 신뢰를 확립하는 것이었다.

이 일을 통하여, 나는 어떤 특정 사례에는 적용할 수 없을지도 모르는 일반적인 이론적 고찰에 뛰어들기보다는 오히려 개개 환자의 요구에 나의 방법을 적용시켜야 함을 배웠다. 60년간에 걸친 실제적인 경험을 통해 내가 축적한 인간성에 관한 지식은, 모든 사례를 완전히 새로운 것이라고 생각하고 무엇보다도 먼저 그에 대한 개별적인 접근법을 찾아내야만 한다는 사실을 나에게 가르쳐주었다. 때때로 나는 유아적인 사항이나 공상을 주의깊게 조사하는 일에 주저 없이 뛰어들었으며, 또한 때로는 위에서부터 이야기를 시작하여 그것이 비록 매우 동떨어진 형이상학적 사변으로 비약해 버린다 해도 신경쓰지 않았다. 그것은 모두 개개 환자의 말을 배우고, 환자의 무의식의 빛을 구하여 손으로 더듬어가는 것을 따르는 일에 달려 있다. 어떤 사례는 이런 방법을 요구하고, 다른 사례는 다른 방법을 요구하는 것이다.

이 점은 상징을 해석하려고 하는 사람의 경우 특히 진리다. 두 명의 다른 사람이 거의 같은 꿈을 꾸는 일도 있다(이것은 임상적 경험에 의해 금방 발견되는 일인

이 박물관의 진열품이 보여주듯이 인간의 태아는 다른 동물의 태아와 매우 유사하다(이리하여 인간의 신체적인 진화에 대해 시사한다). 마음도 또한 '진화'해 왔다. 그러므로 현대인의 무의식의 내용은 고대인의 마음의 산물과 닮은 데가 있다. 융은 그런 것을 일컬어 '원형적 이미지'라고 했다.

데, 보통 사람들이 생각하는 만큼 드문 일은 아니다). 그러나 예를 들어 같은 꿈을 꾼 한쪽은 젊고 다른 한쪽은 늙었을 경우, 그들에게 장애가 되는 문제는 연령에 따라 다른 것이다. 그러므로 두 사람의 꿈을 같은 방법으로 해석하는 것은 분명히 바보스러운 짓이다.

지금 생각나는 하나의 예는, 한 무리의 젊은 사람들이 말을 타고 넓은 들판을 가로질러가는 꿈이다. 꿈을 꾼 사람은 맨 앞에 서 있었는데, 물이 흐르는 시내를 뛰어넘어 장애를 극복한 참이었다. 그러나 나머지 사람들은 물속에 빠지고 말았다. 이 꿈을 나에게 처음으로 이야기한 젊은이는 아주 주의깊은 내향적인 유형의 사람이었다. 그러나 나는 이와 똑같은 꿈을 활동적이고 모험적인 생활을 하는 저돌적인 성격의 노인으로부터 들은 일이 있다. 이 꿈을 꾸었을 때 그는 의사와 간호인에게 상당히 골치 아픈 환자였다. 실제로 그는 의사의 지시에 따르지 않았기 때문에 상해를 입었다.

젊은이의 경우, 이 꿈은 그가 실제로 무엇을 해야 할 것인지 나타내는 것이 분명했다. 그러나 노인의 경우는 실제로 그가 여전히 하고 있는 행동을 나타내는 것이다. 이 꿈은 소심한 젊은이를 격려하는 데 반해 노인에게는 그와 같은 격려가 필요하지 않았다. 아직도 그의 마음속에서 꿈틀거리고 있는 모험심은, 사실은 그에게는 커다란 문젯거리였다. 이 예는 꿈이나 상징의 해석이 꿈을 꾼 사람의 개인적인 상황이나 그 마음의 조건에 따라 달라져야 한다는 사실을 보여준다.

꿈의 상징에서의 원형

꿈이 보상의 목적에 도움이 된다는 것은 이미 말한 바이다. 이 가정은 꿈이 정상적인 심리현상이며, 무의식의 반응이나 자연발생적인 충동을 의식에 전달하는 것임을 의미하고 있다. 많은 꿈은 꿈을 꾼 사람의 도움에 의해 해석할 수 있다. 꿈을 꾼 사람은 꿈의 이미지에 대한 연상이나 꿈의 이미지의 문맥을 설명하고, 그것에 의해 꿈의 모든 면을 볼 수 있다.

이것은 모든 일반적인 사례에 적절한 방법이다. 이를테면 친척이라든가 친구라든가 환자가 대화 가운데서 꿈 이야기를 하는 경우인 것이다. 그러나 그것이 강박적인 꿈이라든가 정동성이 매우 강한 꿈일 경우에는, 보통 꿈꾼 사람에 의해 이루어지는 개인적인 연상은 만족할 만한 해석을 하기에는 대체로 충분하지 못하다. 그 경우 우리는—프로이트가 최초로 인정하고 언급한 것이지만—어떤 꿈속에서 개인적인 것이 아니거나 혹은 꿈을 꾼 사람의 개인적인 경험으로부터 끌어낼 수 없는 요소가 자주 생긴다는 사실을 고려하지 않으면 안 된다. 그런 요소들은 앞에서 말한 것처럼 프로이트가 '고대의 잔재'라고 불렀던 것이다—이것은 한 개인의 생활에 나타나는 어떤 것으로도 그 존재를 설명할 수 없는 마음의 형태로서, 원초적이고 옛날부터 이어받은 유전적인 인간의 마음의 형태인 것처럼 보인다.

인간의 신체가 오랜 진화의 역사를 배경으로 가진 기관의 박물관을 이루고 있는 것처럼, 인간의 마음 또한 비슷한 식으로 구성되어 있다고 생각해야 할 것이다. 마음은 마음이 존재하고 있는 신체가 그러하듯이 역사 없이 생겨날 수 없다. 여기서 '역사'라고 하는 것은 마음이 언어나 다른 문화적인 전통을 통해 그 과거를 의식적으로 참조함으로써 마음이 만들어진다는 의미는 아니다. 나는 그 마음이 아직 동물에 가까운 아득한 고대의 인간이 가진 생물학적·선사적·무의식적 발달에 관해 말하고 있는 것이다.

이 아주 오래된 마음이 우리 마음의 기초를 형성하고 있다. 그것은 마치 우리 신체가 포유류의 일반적인 해부학적 패턴에 기초하고 있는 것과 같다. 숙련된 해부학자나 생물학자의 눈은 우리 신체 내에서 원초적 패턴의 수많은 흔적을 발견한다. 이와 마찬가지로 경험이 많은 심리학자는 현대인의 꿈 이미지와, 원시인이 만들어내긴 했으나 꿈의 '보편적인 이미지'와 신화적인 모티프 사이에서 유사성을 찾아낼 수 있다.

그렇지만 생물학자가 비교해부학을 필요로 하듯이 심리학자도 '마음에 관한 비교해부학' 없이는 작업을 하지 못한다. 그것을 달리 표현한다면, 심리학자는 실제로 꿈이나 그 밖의 무의식적인 활동의 산물에 관한 충분한 경험뿐만 아니라 넓은 의미에서의 신화에 대해서도 지식이 있어야만 한다. 이러한 준비 없이는 누구도 중요한 유사성을 인식할 수 없다. 이를테면 강박신경증의 사례와 고전적인 신들림의 유사성은 이 두 가지에 대한 실제적인 지식이 없이는 인식할 수 없는 것이다.

'고대의 잔재'를 나는 '원형'이라든가 '원시적 이미지'라고 부르는데, 그러한 나의 견해는 꿈이나 신화의 심리학에 대한 충분한 지식을 갖추지 못한 사람들로부터 항상 비판을 받아왔다. '원형'이라는 용어는 종종 어떤 명확한 신화적인

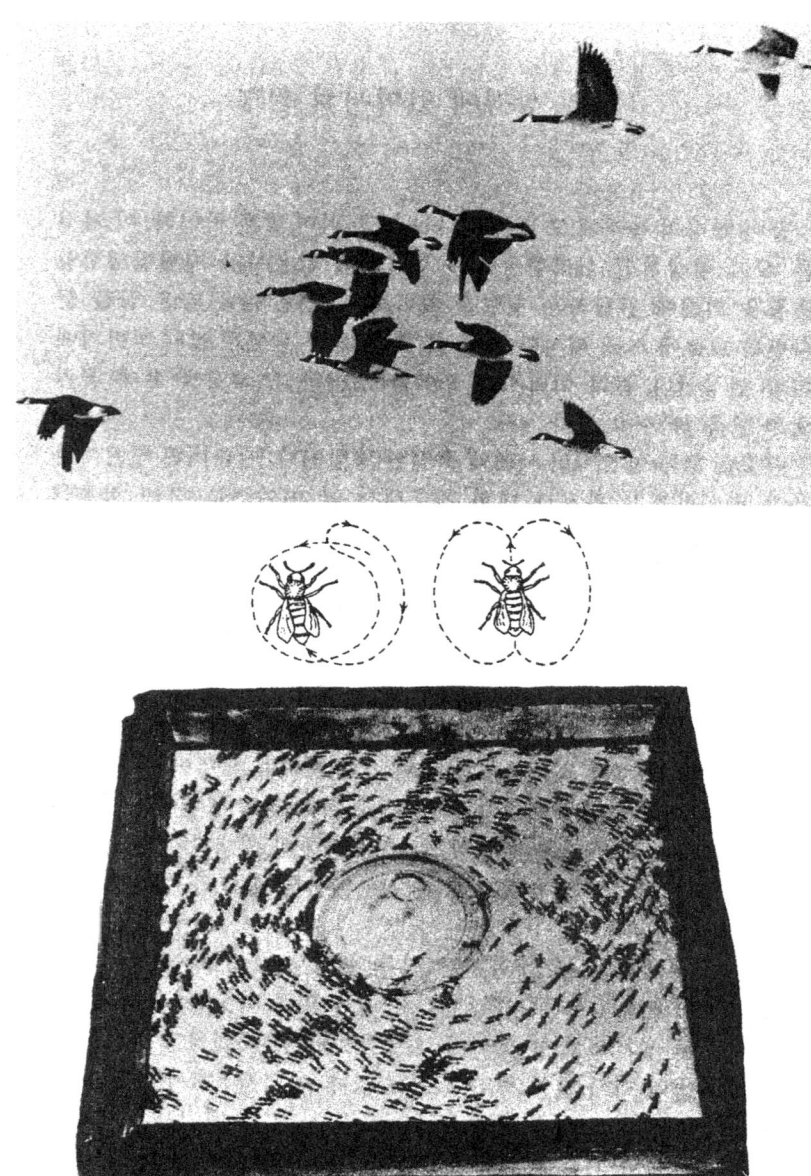

인간의 원형적 이미지는 기러기가 대열을 이루어 이주하고, 혹은 개미가 조직화된 사회를 만들며, 꿀벌이 벌집의 벌에게 먹이의 근원이 어디에 있는가를 정확히 전해 주기 위해 '꼬리를 흔들며 춤을 추는' 것과 마찬가지로 본능적인 것이다.

이미지라든가 모티프를 나타내는 것으로 오해되고 있다. 그러나 그것들은 의식적인 표상에 지나지 않는 것이다. 그와 같은 변화하기 쉬운 표상이 유전된다고 생각하는 것은 명백한 난센스다.

원형이라는 것은 그와 같은 모티프의 표상을 만들려는 경향을 띠고 있다. 그 표상은 기본적인 패턴은 잃지 않으면서 세부적으로는 곧잘 바뀔 수 있는 것이다. 예를 들면, 적대적인 동족의 모티프를 나타내는 표상은 여러 가지가 있지만, 모티프 그 자체는 같은 것이다. 나에 대한 비판자는 내가 '유전된 표상'을 다루고 있다고 잘못 추론하고, 그러한 생각을 바탕으로 원형이라는 생각을 한낱 미신으로 간주해 버린다. 그들은 만일 원형이 우리의 의식으로부터 생긴 표상이라고 한다면 — 혹은 의식에 의해 획득한 것이라면 — 우리는 그것들을 명백히 이해할 수 있고, 그것들이 우리의 의식에 제시되었을 때 당황하거나 놀라는 일은 없을 것이라는 사실을 고려하지 않고 있다. 원형이란 사실상 본능적인 경향성으로서, 둥우리를 짓는 새의 충동이라든가 조직화된 집단을 형성하는 개미의 충동과 마찬가지로 두드러진 것이다.

여기서 나는 본능과 원형의 관계를 명백히 하고자 한다. 우리가 정확히 본능이라 부르는 것은 생리적인 충동으로서 감각에 의해 인정된다. 그러나 동시에 그것들은 공상 속에도 나타나고 반드시 상징적인 이미지에 의해서만 그 존재를 명확히 한다. 이와 같은 표면이 내가 원형이라 부르는 바의 것이다. 그것들은 기지(旣知)의 기원을 갖고 있지 않으며, 또한 어느 세계, 어느 장소에서도 — 직접 상속에 의한 유전 내지는 이주에 의한 '잡교수정(雜交受精)' 등 생각도 할 수 없는 곳에까지 — 산출이 가능하다.

자신의 꿈이나 자기 자식들의 꿈에 당황한 나머지 상담을 하러 온 많은 사람들이 생각난다. 그들은 꿈의 언어를 전혀 이해할 수 없어 혼란을 겪고 있었다.

왜냐하면 그 꿈은 그들이 생각해 낼 수 있는 일이나 자식들에게 전해 줄 내용과 관련지을 수 없을 듯싶은 이미지를 포함하고 있었기 때문이다. 더욱이 그 사람들 중 몇 명은 고등교육을 받은 사람이었고, 몇 명은 그들 자신이 실제로 정신과 의사였다.

나는 한 교수가 갑자기 어떤 비전(환상)을 보고는 자기 정신이 이상해졌다고 생각하여 찾아온 사례를 생생하게 기억한다. 그 교수는 완전히 공포 상태에서 나를 찾아왔다. 나는 책장에서 400년 전의 책을 꺼내어 그의 비전을 그대로 묘사하고 있는 고대의 목판화를 보여주며 말했다. "당신은 자신의 정신이 이상해졌다고 생각할 이유가 전혀 없습니다. 그와 같은 비전은 400년 전부터 알려진 것입니다." 그러자 그는 잠시 멍하게 앉아 있었지만 다시 정상으로 돌아왔다.

어떤 정신과 의사가 매우 중요한 실례를 나에게 제공했다. 어느 날 그는 열 살 된 딸에게서 크리스마스 선물로 받았다는 작은 노트를 가져왔다. 그 노트에는 그녀가 여덟 살 때 꾸었던 일련의 꿈들이 쓰여 있었다. 그것은 내가 지금까지 본 것 중 가장 기묘한 꿈들이었다. 나는 그녀의 아버지가 왜 그것을 보고 단순한 곤혹 이상의 감정을 느꼈는지 이해할 수 있었다. 그 꿈은 어린아이다운 것이긴 했지만 아주 무시무시했으며, 아버지로서는 그 기원을 전혀 이해할 수 없는 이미지로 가득 차 있었다. 다음은 그 꿈에 나타난 서로 관련된 주제들이다.

1. '마귀', 즉 많은 뿔을 가진 뱀과 같은 괴물이 다른 동물을 죽여 삼켜버린다. 그러나 신이—실제로는 각각 다른 네 신이었지만—네 모퉁이에서 나타나 죽어 있는 모든 동물을 살려낸다.

2. 천국에 올라가니 그곳에선 이교도의 무도의식이 한창이었으며, 지옥에 내려가니 천사들이 선행을 베풀고 있었다.

현대의 한 대학교수가 그가 지금까지 본 적이 없는 고서(古書)에 실린 판화와 똑같은 '비전'을 보았다. 왼쪽 그림은 그 책의 속표지고, 오른쪽 그림은 남성원리와 여성원리의 통합을 상징하고 있는 판화이다. 이와 같은 원형적 상징은 마음속에 예부터 존재해 온 보편적인 기초에서 비롯된다.

3. 작은 동물의 무리가 꿈을 꾸고 있는 이 소녀를 공포에 질리게 한다. 동물들은 엄청나게 커지더니 그중 한 마리가 이 소녀를 삼켜버린다.

4. 한 마리의 작은 생쥐 속으로 송충이, 뱀, 물고기, 그리고 마지막으로 인간이 들어간다. 그리하여 그 쥐는 인간이 된다. 이것은 인류의 기원에 관한 네 단계를 나타내고 있는 것이다.

5. 한 방울의 물이 현미경을 통해 보고 있는 것처럼 보인다. 소녀는 그 한 방울의 물에 나뭇가지가 가득 차 있는 것을 본다. 이것은 세계의 기원을 나타낸다.

6. 어떤 악한 소년이 흙 한 덩어리를 들고 있다가 지나가는 모든 사람들에게 조금씩 던진다. 그리하여 그곳을 지나가는 사람들은 전부 악해진다.

7. 술취한 여자가 물에 빠진다. 그녀는 제정신이 들어 물속에서 나온다.

8. 미국에서의 광경인데, 많은 사람이 개미의 습격을 받고 개미떼 가운데서

소녀의 첫번째 꿈에 나타난 원형적인 모티프와 같은 것을 보여준다. 스트라스부르의 성당에 있는 것으로서 그리스도가 아담의 무덤 위에서 십자가에 못박혀 있다. 이것은 부활의 테마를 상징한다(그리스도는 제2의 아담이다).

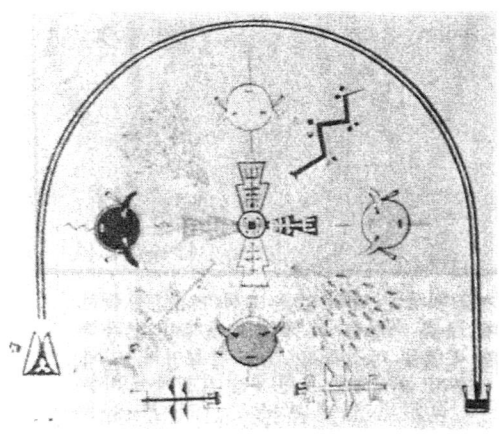

나바호 인디언이 모래에 그린 그림으로서, 뿔이 난 얼굴이 네 귀퉁이(세계의 네 방향을 상징한다)에 있다.

영국의 왕위 계승식에서(1952년에 있었던 엘리자베스 2세 여왕의 대관식) 주전자는 웨스트민스터 성당의 네 개의 문에 서 있는 사람으로 표시된다.

꿈의 상징에서의 원형 _ 119

▲ (미국 태평양 연안의 하이두 인디언이 숭배하는) 영웅신인 큰까마귀가 고래의 뱃속에 있다―이것은 소녀의 첫번째 꿈에 나타난 '무엇이든지 삼켜버리는 괴물'의 주제와 대응하고 있다.
◀ 소녀의 두 번째 꿈에서는 지옥에 있는 천사와 천국에 있는 괴물들이 나타나는데, 그것은 도덕에 관한 상대성의 관념을 포함하고 있는 것처럼 생각된다.

뒹굴고 있다. 이 소녀는 공포 상태에서 강물에 빠진다.

9. 달 표면에 사막이 있고, 그곳에서 이 소녀는 땅속으로 깊이 가라앉아 마침내 지옥에 도달한다.

10. 이 꿈에서는, 소녀는 빛나는 둥근 물체의 환상을 본다. 그녀가 그것을 쓰다듬자 증기가 분출된다. 한 남자가 나타나 소녀를 죽인다.

11. 소녀는 자기가 매우 위험한 병에 걸려 있는 꿈을 꾼다. 갑자기 작은 새가 그녀의 피부로부터 나와서 그녀를 완전히 감싸준다.

12. 어마어마한 모기떼가 햇빛을 차단하고 달이 그 빛을 잃게 하며 별 하나만 남겨놓고 모든 별을 가려버린다. 그 남은 하나의 별이 꿈을 꾸고 있는 소녀 위에 떨어진다.

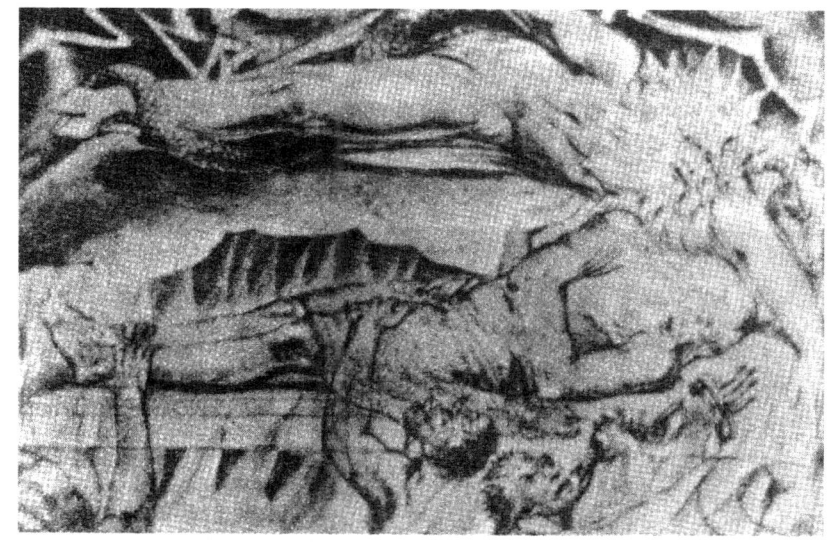

블레이크가 그린 그림. 욥의 꿈에 나타난 신이 갈라진 발굽을 가진 괴물의 모습을 하고 있다.

생략되지 않은 본래의 독일어 글에선 모든 꿈은 마치 옛날 이야기에서처럼 '옛날 옛적……'으로 시작된다. 이 말은 꿈을 꾼 소녀가 모든 꿈을 일종의 옛날 이야기처럼 느끼고, 그것을 아버지에게 크리스마스 선물로 들려주고 싶어함을 암암리에 나타내고 있다. 아버지는 꿈의 문맥을 통해 이 꿈을 설명하려고 시도했다. 그러나 개인적인 연상이 없는 것처럼 보였기 때문에 그렇게 하지 못했다.

이러한 꿈들이 의식적으로 만들어졌다는 가능성을 배제할 수 있는 사람은, 그 소녀에 대해 잘 알고 있으며, 그녀가 거짓말을 하지 않는다고 절대적으로 확신하는 사람이어야 한다(그러나 비록 공상이라 하더라도 그것을 우리가 어떻게 이해해야 하는가 하는 문제는 남는다). 이 경우 아버지는 꿈이 결코 거짓이 아니라

꿈의 상징에서의 원형 _ 121

고 확신하고 있으며, 나 역시 그것을 의심할 이유는 전혀 없다. 나도 그 소녀를 만난 적이 있지만, 그녀가 아버지에게 꿈을 건네주기 전이었으므로 그녀에게 꿈에 대해 물어볼 기회는 없었다. 그녀는 외국에 살고 있었다. 그리고 그 크리스마스가 지난 지 1년 뒤에 전염병으로 죽었다.

   그녀의 꿈은 분명히 특이한 성격을 지니고 있다. 그 주도적인 사고방식은, 개념으로서는 두드러지게 철학적이다. 이를테면 첫번째 꿈은 마귀 비슷한 괴수가 다른 동물들을 죽이지만 하느님이 그것들을 성스러운 아포카타스타시스(Apokatastasis ; 복원), 즉 개신(改新)의 힘으로 부활시킨다는 것에 관해 이야기하고 있다. 서양에서 이 생각은 기독교의 전통을 통해 알려져 있다. 이를테면 〈사도행전〉 3장 21절에 '(예수는) 만유를 회복하실 때까지는 하늘이 마땅히 그를 받아두리라' 하는 구절이 있다. 초기 기독교의 그리스인 신부들 — 이를테면 오리겐 — 은 말세에는 모든 것이 구세주에 의해 그 본래의 완전한 상태로 복원되리라는 관념을 주장했다. 그러나 〈마태복음〉 17장 11절에 의하면 '엘리야가 과연 먼저 와서 모든 일을 회복하리라' 하는 고대 유대의 전통이 이미 그 이전에

이 소녀의 꿈들은 창조와 죽음과 부활의 상징을 내포하고 있다. 그것은 미개인의 이니시에이션 의식에서 젊은이에게 실시하는 교육과 아주 비슷하다. 사진은 나바호 인디언의 의식이 끝난 후의 모습. 성인이 된 소녀가 명상하기 위해 사막으로 향하고 있다.

있었음을 알 수 있다. 또한 〈고린도전서〉 15장 22절은 다음과 같은 말로 똑같은 생각에 관해 언급하고 있다. 즉 '아담 안에서 모든 사람이 죽은 것같이 그리스도 안에서 모든 사람이 삶을 얻으리라' 하는 것이다.

이 소녀가 종교교육을 통해 이런 사고방식과 접하게 되었으리라는 추정도 성립된다. 그러나 그녀는 종교적인 배경을 거의 갖고 있지 않았다. 그녀의 양친은 표면적으로는 프로테스탄트였지만, 실제로는 성서에 대해 단지 이웃사람의 말을 통해 알고 있는 정도에 불과했다. 이 소녀가 복원의 심오한 이미지에 대한 설명을 들었을 가능성은 거의 없다. 확실히 그녀의 아버지도 이와 같은 신비적인 개념에 관해 들어본 적이 없었다.

12가지 꿈 가운데 9가지는 파괴와 복원의 테마에 영향을 받은 것이다. 그런데 그중 특별히 기독교적인 교육이나 영향을 받은 흔적이 있는 꿈은 하나도 없다. 오히려 반대로 그것들은 원시적인 신화와 밀접한 관계를 갖고 있다. 이 관계는 다른 모티프—네 번째와 다섯 번째 꿈에 나타나는 '창세의 신화'(세계와 인간의 창조)—에 의해 확증되고 있다. 똑같은 관련을 조금 전에 인용한 〈고린도전서〉 15장 22절에서 볼 수 있다. 이 구절에서도 아담과 그리스도—죽음과 부활—가 서로 관련되어 있다.

구세주로서의 그리스도에 대한 일반적 관념은 전세계에 퍼져 있으며, 그리스도 이전부터 있어 온 영웅으로서의 구제자의 테마와도 관련이 있다. 말하자면 영웅은 괴물에게 삼켜졌지만, 그를 삼킨 괴물이 어떤 것이든 그것을 이기고 기적적인 방법으로 다시 나타난다. 이와 같은 모티프가 언제 어디서부터 시작되었는지는 아무도 모른다. 단 한 가지 명백하고 확실한 것은, 모든 세대가 그것을 예로부터 대대로 전해 내려오는 전통으로 알고 있다는 사실이다. 이리하여 우리는, 영웅 신화는 인류가 그것을 갖고 있다는 사실조차 아직 모르던 시대에 '생겨

죽음과 부활의 상징은 죽음의 그림자가 서서히 다가오는 임종시에 꾸는 꿈에도 나타난다. 사진은 고야의 만년의 그림 가운데 하나. 개처럼 생긴 기묘한 동물이 어둠 속에서 다가오고 있는데, 이것은 화가가 그의 죽음을 예시한다고 해석할 수도 있다. 많은 신화에서 개는 저승의 안내자로서 나타난다.

난 것'이라고 추정할 수 있다. 말하자면 그것은 인간이 자기가 말하고 있는 것에 관해 의식적으로 반성하는 일이 없었던 시대에 생겨난 것이다. 영웅의 이미지는 하나의 원형으로서 유사 이전부터 존재해 온 것이다.

  어린아이에 의한 원형의 산출은 특별한 의의가 있다. 왜냐하면 어린아이는 전통과 직접적으로 접촉한 일이 없었다는 사실이 분명하게 확인되는 경우가 종종 있기 때문이다. 앞에서 말한 예에서도 그 소녀의 가족은 기독교의 전통에 관한 한 극히 보편적인 지식밖에는 갖고 있지 않았다. 물론 기독교적인 테마는 신·천사·천국·지옥·악마 등의 관념으로 제시되고 있을지도 모른다. 그러나 이 소녀가 취급한 방식을 보면 그것들이 완전히 비기독교적인 기원임을 알 수 있다.

첫번째 꿈에 나타난 신을 생각해 보면, 이 신은 실제로는 '네 귀퉁이'에서 나타나는 네 신으로 성립된다. 이 네 모퉁이는 무엇을 나타내는가? 꿈속에서는 방에 대해 아무런 설명도 하고 있지 않다. 보편적 존재 그 자체가 드러내 보이는 우주적인 것의 이미지에는 방 따위가 있을 까닭이 없다. 4의 관념—즉 '4'의 요소—그 자체가 기묘한 관념이다. 그렇지만 그것은 많은 종교나 철학에서 큰 역할을 하고 있다. 기독교의 경우 그것은 삼위일체(三位一體)로 대체되고 있다. 그리고 이 삼위일체라는 개념을 그 소녀가 알고 있었다고 가정하지 않으면 안 된다. 그러나 현대의 평범한 중류 가정에서 신성한 4에 관해 알고 있는 사람이 과연 몇이나 되겠는가. 그것은 지난날 중세의 연금술 철학자들 사이에서 꽤 유행된 적은 있었지만, 18세기 초부터 서서히 시들기 시작하여 적어도 200년이 지나는 동안에 완전히 소멸되고 말았다. 그렇다면 이 소녀는 어디서 그것을 알게 되었을까? 에스겔의 환상에서일까? 그러나 치품천사(熾品天使 ; 9품 천사 중 상급의 최상위에 속하는 천사)를 신과 동일시하는 기독교의 가르침은 없다.

뿔 달린 뱀에 대해서도 비슷한 의문이 생긴다. 이를테면 〈요한계시록〉에 뿔 달린 많은 동물이 나오는 것은 사실이다. 그러나 그것들은 모두 네발짐승인 듯하다. 하기야 그 동물들의 왕은 용이고 용에 해당하는 그리스어(drakon) 역시 뱀을 의미하는 말이기는 하지만. 뿔 달린 뱀은 16세기에 라틴어로 씌어진 연금술의 문헌에 4개의 뿔이 난 뱀(quadricornutus serpens)이라고 되어 있으며, 이것은 메르쿠리우스(Mercurius ; 로마 신화에 나오는 신들의 사자)의 상징으로서 기독교의 삼위일체의 개념과 대립되는 것이다. 그러나 이것과의 관련은 확실치 않다. 내가 알고 있는 한 그것은 단지 한 사람의 저자에 의해 인용되었으며, 따라서 이 소녀가 그것을 알고 있었을 까닭이 없다.

두 번째 꿈에는 분명하게 비기독교적이고 기성의 가치와는 반대되는 주제가 나타나 있다. 이를테면 천국에서 사람들이 이교도의 춤을 추고 지옥에서 천사의 선행이 베풀어지는데, 이것은 도덕적인 가치의 상대성을 암시하고 있다. 이 소녀가 니체의 천재성과도 비교될 만한 이와 같은 혁명적인 생각을 어디서 찾아냈던 것일까?

이러한 의문은 우리를 또 다른 의문으로 이끈다. 말하자면 이 소녀가 상당히 중요한 의미를 부여하고, 그리고 아버지에게 크리스마스 선물로 주려 한 이 꿈은 어떤 보상적인 의미를 갖는 것일까?

만일 이 꿈을 꾼 사람이 미개인의 샤먼이었다고 한다면 우리는 그것이 죽음, 부활이나 만물의 개신(改新), 세계의 시작, 인간의 창조, 가치의 상대성 등에 관

어떤 종류의 꿈은 미래를 예견하는 것처럼 보인다(아마도 무의식이 장래의 가능성에 대해 알고 있기 때문에 그럴 것이다). 이렇듯 꿈은 오랫동안 계시를 위해 사용되었다. 그리스에서는 환자가 의술의 신 아스클레피오스에게 치유를 뜻하는 꿈을 꾸게 해줄 것을 기도하곤 했다. 사진은 그와 같은 꿈에 의한 치료를 나타내고 있는 부조이다. 뱀(아스클레피오스의 상징)이 환자의 다친 어깨를 물고, 아스클레피오스(왼쪽)가 그 어깨를 치료하고 있다.

한 철학적인 주제의 여러 가지 변용을 나타내는 것이라고 추론해도 이상할 것이 없다. 그러나 이러한 꿈들을 개인적인 차원에서 해석하려고 한다면 거기에는 많은 곤란이 따르며, 결국 포기할 수밖에 없다. 꿈들은 의심할 것도 없이 '보편적인 이미지'를 내포하고 있으며, 원시종족에게 있어 젊은 사람들이 성인이 되는 의식에서 배우는 교양과 어떤 의미에서는 매우 비슷한 것이다. 이때 그들은 하느님이나 제신(諸神)들, 혹은 이 세상을 '만든' 동물들이 무엇을 했는지, 세계나 인간이 어떻게 만들어졌으며 세계의 종말은 어떻게 올 것인지, 그리고 죽음의 의미는 무엇인지에 대하여 배우게 된다. 기독교 문명에서 우리가 그와 같은 가르침을 받은 적은 있을까? 청소년 시기에는 배운 적이 있다고 생각한다. 그러나 많은 사람은 이러한 것을 노년이 되어서, 즉 죽음이 다가왔을 때 다시 생각하기 시작한다.

이 소녀는 때마침 그 양쪽의 상황에 처해 있었다. 즉 그녀는 사춘기였으며, 동시에 임종이 가까운 무렵이었다. 그녀의 꿈의 상징에는 '거의' 혹은 '전혀'라고 해도 좋을 만큼 정상적인 성인생활의 시작을 나타내는 것은 없지만, 파괴와 복구를 암시하는 것들은 많이 있다. 그녀의 꿈을 처음 읽었을 때, 사실 나는 그것들이 매우 절박한 재난을 암시한다는 것을 느끼고 두려운 생각이 들었다. 그렇게 느낀 이유는, 그 상징으로부터 내가 추론해 간 특이한 보상의 성질 때문이었다. 그것은 보통 그 또래 소녀의 의식에서 발견되리라 여겨지는 것과는 전혀 달랐다.

이런 꿈들은 삶과 죽음에 대해 새로운, 그리고 오히려 무서운 면을 명백히 보여주고 있다. 이와 같은 이미지는 일반적으로 미래를 희망하는 어린아이보다는 오히려 생애를 돌이켜보고 있는 노인에게서 발견될 것으로 예측되는 것이다. 그 꿈의 분위기는 생명의 봄의 기쁨이나 새싹이라기보다는 오히려 고대 로마인의

'인생은 짧은 꿈이다'라는 말을 생각나게 해준다. 왜냐하면 이 소녀의 생애는 로마의 시인이 말한 것처럼 '봄의 희생(犧牲)의 맹세'와 같은 것이었기 때문이다. 우리는 경험을 통해서 알려지지 않은 죽음의 접근이 그 희생자의 생활과 꿈에 예견적인 그림자(ad umbratio)를 드리운다는 사실을 알고 있다. 기독교 교회의 제단조차도 한편으로는 무덤을 의미하고, 다른 한편으로는 부활의 장소ー죽음을 영원한 생명으로 변용시키는 장소ー를 나타낸다.

이 꿈이 그 소녀에게 가져다 준 관념은 이와 같은 것이었다. 그것들은 미개인의 이니시에이션(initiation ; 성인식)에서 이야기되는 내용, 혹은 선(禪)의 화두(話頭)와 같이 짧은 이야기를 통해 제시된 죽음에 대한 준비였다. 이 메시지는 정통적인 기독교의 교의와는 다르며, 오히려 보다 오랜 미개인의 생각과 같다. 그것은 역사적인 전통 밖에서 유사 이전부터 삶과 죽음에 관한 철학적·종교적 고찰을 풍부히 해온, 오랫동안 잊고 있었던 마음의 원천으로부터 생겨난 것이라고 생각된다.

그것은 이 소녀의 마음속에서 일반적으로는 기능하고 있지 않은 어떤 종류의 표상을 불러일으키고, 그 운명적인 것의 접근을 기술함으로써 미래의 사상(事象)이 그 그림자를 뒤에 드리우는 것과도 같다. 그것들이 표명되는 개개의 형태는 다소 개인적인 것이지만, 그 일반적인 형태는 보편적이다. 그것들은 온갖 장소, 온갖 시기에 발견되며, 마치 동물의 본능이 다른 종(種)에서는 아주 다른 것이면서도 일반적으로는 같은 목적에 이바지하는 것과 같다. 우리는 개개의 새로 태어난 동물이 그 자신의 본능을 개개의 자질로서 창조해 간다고는 생각하지 않으며, 또한 개개의 인간이 그 인간적인 방법을 그들이 새로 태어날 때마다 발명해 간다고 생각해서도 안 된다. 본능과 마찬가지로 인간의 마음의 보편적인 사고의 형태는 타고난 것으로서 옛날부터 계승되어 온 것이다. 그것들은 경우에

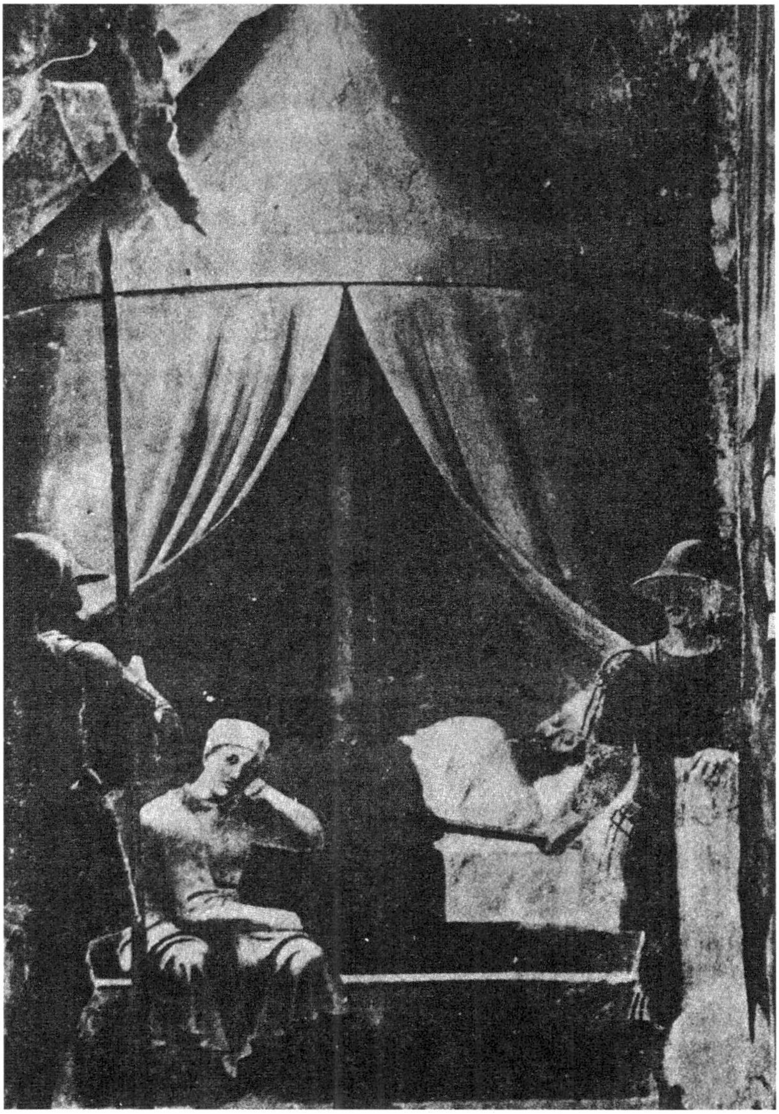

1460년경의 이탈리아 그림. 콘스탄티누스는 전투를 하기 전에―그 전투에 의해 그는 로마 황제가 되었다―그리스도의 상징인 키로(오른쪽 그림)의 꿈을 꾸었다. 그리고 다음과 같은 소리를 들었다. '이 표지에 의해 너는 승리하리라.' 그는 그 표지를 문장(紋章)으로 하여 전쟁에서 승리했고, 뒤에 기독교로 개종했다.

따라 우리 모두에게 많든 적든 비슷한 방법으로 기능한다.

그와 같은 사고의 형태가 속해 있는 정통적인 표현은 지구상 어디에서나 명백하게 동일한 것이다. 우리는 그것들을 심지어는 동물에게서도 확인할 수 있다. 따라서 동물들은 비록 다른 종에 속해 있더라도 이 점에서는 서로 이해한다. 그렇다면 곤충의 복잡한 상징적 기능은 어떤가? 그들 대부분은 자기 어버이조차 모르고, 그들을 가르치는 상대도 없다. 그렇다면 왜 인류만이 그 특정 본능을 박탈당했다든가, 그 정신에는 모든 진화의 자취가 결여되어 있다고 추론해야만 하는가?

만일 우리가 마음을 의식과 동일시한다면, 인간은 텅 빈 마음으로 이 세상에 태어나고 그 마음은 뒤에 개인적인 경험에 의해 배우게 되는 사항 이상의 것은 내포하고 있지 않다는 잘못된 생각을 갖게 될 것이다. 그러나 마음은 의식 이상

아르테미도루스에 의해 인용된 꿈에서는 불타는 집이 열(熱)을 상징하고 있었다. 인간의 신체는 곧잘 집으로 표현되곤 한다.
왼쪽 : 헤브라이의 백과사전에서 인용한 것으로 신체와 집이 상세히 비교되어 있다―작은 탑은 귀, 창문은 눈, 난로는 위장 등등이다.
오른쪽 : 제임스 서퍼의 만화로서, 공처가인 남편이 그 집과 아내를 같은 존재로 여긴다.

의 것이다. 동물은 대부분 의식을 갖고 있지 않지만 마음의 존재를 보여주는 많은 충동이나 반응을 갖고 있다. 그리고 미개인도 스스로가 그 의미를 이해하지 못한 채 많은 행동을 한다.

많은 문명인에게 크리스마스 트리나 부활절 달걀의 참된 의미를 물어보아도 소용없는 일일 것이다. 사실상 그들은 무엇 때문에 그렇게 하는지 모르는 채 행하는 것이다. 나는 의식이라는 것은 일반적으로 먼저 행해지고, 오랜 세월이 지난 다음 어째서 그와 같은 의식을 행하는가 하고 누군가 의문을 갖게 되는 것이 아닐까 생각한다. 의학적인 심리학자는, 어떤 면에서는 지적이지만 특이하고 예기치 못한 엉뚱한 행동을 하며 자기가 무엇을 말하고 있는지 느끼지도 못하는 환자를 만나게 된다. 그들은 스스로도 설명하기 어려운 불합리한 무드에 갑자기 사로잡히는 것이다.

표면적으로는 그와 같은 반응이나 충동은 전적으로 개인적인 성질의 것이라고 생각되므로, 우리는 그것들을 엉뚱한 행동이라고 무시하게 된다. 그런데 사실은 그것이 인류의 특성으로서 미리 만들어져 완성된 본능적인 체계에 바탕을 두고 일어나는 것이다. 사고의 형태나 보편적으로 이해할 수 있는 행동 혹은 많은 태도는 인류가 반성적인 의식을 발전시키기 훨씬 이전에 확립된 행동 유형을 좇고 있다.

인류의 반성능력의 기원은, 강한 정동적인 폭발의 고통에 넘친 결과로부터 산출된 것임을 알 수 있다. 이 점에 관한 단순한 예를 살펴보자. 부시먼(Bushman ; 한때는 남아프리카에 널리 분포해 있었으나 오늘날에는 칼라하리 사막에만 사는 종족)이 물고기를 잡았다가 놓치자 화가 나고 실망한 나머지 사랑하는 외아들을 목졸라 죽인다. 그러고는 곧 죽은 소년을 품에 끌어안고 강한 후회에 사로잡힌다. 이런 사람은 그 고통스러운 순간을 영원히 잊지 못할 것이다.

이런 종류의 경험이 실제로 인간의식 발달의 주된 원인이었는지 어떤지 우리로서는 알 수가 없다. 그러나 이런 종류의 정동적인 체험의 충격이 사람들을 각성하게 하고, 자기가 하고 있는 일에 주의를 돌리도록 하기 위해 필요한 것임은 의심의 여지가 없다. 여기서 13세기의 스페인 귀족이었던 레이몽 룰(Raimon Lull)의 유명한 예를 들어보자. 그는 동경하던 여인과 (오랫동안 따라다닌 끝에) 마침내 밀회를 하는 데 성공했다. 그녀는 잠자코 옷을 풀어헤치더니 암으로 인해 상처받은 가슴을 그에게 보여주었다. 이 충격은 룰의 인생을 바꾸었다. 그는 그후 저명한 신학자가 되었으며, 교회의 가장 위대한 전도자 중 한 사람이 되었다. 이와 같은 갑작스러운 변화의 경우에는 원형이 무의식 속에서 오랫동안 활동하고 그 위기를 불러일으키는 상태를 교묘히 설정하고 있었음을 증명할 수 있다.

이와 같은 경험은 원형적인 형태가 단순히 정지된 형은 아님을 보여주고 있다. 그것은 본능과 마찬가지로 자연발생적으로 충동 속에 나타나는 동적(動的)인 요소인 것이다. 어떤 종류의 꿈이나 환상이나 생각은 갑자기 나타나는데, 아무리 주의깊게 탐색하더라도 그 원인이 무엇인지 찾아낼 수가 없다. 그러나 이는 그것들이 아무런 원인도 갖고 있지 않음을 의미하는 것은 아니다. 거기에는 확실히 원인이 있다. 그러나 그 원인이 너무 동떨어져 있거나 불확실하기 때문에 무엇인지 식별할 수가 없는 것이다. 이런 경우 우리는 꿈이나 꿈의 의미가 충분히 이해되기까지, 혹은 꿈을 설명해 주는 외적인 사상이 생기기까지 기다리지 않으면 안 된다.

꿈을 꾸었을 때 그 사상은 아직 미래 속에 가로놓여 있을지도 모른다. 그러나 우리의 의식이 자주 미래나 그 가능성에 사로잡히는 것과 마찬가지로 무의식이나 그 꿈도 미래에 사로잡힌다. 꿈의 주된 기능이 미래의 예견에 있다는 것은 오

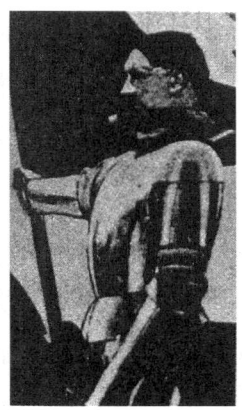

원형의 에너지는 (의식이나 집단의 정서에 호소하는 듯한 어떤 방법에 의해) 사람들을 집단적인 행동으로 몰아세우듯이 집중시킬 수 있다. 나치스는 이 점을 알고서 튜턴(Teuton ; 게르만족의 하나) 신화를 각색하여 자국민을 그들의 목적에 맞게 규합하는 수단으로 이용했다. 오른쪽은 히틀러의 선전화이고, 왼쪽은 고대 이교도의 축전의 재현인 히틀러 유겐트(Jugend)의 하계(夏季) 축제의 광경이다.

랫동안 일반적으로 믿어졌던 사실이다. 2세기에 달디스의 아르테미도루스가 인용한 옛날의 꿈에 제시된 예견 혹은 예지의 요소를, 나는 현대인들의 꿈에 의해 증명할 수 있다. 아르테미도루스가 인용한 것은, 자기 아버지가 불타는 집의 불길 속에서 죽어가는 것을 보았다는 어떤 사나이의 꿈이었다. 그는 그후 얼마 지나지 않아 플레그몬(phlegmon ; 불 또는 고열의 뜻)에 걸려 죽었다. 나는 그것이 아마 폐렴이었을 것이라고 생각한다.

 나의 동료 한 사람이 일찍이 아주 심한 괴저성(壞疽性) 열이 난 적이 있었다—그것은 진짜 플레그몬이었다. 그의 예전 환자 한 사람은 자기 의사의 병이 어떤 성질의 것인지 전혀 알지 못했지만, 그 의사가 대화재 속에서 죽어가는 꿈을 꾸었다. 그때 의사는 막 입원한 참이었으며 병은 아직 초기단계에 불과했다. 꿈을 꾼 사람은 이전의 자기 의사가 병에 걸렸으며 병원에 입원했다는 사실 이외에는

꿈의 상징에서의 원형 __ 133

아는 것이 없었다. 3주일 뒤에 그 의사는 죽었다.

이 예가 제시하듯이 꿈은 예상하거나 예견하는 성질을 갖는 일도 있다. 그러므로 꿈을 해석하고자 하는 사람은 누구라도 이 점을 고려하지 않으면 안 된다. 특히 의미 깊은 꿈인 것은 분명하지만 그것을 설명하는 데 충분한 문맥을 제시하지 않을 경우에는 더욱 그러하다. 이와 같은 꿈은 곧잘 아주 갑자기 찾아온다. 그래서 우리는 대체 무엇이 그런 꿈을 꾸도록 자극했을까 하는 의문을 갖게 된다. 물론 그 숨겨진 메시지를 알고 있다면 원인은 명백해질 것이다. 왜냐하면 그것을 모르는 것은 우리의 의식일 뿐, 무의식은 이미 알고 있고 끝에서 제시된 결론에 도달하고 있기 때문이다. 사실 무의식은 의식이 그러하듯이 검사를 하든가 갖가지 사실로부터 결론을 끌어내든가 할 수 있는 것처럼 생각된다. 또한 그것은 어떤 종류의 사실을 사용하여 그 가능한 결과를 예지하는 일까지도 할 수 있다. 이것은 말하자면 우리가 그에 대해 의식하고 있지 않기 때문에 가능한 것이다. 그러나 꿈으로부터 알 수 있는 무의식의 사고는 본능적으로 만들어지는데, 이 차이는 매우 중요하다. 논리적인 분석은 의식의 특권이다. 말하자면 우리는 이성이나 지식에 의해 선택하는 것이다. 그런데 무의식은 주로 본능적인 경향, 말하자면 그에 상응하는 사고 형태, 즉 원형에 의해 표현되는 경향으로 이끌리는 것같이 생각된다. 의사에게 병의 경로에 대해 말해 달라고 하면 그는 '감염'이나 '열' 등과 같이 합리적인 개념의 용어를 사용할 것이다. 그런데 꿈은 그와는 달리 병든 몸을 인간이 사는 이 세상의 집으로 표현하고, 열은 그것을 태워버리는 불로 표현한다.

위에서 풀이한 꿈이 제시하듯이 원형적인 마음은 그 상황을 아르테미도루스의 시대와 똑같은 방법으로 처리하고 있다. 무엇인가 알려지지 않은 성질을 가진 어떤 사물이 직관적으로 무의식에 의해 파악되고, 원형적인 처리를 받는다.

이 점은 의식적인 사고가 적용되어야 할 추론의 과정 대신 원형적인 마음이 끼어들어 예견의 임무를 맡게 되었음을 시사한다. 원형은 이렇듯 그 자체의 주도권과 그 자체의 특정한 에너지를 갖고 있다. 이런 힘들에 의해 원형은 그들 나름대로의 상징적인 양식으로 의미 깊은 해석을 산출하든가 혹은 그 자신의 충동이나 사고 형태에 의해 상황에 개입하는 일이 가능해진다. 이 점에서 원형은 콤플렉스와 똑같이 기능한다. 그것은 원하는 때 나타나거나 사라지거나 하여 자주 난처한 방법으로 우리의 의식적인 의도에 장애를 주거나 수정을 가한다.

우리가 원형에 따르는 특이한 매력을 경험할 때, 그 특수한 에너지를 인지할 수 있다. 그것들은 특별한 마력을 갖고 있는 것 같다. 이와 같은 특수한 성질은 동시에 개인적 콤플렉스의 특성이기도 하다. 그러므로 개인의 콤플렉스가 그 개개의 역사를 갖듯이 원형적인 성질을 가진 사회적 콤플렉스도 또한 그 역사를 갖는다. 그런데 개인적 콤플렉스는 개인적 편견 이상의 것은 산출하지 못하지만, 원형은 신화나 종교나 철학 등을 만들어내며, 모든 국가 혹은 역사의 어떤 시기에 영향을 주고 그 특징을 규정한다. 우리는 개인적 콤플렉스를 의식의 일면적 또는 잘못된 태도를 보상하는 것으로 생각한다. 이와 마찬가지로 종교적 성격을 갖는 신화는 인류의 일반적인 고뇌와 불안—기아 · 전쟁 · 병 · 노년 · 죽음 등—에 대한 일종의 정신적 치료로서 해석할 수 있다.

이를테면 전세계에 존재하는 영웅신화는 언제나 용 · 뱀 · 괴물 · 악마 등의 형태로 나타난 악을 물리치고 사람들을 파괴나 죽음으로부터 해방시키는 힘센 인간이나 신인(神人)에 관해 말하고 있다. 성전을 암송하고 의식을 반복하며 춤 · 음악 · 찬송가 · 기도 · 제물 등에 의해 그와 같은 인물을 숭배하는 일은, 청중을—마치 주문을 외워 그렇게 하듯이—누미노우스(numinous ; 종교적 감정의 중심이 되는 개념)한 감정으로 사로잡고 영웅과의 동화로 개인을 고양시킨다.

이와 같은 장면을 신앙인의 시각에서 본다면, 우리는 아마도 보통 사람들이 어떻게 그 개인적인 무력감이나 불행으로부터 해방되고 거의 초인적인 성질을 —적어도 일시적으로— 받을 수 있는가를 이해하게 될 것이다. 그와 같은 확신은 꽤 오랫동안 그를 지탱하고 그의 인생에 어떤 종류와 유형을 부여하며, 심지어는 사회 전체의 분위기를 결정하는 일도 있다. 그 유명한 한 가지 예는 엘레우시스의 비적(秘蹟)에서 볼 수 있다. 이것은 7세기의 초기 기독교 시대에 이르러 억압되었지만, 델포이의 신탁과 함께 고대 그리스의 본질과 정신을 나타내고 있었다. 이보다 더 규모가 큰 기독교 시대의 것도 그 이름이나 의의는 고대 이집트의 오시리스와 호루스의 원형적인 신화에 뿌리박은 신인의 옛 신비에서 비롯되고 있다. 기본적인 신화의 관념은 유사 이전의 어느 시기에 현명한 노철학자나 예언자에 의해 '만들어졌고', 그후 남의 말을 잘 믿거나 무비판적인 사람들에 의해 '믿어져' 왔다고 일반적으로 생각된다. 힘을 추구하는 성직자에 의해 이야기되는 것은 '진실'이 아니라 단순한 '소망충족적인 사고'라고 일컬어진다. 그러나 그 '만들어낸다(invent)'라는 말 자체는 'invenire'라는 라틴어에서 유래되었으며, 그것은 '발견한다', 즉 무엇인가를 '찾음으로써' 발견한다는 것을 의미한다. 후자의 경우, 찾는다는 용어 자체가 찾고자 하는 것에 대해 무엇인가를 예시하는 것 같다.

여기서 예의 소녀의 꿈에 내포된 기묘한 관념으로 되돌아가 보자. 그녀는 그것들을 보고 놀랐으며, 따라서 그녀가 그 이상한 생각들을 찾고 있었다고는 생각할 수 없다. 그것들은 그녀에게 오히려 기묘하고 뜻하지 않은 이야기로 떠올랐으며, 아버지에게 크리스마스 선물로 들려줄 만큼 특별한 것으로 생각되었다. 그러나 그녀는 그렇게 함으로써 꿈 이야기를 현대에 아직도 살아 이어지고 있는 기독교의 비적 — 새로 태어난 광명을 등에 진 상록수의 비밀과 혼합된 우리의 신의 탄생―의 경지에까지 끌어올렸던 것이다(이것은 다섯 번째 꿈과 관련이 있다).

그리스도와 나무의 상징적인 관계에 대해서는 많은 역사적인 증거가 있지만, 만일 이 소녀의 부모에게 그리스도의 탄생을 축하하기 위해 촛불로 나무를 장식하는 일이 무엇을 의미하느냐는 질문이 제기되었다면 그들은 상당히 당황했을 것이다. 아마도 그들은 "아, 이건 단지 크리스마스의 풍속일 뿐이다"라고 대답했을 것이다. 이에 관해 진지하게 대답하려면, 죽어가는 신에 관한 아득한 옛날의 상징주의나 그것과 태모(太母) 및 그 상징으로서의 나무에 대한 숭배의 관계에 대해―이 복잡한 문제의 한 면만 다룬다 하더라도―긴 논문을 써도 모자랄 정도다.

'보편적인 이미지'(이것을 교회적으로 표현한다면 교의)의 기원을 깊이 탐구하면 할수록 우리는 얼핏 보아 끝날 것 같지 않은 원형적인 패턴의 그물눈을 풀어나가는 셈이 된다. 이 패턴은 근대에 이르기까지 결코 의식적인 반성의 대상은 되지 않았던 것이다. 이리하여 매우 역설적이긴 하지만, 우리는 이전의 어느 시대보다도 신화적인 상징에 관해 훨씬 많이 알고 있는 것이다. 사실 이전 시대에는 사람들은 상징에 관해 생각해 보지도 않았었다. 그러니까 그들은 상징에 의해 살고, 그 의미하는 것에 의해 무의식중에 생명이 불어넣어졌던 것이다.

나는 이 점을 일찍이 아프리카 에르곤 산의 미개인들과 함께 생활해 본 경험에 의해 설명하고자 한다. 그들은 새벽이면 언제나 오두막을 나와 자기 손바닥에 숨결이나 침을 뱉고 그것을 태양의 첫 빛을 향해 펼쳐 보인다. 그것은 마치 그들의 입김이나 타액을 떠오르는 신, 즉 뭉구(mungu)에게 바치는 것 같았다(스와힐리어인 뭉구는 의식적인 행위를 설명하는 데 쓰는 것으로서 폴리네시아어의 마나〈mana〉라든가 물룽구〈mulungu〉에서 유래한 말이다. 이런 유의 말들은 신성이라고 할 만한 특별한 효과와 침투성을 가진 '힘'을 의미한다. 따라서 뭉구라는 말은 그들의 알라신 혹은 하느님에 해당한다). 그와 같은 행위가 무엇을 의미하는지, 또 왜 그렇게 하는지 물었을 때, 그들은 참으로 난처해했다. 그들은 단지 "우리는 언제나 이렇게 해왔다. 태양이 떠오를 때는 언제나……"라고 말했을 뿐이다. 태양이 뭉구가 아니냐는 꽤 설득력 있는 결론을 그들은 비웃었다. 태양이 수평선 위로 떠올랐을 때는 이미 뭉구가 아니다. 뭉구는 태양이 떠오르는 바로 그 순간인 것이다.

나에게는 그들이 무엇을 하고 있는지 명백했다. 그러나 그들에게는 그렇지가 않았다. 그들은 다만 행위할 뿐이며, 자기가 하고 있는 일에 관해 결코 생각하지 않는다. 따라서 그들은 자기 자신을 설명할 수가 없다. 나는 그들이 그들의 영혼을 뭉구에게 바치고 있는 것이라고 결론지었다. 왜냐하면 (생명의) 숨결이나 침은 '영혼의 실체'를 의미하기 때문이다. 무엇인가에 입김이나 침을 뱉는 일은 '마력적'인 효과를 전달한다고 생각되고 있다. 이를테면 그리스도가 맹인을 치료하는 데 침을 사용하고, 또한 죽어가는 아버지의 영혼을 물려받기 위해 그의 마지막 숨을 들이마시는 것과 같다. 이 아프리카인들이 먼 옛날에는 그 의식의 의미를 더 많이 알고 있었으리라고는 생각되지 않는다. 실제로 그들의 조상은 동기에 관해서는 좀더 무의식적이고, 그 행위에 대해 생각하는 일이 보다 적었을 테니 아마도 더 몰랐을 것이다.

괴테의 《파우스트》에서는 적절하게도 '태초에 행위가 있었다'라고 말하고 있다. 이 '행위'는 결코 고안된 것이 아니라 행위된 것이다. 그런데 생각하는 일은 인간의 비교적 후기에 발견되었다. 인간은 먼저 무의식적인 요인에 의해 행동을 취하게 되었고, 자기를 움직인 원인에 관해 반성하기 시작한 것은 꽤 오랜 시간이 지난 후의 일이다. 그리하여 인간이 자기를 움직이는 것은 자기 자신임에 틀림없다고 하는 부자연스러운 관념 — 자기 자신 이외의 동기를 주는 힘을 찾아낼 수 없는 마음의 상태 — 에 도달하는 데는 매우 긴 시간이 필요했던 것이다.

식물이나 동물이 스스로를 만들어 왔다고 한다면, 우리는 이 생각을 비웃을 것이다. 그러나 마음이나 정신은 그 자신을 만들어내고 있으며, 따라서 자신의 존재의 창조자라는 것을 믿고 있는 사람은 많다. 실제로 도토리가 떡갈나무로 성장하고 파충류가 포유류로 발달한 것과 마찬가지로, 마음은 현재 우리가 알고 있는 의식의 상태로 성장해 왔다. 마음은 지금까지 오랫동안 발전해 왔던 것처럼 앞으로도 계속 발전할 것이다. 그러므로 우리는 외계로부터의 자극은 물론 내적인 힘에 의해서도 움직여지고 있는 것이다.

이러한 내적인 동기는 깊은 원천으로부터 생기는 것이며, 의식에 의해 만들어지거나 조절되는 것은 아니다. 고대의 신화에 있어서 이러한 힘은 마나, 혹은 정령, 악마, 신 등으로 불렸다. 그것들은 옛날과 마찬가지로 지금도 활동하고 있다. 우리의 소망과 일치되었을 때, 우리는 그것을 좋은 아이디어라든가 동기라고 부르며, 무릎을 치면서 자기의 현명함에 만족한다. 그러나 그것들이 우리의 마음과 상반되게 활동할 때는 불운하다든가, 어떤 사람들이 자기를 적대시하고 있다든가, 우리 불행의 원인은 무엇인가 병적인 것임에 틀림없다고 말한다. 우리가 무엇인가 자신이 조절할 수 없는 '힘'에 의존하고 있다는 사실만은 누구도 인정하려 하지 않는 것이다.

그러나 현대의 문명인은 어느 정도의 의지력을 획득한 것은 사실이다. 그 의지력을 우리는 우리가 원할 때 사용할 수 있다. 현대인은 스스로에게 최면을 걸어 행동을 유발시키도록 하기 위해 노래를 하든가 드럼을 두들기든가 하지 않고도 효과적으로 일하는 법을 터득해 왔으며, 나아가서는 도움을 구하는 매일의 기도를 그만둘 수도 있게 되었다. 그는 자기가 하고 싶어하는 것을 할 수 있고

위는 어린이의 크리스마스 그림으로 흔히 볼 수 있는 촛불로 장식된 나무가 그려져 있다. 영원히 푸른 나무는 동지(冬至)의 상징이나 '새로운 해'(기독교의 새로운 영원성)의 상징을 통해 예수와 연결된다. 예수와 나무의 상징 사이에는 많은 관련성이 있다. 십자가는 오른쪽 아래의 중세 이탈리아의 프레스코화처럼 종종 나무로 묘사된다. 예수는 지혜의 나무에 못박혀 있다. 기독교 의식에서의 촛불은 신의 광명을 상징하고, 스웨덴의 크리스마스 축제에서는 왼쪽 아래처럼 소녀들이 촛불의 관을 쓴다.

자기 생각을 아무런 장애 없이 행동화할 수 있다. 이에 반해 미개인은 행동을 취할 때마다 두려움이나 미신이나 그 밖의 보이지 않는 장애로 방해를 받고 있다. '뜻이 있는 곳에 길이 있다'라는 속담은 현대인의 미신이다.

 그러나 그 신조를 지탱하기 위해 현대인은 내성의 결핍이라는 엄청난 대가를 지불하고 있다. 현대인은 모든 합리성이나 능률성을 지니고 있으면서도 자기의 조절능력을 초월한 '힘'에 의해 억제되고 있다는 사실은 깨닫지 못한다. 신이나 악마는 완전히 사라진 것이 아니고, 다만 새로운 명칭을 얻었을 뿐이다. 그것들은 현대인에게 항상 침착성의 결여나 막연한 불안이나 심리적인 갈등, 그리고 약품·알코올·담배·음식물에 대한 그칠 줄 모르는 욕구 ― 그리고 특히 많은 노이로제 ― 를 가져오고 있다.

인간의 영혼

이른바 문명화된 의식이라는 것은, 기본적인 본능으로부터 늘 스스로를 분리해 왔다. 그러나 이 본능은 사라진 것은 아니며, 그것은 단지 우리 의식과의 접촉을 잃었을 뿐이다. 그것은 간접적인 방법으로 그 자신의 존재를 증명하려고 한다. 이것은 신경증인 경우의 생리적인 증상이나 혹은 설명하기 어려운 기분, 뜻하지 않은 망각, 말의

호흡의 '마술적'인 성질에 대한 두 가지 예.
왼쪽 : 줄루(Zulu)족(남아프리카 나텔〈Natal〉주의 한 종족)의 샤먼이 쇠뿔을 통해 숨을 불어넣음으로써 환자를 치료하고 있다.
오른쪽 : 중세의 그림. 신이 아담에게 생명을 불어넣고 있다.

실수 등 갖가지 돌발사로 나타나게 된다.

　인간은 누구나 자신이 자기 영혼의 주인이라고 믿고 싶어한다. 그러나 자기의 기분이나 정동을 제어하지 못하는 한, 혹은 무의식적인 요인이 계획이나 결정 속에 몰래 들어올 때의 여러 가지 은밀한 방법에 대해 의식하지 못하는 한, 인간은 확실히 자기 자신의 주인은 아닌 것이다. 이같은 무의식적인 요인이 존재하게 된 것은 원형의 자율성 때문이다. 현대인은 자기 자신의 분리된 상태를 보지 않기 위해 마음속에 칸막이를 갖고 있다. 요컨대 외적인 생활의 어떤 부분은, 마치 각기 다른 서랍 속에 든 것처럼 서로 결코 대결하는 일이 없게 되어 있다.

　이러한 이른바 칸막이 심리의 예로서 한 알코올 중독자의 사례가 생각난다. 그는 어떤 종교운동에 강력한 영향을 받아 광적으로 몰두한 나머지 자기에게 술이 필요하다는 사실을 잊어버렸다. 그리하여 그는 기적적으로 예수에 의해 치료되었던 것이다. 그런 까닭으로 그는 신의 은총 혹은 그 종교조직의 효력을 증명하는 증인으로 나서게 되었다. 그런데 공개적으로 고백한 지 2, 3주가 지나자 신선함은 차츰 퇴색하고 다시금 술을 마시고 싶어졌다. 그래서 그는 또 마시기 시작했다. 그런데 이번에는 이 원조적인 단체는 이 사례가 '병적'이어서 예수가 개입하기에는 알맞지 않다고 분명히 결론지었다. 그리하여 그는 병원에 보내졌고, 신성한 치료자가 아니라 의사로부터 능숙한 치료를 받게 되었다.

　이것은 주목할 만한 가치가 있는 현대의 '문화적인' 사고방식의 일면이다. 그것은 현저한 분리와 심리적 혼란을 나타내고 있다.

　여기서 인류를 한 개인이라고 간주한다면, 우리는 인류가 무의식의 힘에 의해 움직이는 하나의 인간임을 알 수 있다. 말하자면 인류도 또한 어떤 종류의 문제를 분리된 서랍 속에 가두어놓고 싶어하는 경향이 있는 것이다. 그러나 그러기 위해서는 우리는 자신이 하고 있는 일에 상당한 고려를 해야만 할 것이다. 왜냐하면 인류는 우리 손이 미치지 못할 만큼 커진, 스스로 만들어낸 무서운 위험에 위협당하고 있기 때문이다. 우리의 세계는 이를테면 신경증의 마음처럼 분리되어 있고 철의 장막은 그 분할의 상징적인 선을 이루고 있다. 서방측 사람들은 동구측의 공격적인 권력의 의지를 인식하고 지나치다 싶을 만큼 방위하지 않으면 안 된다고 느끼며, 동시에 자신의 덕이나 선의에는 대단한 자긍심을 갖고 있다.

그런데 그 사람들이 간과하고 있는 것은 바로 자기 자신의 악덕에 대해서이다. 그것들은 지금까지 국제적인 훌륭한 예절로 은폐되어 있었는데, 공산세계에 의해 뻔뻔스럽게도 조직적으로 그들의 면전에 되던져진 것이다. 서방측 사람들이 은밀히, 그러나 다소 부끄러운 감정을 갖고 참아 왔던 — 외교적인 거짓말이라든가 조직적 기만이라든가 은근한 협박 등 — 것이 적나라하게 드러나고, 동쪽으로부터 대량으로 몰려와 우리를 신경증적인 굴레에 묶어놓고 있는 것이다. 철의 장막 저쪽에서 서방측 사람을 위협하고 있는 것은 우리 자신의 사악한 그림자의 얼굴인 것이다.

서방측 사회에서 매우 많은 사람이 특수한 무력감을 갖는 것은 이같은 상태로 설명할 수 있다. 서방측 사람들은 우리가 직면한 곤란은 윤리적 문제이고, 핵무기를 다량으로 보유하는 정책이라든가 경제적인 '경쟁'에 의해 그 문제에 대답하려는 시도는 별로 도움이 되지 않음을 인식하기 시작했다. 그것은 양다리를 걸치는 식인 것이다. 이제는 많은 사람들이 윤리적 혹은 정신적 방법이 보다 효과적이라는 것을 이해하게 되었다. 왜냐하면 그 길만이 계속 증대하는 감염에 대항하는 심리적 면역성을 만들어낼 수 있기 때문이다.

그러나 이러한 모든 시도 역시 우리가 자기 자신이나 세계에 대해 그들, 즉 우

13세기의 이탈리아 그림. 그리스도가 침으로 맹인을 치료하고 있다. 침은 숨과 마찬가지로 생명을 부여하는 능력을 갖고 있다고 오랫동안 믿어져 왔다.

리의 적대자만이 잘못되었다고 확신시키려는 한 효과는 없었으며 또한 앞으로도 그럴 것이다. 자기 자신의 그림자나 그 사악한 행위를 인식하기 위한 성실한 시도만이 우리에게 보다 중대한 점일 것이다. 자기 자신의 그림자―우리 성격의 어두운 부분―를 인정할 수 있다면 우리는 윤리적·정신적인 감염이나 영합에 대해 면역성을 가질 수 있을 것이다. 현재의 상황이 나타내듯이 우리는 온갖 감염에 완전히 노출된 상태다. 왜냐하면 우리는 실제로 그들과 같은 짓을 하고 있기 때문이다. 다만 우리는 자신이 하는 일에 예의범절이라는 덮개를 씌우고 있기 때문에, 그것을 보려고도 이해하려고도 하지 않는다는 결점 한 가지를 더 갖고 있을 뿐이다.

공산사회 역시 하나의 위대한 신화를 갖고 있음이 인정된다(보다 뛰어난 우리의 판단이 그것을 소멸시킬 것이라는 헛된 희망에서, 우리는 그것을 환상이라고 부른다). 그것은 고대로부터 존재해 온 황금시대, 즉 낙원의 원형적인 꿈이다. 그곳에서는 모든 것이 모든 사람에게 풍부하게 부여되고, 위대하고 올바르며 현명한

베를린 장벽—우리의 세계는 신경증 환자처럼 분리되어 있다.
모든 사회는 일찍이 존재했으며 또다시 존재하게 되리라고 믿는 원형적인 낙원, 혹은 황금의 시대라는 생각을 나름대로 갖는다.

추장이 인간의 유치원을 지배하고 있다. 이 굳은 원형이 유치한 형태로 그들을 사로잡은 것이다. 그러나 우리의 보다 뛰어난 견해를 가지고도 세계로부터 그것이 사라져 버리는 일은 결코 없을 것이다. 우리는 오히려 그것을 우리 자신의 유치함으로 뒷받침하고 있다. 왜냐하면 우리 서방측의 문명 역시 똑같은 신화에 사로잡혀 있기 때문이다. 우리는 무의식적으로 들은 듯같은 편견이나 희망이나 기대를 키우고 있다. 또한 복지국가를 믿고 세계의 평화, 인간의 평등성, 영구불변하는 인간의 권리와 정의와 진리, 그리고 (큰소리칠 수는 없지만) 이 지상에서의 신의 왕국을 믿는다.

인간의 현실생활이 냉혹한 대극성의 복합, 즉 낮과 밤, 탄생과 죽음, 행복과 불행, 선과 악에 의해 성립되어 있다는 것은 슬픈 진실이다. 우리는 대체 어느 쪽이 어느 쪽에 대해 우월한 위치에 있는지, 선이 악을 이기는지 혹은 쾌락이 고통을 이겨내는지 하는 것조차 확실하게 알지 못한다. 인생은 투쟁의 장이고, 그것은 일찍이 그러했던 것처럼 앞으로도 계속해서 그럴 것이다. 만일 그렇지 않다면 존재라는 것이 소멸되고 말 것이다.

바로 이와 같은 인간의 내적 갈등으로 말미암아 초기 기독교도들은 하루빨리 이 세상의 종말이 오기를 기대하거나 바랬던 것이며, 또한 불교도들은 모든 지상적 욕망이나 야망을 버리도록 이끌었던 것이다. 만약 이런 반응이 이 두 종교의 대부분을 차지하고 있는 세계의 근원적 거부를 어느 정도 수정하는 특이한 정신적·윤리적인 관념이나 행위와 연결되지 않았더라면, 이들 기본적인 대답은 명백히 자살적인 것이 되었으리라.

내가 이 점을 강조하는 것은, 우리 시대에 매우 많은 사람들이 종교라는 것에 대한 신앙을 잃어버렸기 때문이다. 이 사람들은 이미 자기의 종교를 이해할 수 없으며, 종교가 없이도 순조롭게 살아갈 수 있는 동안은 이 상실을 깨닫지 못할 것이다. 그러나 고뇌가 생겼을 때는 이야기가 달라진다. 그런 때 사람들은 해결의 실마리를 구하려고 하며, 인생의 의미나 그 곤혹스러운 고통에 넘친 체험에 관해 되새겨보기 시작한다.

(내가 경험한 바에 의하면) 카운슬러에게 상담하러 오는 사람들 중 가톨릭교도보다 유대고도나 프로테스탄트가 더 많다는 것은 의미 깊은 일이다. 이와 같은 사실은 가톨릭교회가 아직도 영혼의 행복(cura animarum)에 대해 책임을 지고 있다는 점에서 추측할 수 있는 일일지도 모른다. 그러나 오늘날과 같은 과학시대에는 정신과 의사는 지난날에는 신학자의 영역에 속하던 문제에 대해 자주 질문을 받게 된다. 사람들은 인생의 의미있는 삶의 방식에 대해 또는 신이나 불사

19세기의 디국 그림으로, 과거의 유토피아의 관념을 표현하고 있다. 모든 것이 조화를 이루고 평화로운 이상적인 상태에서 윌리엄 펜이 1682년 인디언과 조약을 체결하는 모습을 그리고 있다.

에 대해 절대적인 신앙을 갖고 있다는 것만으로 거기에 큰 차이가 있거나, 혹은 있을 것이라고 느낀다. 죽음이 다가오는 데 대한 두려움은 곧잘 이러한 생각을 강하게 자극한다. 유사 이전부터 인류는 초월적인 존재 — 한 사람 내지 몇 사람 — 나 혹은 내세에 대한 관념을 갖고 있었다. 최근에 이르러서야 인간은 이러한 관념 없이도 지낼 수 있다고 생각하게 되었다.

우리는 전파 망원경을 통해서도 하늘에서 신의 왕좌를 발견할 수 없을 뿐더러 사랑하는 부모가 아직도 어느 정도는 생전의 육체를 가지고 그곳에 있음을 확인할 수도 없기 때문에, 사람들은 그와 같은 관념이 "진실이 아니다"라고 가정한다. 그러나 나는 오히려 그것들은 '충분한 진실'은 아니라고 하고 싶다. 왜냐하면 그와 같은 생각은 유사 이전부터 인간의 생활에 존재했으며, 지금도 조금만 자극을 주어도 의식 속에 끼어드는 개념이기 때문이다.

현대인은 그런 관념이 없이도 지낼 수 있다고 주장할 것이다. 그리고 그 진실을 증명하는 과학적 증거가 없다는 점을 강조하며 자기의 의견을 강화할지도 모른다. 혹은 오히려 그러한 확신을 잃게 된 것에 괴로워할지도 모른다. 그러나 우리는 눈에 보이지 않는 알 수 없는 사항을 다루고 있으므로(왜냐하면 신은 인간의 이해를 초월한 것이고 불멸성을 증명할 만한 방법이 하나도 없기 때문에), 굳이 증거 문제로 고민해야 할 필요가 있겠는가. 우리는 음식에 소금을 넣어야 한다는 것을 이성적으로는 몰랐다고 하더라도 소금을 사용함으로써 이익을 얻을 수 있다. 우리는 소금의 사용이, 단지 맛의 환각이라든가 미신에 지나지 않는다고 주장할 수도 있다. 그러나 그럼에도 불구하고 소금은 우리 건강에 유익한 것이다. 그렇다면 위기에 도움이 되고 우리의 존재에 의미를 주는 견해를 어째서 제거해야 하는가.

게다가 우리는 이러한 관념이 진실은 아니라는 것을 어떻게 알 수 있겠는가.

장차 도래할 유토피아의 관념의 반영. 모스크바 공원의 포스터는 레닌이 미래를 향해 러시아의 인민을 이끈다는 것을 나타낸다.

만약 내가 그런 관념이 환각에 지나지 않는다고 단호히 말한다면 많은 사람들이 찬성할 것이다. 그러나 종교적 신앙을 주장하는 일과 마찬가지로 그러한 부정도 '설명하는' 일이 불가능함을 그들은 깨닫지 못한다. 우리가 어떤 견해를 선택하느냐 하는 것은 전적으로 자유다. 즉 우리는 어느 쪽이든 마음내키는 대로 결정할 수 있는 것이다.

그러나 우리가 증명 불가능이라는 사고방식을 강화해야 하는 강력한 경험적 이유가 있다. 즉 우리는 그것들이 쓸모있는 것임을 알고 있다. 인간은 자신의 인생에 의미를 부여하고 세계 속에서 자기 자신의 위치를 찾아낼 수 있는 보편적인 관념이나 확신을 분명히 필요로 하고 있다. 의미가 있다고 확신하면, 인간은 상상하기 어려운 심한 역경도 이겨낼 수 있다. 모든 불행에 직면하여 자기가 '어리석은 자가 하는 이야기'에 참여하고 있다고 인정하지 않을 수 없을 때 인간은 참으로 좌절하는 것이다.

인생에 의미를 부여하는 것이 종교적인 상징의 역할이다. 푸에블로의 인디언들은 자신을 아버지인 태양의 아들이라고 믿는다. 그리고 그 신앙이 그들의 한정된 존재를 훨씬 초월하는 전망과 목표를 그 인생에 부여한다. 그것은 그들에게 인격의 발전을 위한 넓은 공간을 제공하고, 전생애를 완전한 인간으로서 살 수 있게 한다. 우리 문명인들이 자신을 인생에 대해 아무런 내적 의미를 갖지 못한 열자(劣者)에 지나지 않는다 — 그리고 앞으로도 그러할 것이다 — 고 믿고 있는 데 반해 그들의 상태는 훨씬 만족할 만한 것이다.

자기의 존재에 대해 보다 넓은 의미를 갖는 일은, 인간을 단지 돈벌이를 하거나 소비하거나 하는 존재 이상으로 끌어올린다. 만일 그런 느낌이 없다면 인간은 길을 잃고 불행에 빠질 것이다. 만약 성바울이 자신을 떠돌이 직물공에 지나지 않는다고 생각했다면, 그는 분명히 실제의 그와 같은 사람은 되지 못했을 것

◀ 16세기 플랑드르의 화가인 브뤼겔의 〈게으름뱅이의 천국〉이라는 그림. 감각적인 즐거움과 안락한 생활이 있는 신화적인 나라이다(이러한 이야기는 중세의 유럽, 특히 중노동을 하는 농부나 농노들 사이에 일반적으로 퍼져 있었다).

▶ 15세기의 프랑스 그림에 묘사된 에덴동산인데, 자궁과 같은 동산으로서 표현되고 있다. 또한 아담과 이브의 추방도 제시한다.

▼ 원시적인 자연주의의 황금시대가 16세기 크라나흐의 회화에 제시되고 있다(〈지상의 낙원〉이라는 제목이 붙었다).

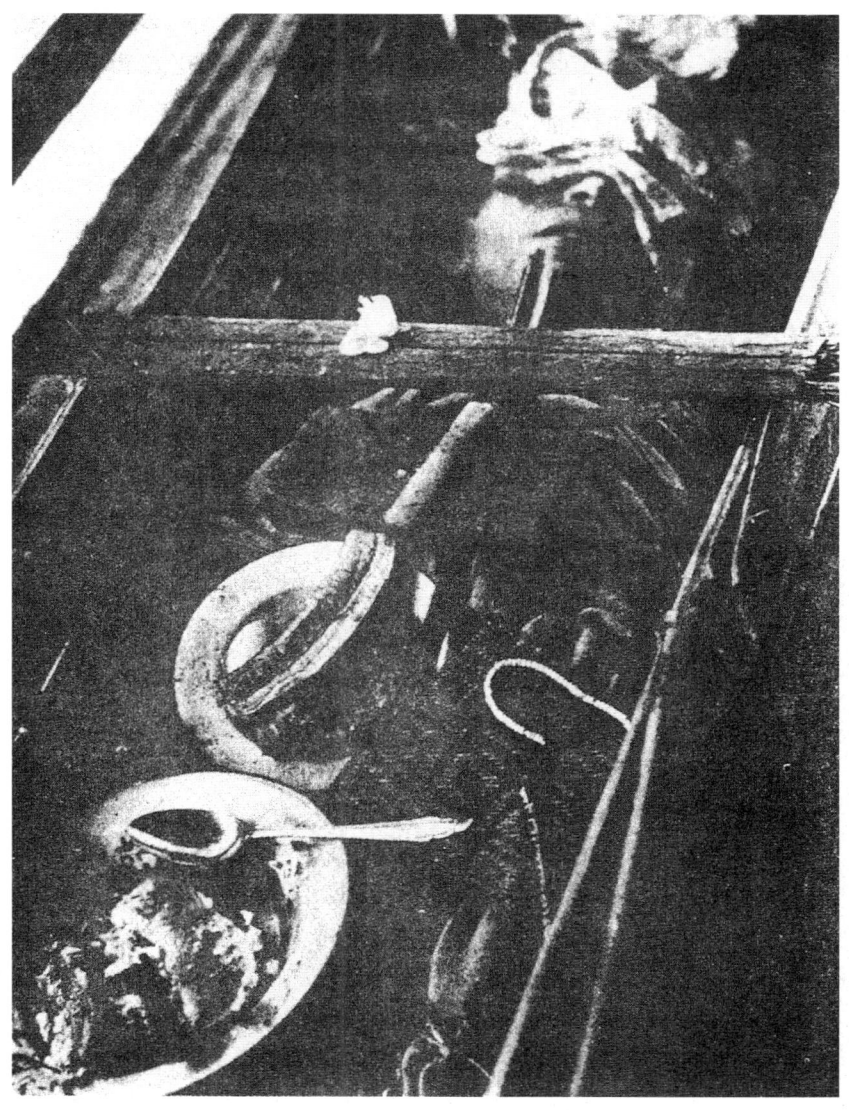

남아메리카 카야파스 인디언의 장례의식. 죽은 자는 자기의 카누에 안치된 다음 그 여행에 필요한 음식과 의복을 받는다. 여러 종류의 종교적인 상징이나 신앙은 인생에 의미를 부여한다. 고대 사람들도 죽음만큼은 한탄하고 슬퍼했다.

이다. 그의 의미 깊은 진실한 인생은 그가 신의 사자라는 내적인 확신 속에 존재하고 있었다. 그가 과대망상에 사로잡혔던 것이라고 비난하는 사람도 있을 것이다. 그러나 그와 같은 의견은 역사의 증언이나 후세의 판단 앞에서 퇴색하고 말 것이다. 그를 단단히 사로잡은 신화는 그를 장인(匠人) 이상의 위대한 존재가 되게 만들었던 것이다.

그렇지만 이와 같은 신화는 의식적으로 만들어낸 것이 아닌 상징으로 구성된다. 그것들은 자연스럽게 생겨나는 것이다. 신=사람의 신화를 창조한 것은 인간으로서의 예수는 아니었다. 그것은 그의 탄생 수세기 전부터 존재했으며, 그 자신이 이 상징적인 생각에 사로잡혔고, 그것이 성마가의 말처럼 나사렛의 목수

무덤 속에서 발견된 이집트의 작은 상(像). 죽음을 슬퍼하는 것을 나타낸다. 그러나 그들은 신앙에 의해 죽음을 긍정적인 변화로 생각하기도 했었다.

라는 좁은 생애로부터 그를 끌어올렸던 것이다.

　신화는 미개인의 이야기꾼이나 그 꿈, 게다가 그 감동적인 공상에 의해 움직여진 사람들에게까지 거슬러올라간다. 이런 사람들은 후세의 사람이 시인이나 철학자라고 부르는 사람들과 큰 차이가 없다. 미개인의 이야기꾼들은 그들의 공상의 기원에 관해서는 관심을 갖지 않았다. 이야기의 기원이 어디에 있는가에 대해 생각하기 시작한 것은 훨씬 후세의 일이다. 그후 몇 세기쯤 지나서, 현재 우리가 고대 그리스라고 부르는 시대에 이르러서야 사람들의 생각이 상당히 진보되어, 신들의 이야기는 아득한 옛날에 죽은 왕이나 족장들에 대한 과장된 전설 이외의 아무것도 아니라고 추측하게 되었다. 사람들은 신화가 지나치게 비현실적이기 때문에 이야기되는 일 그대로를 의미하는 것이 아니라는 견해를 이미 갖고 있었다. 그리하여 사람들은 신화를 일반적으로 이해할 수 있는 형태로 되돌리려고 시도했다.

　보다 근대에 이르러 이와 똑같은 일이 꿈의 상징에 대해서도 나타났다. 심리학이 아직 그 요람의 시대에 있을 때, 우리는 꿈이 어떤 중요성을 갖고 있음을 인식하기 시작했다. 그러나 그리스인이 그들의 신화가 단지 합리적으로 '보통'의 역사에 손질을 가한 것에 지나지 않는다고 확신했던 것과 마찬가지로, 몇몇 심리학의 선구자들은 꿈이란 그것이 표면적으로 의미하는 바를 의미하지는 않는다는 결론에 도달했다. 꿈이 제시하는 이미지나 상징은 억압된 마음의 내용이 의식세계에 나타나는 기묘한 형태라고 간주하여 무시되었다. 이리하여 꿈은 표면적으로 말하는 것 이외의 다른 의미를 지니고 있다는 것이 용인되기에 이르렀다.

　나는 이미 이와 같은 사고방식에 찬성할 수 없음을 설명한 바 있다. 그렇기 때문에 나는 꿈의 내용뿐만 아니라 그 형태까지도 연구하게 되었다. 왜 꿈은 그 내용과 다른 무엇인가를 의미하지 않으면 안 되는 것일까? 과연 꿈에는 표면적으로 나타난 것 이상의 그 무엇이 존재하는 것일까? 꿈은 정상적이고 자연적인 현상으로서, 그 이상의 무엇인가를 의미하는 것은 아니다. 《탈무드》에서조차도 "꿈은 그 자체의 해석이다"라고 말하고 있다. 다만 꿈의 내용이 상징적이고, 따라서 한 가지 이상의 의미를 갖고 있기 때문에 혼란이 생기는 것이다. 상징은 우리가 의식에 의해 파악하는 사항과는 다른 방향을 제시한다. 그러므로 상징은 무의식의 것이거나, 아니면 적어도 완전히 의식적인 것이 아닌 무엇인가와 관련된다.

과학적인 정신의 경우 상징적인 생각이라는 현상은 골치 아픈 것이다. 말하자면 그것들은 지적·논리적으로 만족할 수 있게 공식화할 수 없기 때문이다. 상징적인 생각이 심리학에서 유일한 것은 아니다. 똑같은 장애는 '감정'이나 정서의 현상에서도 일어난다. 그것들은 결정적인 정의에 의해 명확히 하는 심리학자의 모든 시도로부터 도망치고 만다. 장애의 원인은 어느 쪽의 경우든 마찬가지다. 말하자면 거기에는 무의식의 개입이 있는 것이다.

나는 과학적 관점을 잘 알고 있으므로, 완전히 혹은 정확히 파악할 수 없는 사실을 취급하기가 가장 곤란하다는 것쯤은 알고 있다. 이러한 현상에는, 그 사실을 부정하지는 못하지만 지적인 용어에 의해 그것을 공식화할 수는 없다는 난점이 있다. 그러기 위해서는 우리는 생명 그 자체를 파악하지 않으면 안 되는 것이다. 왜냐하면 정동이나 상징적인 생각을 산출하는 것은 생명 그 자체이기 때문이다.

아카데믹한 심리학자가 정동의 현상이나 무의식의 개념, 혹은 양쪽 모두를 고려하지 않는 것은 자유다. 그렇지만 의학적 심리학자라면 적어도 거기에 적절한 주의를 기울여야만 할 것이다. 그러니까 정동적인 갈등이나 무의식의 개입은 의학적 심리학에서의 고전적 특성이다. 적어도 그가 환자를 취급하는 이상은 지적인 용어에 의해 공식화할 수 없음에도 불구하고 곤란한 사실로서의 이 비합리성에 부딪힐 것이다. 따라서 심리학이 실험실의 과학자에게 조용한 탐구의 대상이 되지 않고 인생의 모험의 활동적인 부분이 될 때 대체 어떤 일이 일어나는가를, 의학적 심리학자의 체험을 겪어 본 적이 없는 사람들이 이해하지 못하는 것은 당연한 일이다. 사격장에서 과녁 맞히는 연습을 하는 것은 전쟁과는 거리가 멀다. 의사는 실제 전투에서 뜻하지 않게 부상당한 자들을 취급하지 않으면 안 된다. 비록 그것들에 과학적인 정의를 부여할 수는 없다 하더라도 마음의 현실에 관여하지 않으면 안 된다. 그렇기 때문에 어떤 교과서도 심리학을 가르칠 수는 없다. 그것은 실제 경험을 통해서만 배울 수 있다.

우리는 무엇인가 잘 알려져 있는 상징에 관해 연구함으로써 이 점을 보다 명백히 할 수가 있다.

이를테면 기독교에서의 십자가는 갖가지 측면이나 생각이나 정동을 표명하는 의미 깊은 상징이다. 그러나 명부(冥府)의 이름 위에 표시된 십자가는 단지 그 사람이 사망했음을 나타내는 데 지나지 않는다. 팰러스(phallus ; 남성기)는 힌두교에서 모든 것을 포용하는 상징으로서의 기능을 한다. 그러나 만약 거리의 개구쟁이가 그것을 벽에 그렸다면, 그것은 단지 그의 페니스에 대한 흥미의 반영에 지나지 않는다. 유아 및 사춘기의 공상은 자주 성인의 생활에까지 이어지므로, 명백히 성적인 것을 암시하는 꿈을 많이 꾸게 된다. 따라서 그러한 꿈들을 무엇인가 다른 것으로 이해하려 한다는 것은 어리석은 일이다. 그러나 벽돌공이 벽돌을 서로 맞물리도록 쌓기 위해 수도사(Monk)와 수녀(Nun)에 대해 말한다든가, 전기공이 수플러그와 암콘센트에 대해 말할 때, 그가 강렬한 사춘기의 공상에 잠겨 있다고 생각하는 것은 참으로 우스꽝스러운 일이다. 그 사람은 단지

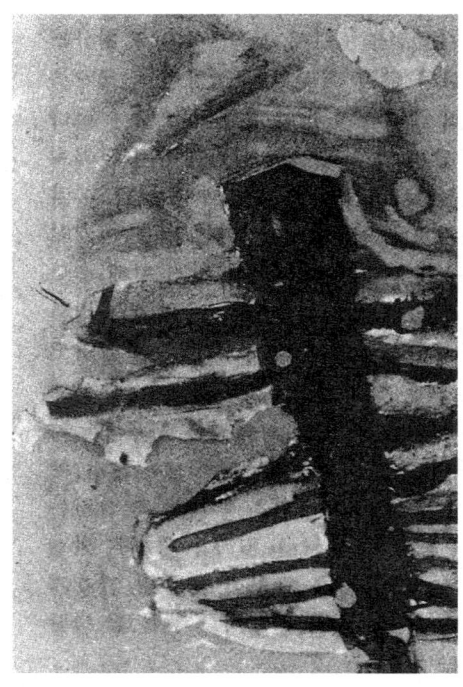

어린아이가 그린 나무(그 위에 태양이 있다). 나무는 꿈에 자주 나타나는 모티프의 가장 좋은 예로서, 믿기 어려울 만큼 다양한 의미를 담고 있다. 그것은 진화와 신체적인 성장, 심리적인 성숙을 나타내는 일도 있으며 희생이나 죽음(십자가에 못박힌 그리스도)을 의미할 수도 있다. 또한 그것은 남근의 상징이기도 하며, 그 밖에 통상적으로 제시되는 꿈의 상징 등 수많은 것을 상징하고 있다.

재료에 관해 다채로운 표현을 사용하고 있을 뿐이다. 교육받은 힌두교도가 링가(linga ; 인도에서 숭배하는 신의 표상으로서, 시바의 사당에 모심)에 관해 이야기할 때, 우리 서양인은 도무지 페니스에 대해 연상되는 것과는 전혀 관계가 없는 내용을 듣게 될 것이다. 링가는 명백히 외설스러운 암시가 아니다. 말하자면 십자가가 단순히 죽음의 기호가 아닌 것처럼 말이다. 그것은 그러한 이미지를 산출하는 꿈을 꾼 사람의 성숙도에 의해 크게 달라지는 것이다.

꿈이나 상징의 해석은 지성을 필요로 한다. 그것을 기계적인 시스템으로 대체하여 상상력이 없는 머리에 채워넣을 수는 없다. 그것은 꿈을 꾼 사람의 개성에 관한 많은 지식과 해석하는 사람의 자기인식을 필요로 한다. 이 분야에 경험이 많은 사람이라면, 꿈의 해석에 그 유용성을 증명할 수 있는 어느 정도의 규칙이 있다는 것을 부정하지는 못할 것이다. 그러나 그 규칙은 신중과 지성으로써 적용되지 않으면 안 된다. 모든 올바른 규칙을 좇고 있으면서도, 보다 높은 지성을 갖춘 사람이라면 결코 놓치지 않았을 세부를 중요해 보이지 않는 외견 때문에 놓치고 심한 난센스에 빠져 꼼짝도 할 수 없게 되는 일도 있을 것이다. 고도의 지식을 갖춘 사람조차도 직관과 감정의 기능이 결여되어 길을 잃고 몹시 헤매는 일이 있다.

상징을 이해하려고 할 때, 우리는 상징 그 자체와 직면할 뿐만 아니라 그것을 산출하는 개인의 전체성과도 직면하게 된다. 이것은 그 사람의 문화적 배경을 연구하는 것을 포함하고, 그리고 그 과정을 통해 자기 자신의 교육에서의 많은 틈을 메우게 된다. 나는 모든 사례에서, 그것에 관해서는 ABC방송국에서조차도 모르는 전적으로 새로운 문제라고 생각되는 것을 원칙으로 하고 있다. 정해진 반응 방식은 표면적인 것을 취급하는 한은 실제적이고 유용하지만, 살아 있는 문제에 관련되면 곧 인생 그 자체가 개입되기에 이르고, 가장 명확한 이론적 전제조차도 효과 없는 말이 되고 만다.

상상력과 직관은 우리의 이해를 위해 지극히 중요하다. 일반적인 생각으로는 그것들은 주로 시인이나 예술가에게 가치가 있다—'실제적인' 사항에 관한 한 그것들은 별로 신용할 만한 것이 못 된다—고 여겨지지만, 사실은 고도의 과학에서도 역시 아주 중요하다. 여기서는 그것은 '합리적인' 지성의 역할이나 특정 문제에 관한 지성의 적용을 보충하는 데 아주 중요한 역할을 담당하고 있다. 모든 응용과학 중 가장 엄격한 물리학조차도 무의식의 활동에 의한 직관에 놀랄 만큼 의존하고 있다(직관과 똑같은 결과에 이르는 논리적인 방법을 나중에 증명하는 것이 가능하긴 하지만).

십자가(왼쪽)나 링가(남성기, 오른쪽) 등도 매우 많은 상징적 의미를 가지고 있다고 하겠다.

직관은 상징을 해석함에 있어 거의 결여되어서는 안 되는 것이다. 그것은 꿈을 꾼 사람에 의해 상징이 즉각 이해된다는 사실을 자주 확인할 수 있을 것이다. 그렇지만 이처럼 운이 좋은 직관은 주관적으로는 확신에 찬 것일 테지만, 또한 아주 위험한 것이기도 하다. 그것은 너무도 쉽게 거짓된 안정감으로 이끄는 일도 있다. 이를테면 그것은 해석하는 사람과 꿈을 꾼 사람 모두를 마음 편하고 비교적 안이한 관계를 언제까지라도 계속 유지하도록 유혹하고, 일종의 공통된 꿈을 꾼 것처럼 착각하게 하는 상황으로 몰아갈 염려가 있다. 만일 직관에 의해 이해한 것에 막연히 만족하여 안심하고 있다면, 참된 지적인 지식이나 정신적인 이해의 확실한 기초는 상실될 것이다. 직관을 여러 가지 사실에 대한 확실한 지식이나 그 논리적인 관련성으로 환원시킨 사람만이 그에 관해 설명하고 알 수 있다.

정직한 연구가라면, 그것이 언제나 가능한 것은 아님을 인정하지 않으면 안 된다. 그리고 그것을 항상 명심하지 않는다면 그것은 불성실한 일이다. 과학자도 역시 인간인 이상 다른 사람과 마찬가지로 자기가 설명할 수 없는 사항을 기피하는 것은 당연하다. 우리가 오늘날 알고 있는 것이 우리가 알 수 있는 전부라는 생각은 일반적으로 잘못 알려진 환상이다. 그러나 과학적인 이론만큼 깨지기 쉬운 것은 없다. 그것은 사실을 설명하고자 하는 덧없는 시도이며, 영원히 계속되는 진리 그 자체는 아닌 것이다.

상징의 역할

의학적 심리학자가 상징에 흥미를 갖는 것은 주로 '자연의' 상징에 관해서이며, 그것은 '문화적인' 상징과는 구별된다. 전자는 마음의 무의식적인 내용에서 비롯된 것이며, 따라서 근원적인 원형적 심상(心像)의 다종다양한 변화를 나타낸다. 대부분의 경우 그것들은 그 고대적인 기원 — 우리가 가장 오래된 기록이나 원시사회에서 찾아볼 수 있는 관념 혹은 이미지 — 을 추적하여 밝힐 수 있다. 한편 문화적인 상징은 '영원한 상징'을 나타내기 위한 것으로 지금까지도 많은 종교에서 사용되고 있다. 그것들은 숱한 변용과 어느 정도 의식적인 발전의 긴 과정을 거쳐 문명사회에서 인정되는 보편적 이미지가 되었던 것이다.

그럼에도 불구하고 이같은 문화적인 상징은 그 근원적인 누미노우스나 '마력'을 다분히 간직하고 있다. 그것들은 어떤 사람들에 대해 깊은 정서적인 반응을 불러일으킬 수 있으며, 그 심적인 반응은 사람들을 편견과 똑같은 방법으로 기능하게 한다는 것이 인정되고 있다. 그것들은 심리학이 고려하지 않으면 안 되는 요인이다. 말하자면 합리적인 관점에서 우스꽝스럽다든가 관계가 없다든가 하는 이유로 그것들을 버리는 것은 어리석은 일이다. 우리의 정신적 구조의 중요한 성분이고 인간사회를 만들어내는 중요한 원동력인 그것들을 제거하는 것은 중대한 손실이라 아니할 수 없다. 그것들이 억압되거나 무시되면 그 특정

에너지는 무의식 속으로 사라져 측량할 수 없는 결과를 낳게 된다. 그런 방법으로 사라져버린 것처럼 보이는 심적 에너지는, 그 무의식의 최상위에 있는 것을 무엇이든 ─ 아마도 그것은 지금까지 자기를 표현할 기회를 갖지 못했거나, 혹은 적어도 의식 내에서 무제한의 존재임을 허용받지 못했던 경향이지만 ─ 재생시키거나 강화시키는 데 도움이 된다.

이러한 경향은 우리의 의식적인 마음에 대해 잠재적으로 항상 존재하는 파괴적인 '그림자'를 형성한다. 어떤 상황에서는 좋은 영향을 미칠지도 모르는 경향조차 그것들이 억압되었을 때는 괴물로 변용되고 만다. 이 때문에 많은 선의의 사람들이 무의식을 두려워하고 그에 덧붙여 심리학을 두려워하는 것도 당연한 일이다.

우리의 시대는 지하세계의 문을 여는 일이 무엇을 의미하는지를 예증해 왔다. 금세기 초의 목가적인 평화로움 속에서는 상상도 할 수 없었던 잔혹한 사건이 발생하여 우리의 세계를 전복시켜버렸고, 그 이후로 이 세계는 정신분열증의 상태에 머물러 있다. 문명국인 독일이 그 무서운 미개성을 드러냈을 뿐만 아니라 러시아 또한 미개성에 의해 지배되기에 이르렀고, 아프리카는 불길에 싸여 있다. 따라서 서방세계가 불안을 느끼는 것은 당연한 일이다.

현대인은 그 '합리주의' ─ 누미노우스한 상징이나 관념에 반응하는 인간의 능력을 파괴해 버린 것 ─ 가 어떻게 인간을 심적인 '지하의 세계'가 하는 대로 내맡기게 되었는지 이해하지 못한다. 인간은 '미신'으로부터 해방되었다고 생각하고 있다. 그러나 그 과정에서 인간은 참으로 위험한 상태까지 그 정신적인 가치를 잃어버렸다. 도덕적 혹은 정신적인 전통은 무너졌고, 인간은 이 세계적인 규모의 분열과 분리 때문에 값비싼 대가를 지불하고 있다.

인류학자는 원시사회에서 그 정신적인 가치가 근대문명의 충격에 노출될 경

고대의 신화적인 동물은 이제 박물관의 골동품이 되었다(▼). 그러나 그것들이 표현하고 있는 원형은 인간의 마음에 대한 영향력을 아직 간직하고 있다. 아마 현대 영화에 나오는 괴물(◀)들도 더 이상 억압할 수 없게 된 원형의 왜곡된 모습일 것이다.

우 어떤 일이 생기는가에 대해 자주 언급했다. 미개인들은 자기들의 생활의 의미를 잃고 그 사회조직은 무너지며, 스스로도 도덕적으로 타락하고 만다. 우리는 바야흐로 똑같은 조건하에 있다. 그러나 우리는 실제로는 무엇을 잃었는지 결코 이해하지 못하고 있다. 왜냐하면 우리의 정신적 지도자들은 불행히도 상징이 나타내는 신비성을 이해하기보다는 그들의 조직을 보호하는 일에 더 많은 관심을 기울여왔기 때문이다. 나의 견해로는 신앙은 사고―그것은 인간의 최강의 무기지만―를 배제하는 것은 아니다. 그런데 불행히도 매우 많은 신앙인들이 과학, 즉 심리학을 지나치게 두려워한 나머지 언제나 인간의 운명을 지배해 온 누미노우스한 마음의 힘을 외면하고 있다. 우리는 모든 것으로부터 그 신비성과 누미노우스를 벗겨내고 말았다. 이제 성스러운 것은 어디에도 존재하지 않는다.

예전에는 인간의 마음속에 본능적인 생각이 샘솟고 있었으며, 의식적인 마음은 의심할 것도 없이 그것들을 일관성 있는 마음의 패턴 속에 통합할 수 있었다. 그러나 '문명인'은 이제 이같은 일을 할 수 없게 되고 말았다. 문명인의 '진보된' 의식은 본능이나 무의식으로부터의 보조적인 참여가 동화될 수 있는 방법 그 자체를 버렸다. 이들 동화나 통합의 기관은 일반인들의 한결같은 동의에 의해 성스러운 것으로 인정되고 있던 누미노우스한 상징이었던 것이다.

이를테면 오늘날 우리는 '물질'에 관해 이야기할 때 그 물리적인 성질을 기술하고, 그것이 지닌 어떤 성질을 증명하기 위해 실험실에서 실험을 한다. 그러나 이 '물질'이라는 말은 이제 무미건조하여 비인간적이며 아무런 심리적 의미도 갖지 않는, 전적으로 지적인 개념으로만 남아 있다. 그것은 예전의 물질의 이미지―태모―와는 얼마나 달라진 것인가! 태모는 어머니인 대지의 깊은 정동적인 의미를 포함하며 표현할 수 있는 것이었다. 마찬가지로 일찍이 정신이었던 것은 이제 지능과 동일시되고, 따라서 더 이상 만물의 아버지가 아니게 되었다. 그것은 인간의 한정된 자아의 사고로 퇴보했고, '우리의 아버지'의 이미지로 표명되었던 막대한 정동적 에너지는 지능이라는 사막의 모래 속으로 사라져 버렸다.

이러한 두 개의 원형적인 원리는 동양과 서양의 대조적인 시스템의 기초를 이

상징의 역할 _ 165

억압된 무의식의 내용은 부정적인 감정이라는 형태로 파괴적으로 출현하는 일이 있다. 이를테면 제2차 세계대전에서처럼.
왼쪽 : 1943년, 바르샤바 폭동 후의 유대인들.
오른쪽 : 아우슈비츠에 쌓여 있는 처형당한 사람들의 구두.

른다. 그렇지만 대중과 그 지도자들은 이 세계의 원리를 서양에서 말하듯이 남성이며 아버지(정신)라고 부르거나, 혹은 공산주의자들처럼 여성이며 어머니(물질)라고 부르는 것 사이에 실질적인 차이가 없다는 것을 깨닫지 못하고 있다. 본질적으로 우리는 이 양자에 대해 아는 것이 거의 없다. 예전에는, 이 두 개의 원리는 모든 종류의 의식에서 숭배되어 왔다. 의식은 적어도 이 원리가 인간에 대해 갖는 심리적인 의미를 나타내고 있었다. 그러나 이제 그것들은 단순한 추상적인 개념이 되고 말았다.

과학적인 이해가 발달함에 따라 우리의 세계도 비인간화해 왔다. 인간은 더 이상 자연 속에 감싸여 있지 않으며 자연현상과의 정동적인 '무의식적 동일성'을 잃어버렸기 때문에 그 자신이 우주 속에서 고립되었다고 느끼고 있다. 자연현상은 서서히 상징으로서의 숨은 의미를 상실해 버렸다. 천둥이나 벼락은 더

오스트레일리아의 원주민. 문명과 접촉함으로써 그 종교적인 신앙을 잃게 되었기 때문에 붕괴하고 말았다. 이 종족은 현재 2, 3백 명에 불과하다.

이상 성난 신의 목소리가 아니며, 번개는 그의 복수의 무기가 아니다. 강은 강의 정령을 갖고 있지 않고, 나무는 인간의 생명 원리가 아니며, 뱀은 지혜의 화신이 아니고, 산의 동굴은 괴물의 소굴이 아닌 것이다. 이미 돌도 식물도 동물도 인간에게 속삭이는 일은 없으며, 인간도 들을 수 있으리라 믿고 그것들에게 말을 건네는 일이 없다. 인간과 자연의 교류는 사라진 것이다. 이와 더불어 그 상징적인 결합이 산출하던 깊은 정동적인 에너지도 사라져 버렸다.

이 커다란 손실은 우리의 꿈의 상징에 의해 보상되고 있다. 꿈의 상징은 우리의 근원적인 성질 — 그 본능이나 특이한 생각—을 불러일으킨다. 그러나 불행히도 그것들은 그 내용을 자연의 말로 표현하는데, 그것은 우리에게는 기묘하고 이해하기 어려운 언어다. 그렇기 때문에 우리는 이 자연의 언어를 현대적인 언어의 합리적인 용어와 개념으로 번역하는 과제를 안게 되었다. 현대적인 언어는 원시적인 까다로움 — 특히 그것이 표현하고 있는 상황과의 신비스러운 관계 — 으로부터 벗어나고 말았다. 오늘날 우리가 정령이나 그 밖의 누미노우스한 이미

상징의 역할 _ 167

지에 관해 이야기할 때, 우리는 더 이상 주문을 외워 그것들을 불러내지는 않는다. 일찍이 위력이 있었던 언어로부터의 그 힘과 영광도 고갈되고 말았다. 우리는 마술적인 공식의 힘을 더 이상 믿지 않게 되었다. 그러므로 터부라든가 이와 비슷한 똑같은 금제(禁制)는 별로 남아 있지 않은 것이다. 우리의 세계는 그와 같은 모든 '미신적인' 누미노우스, 이를테면 '마녀, 마법사, 귀신, 도깨비', 그리고 늑대인간이라든가 흡혈귀라든가 초원의 영혼은 말할 것도 없고 원시시대의 숲에 살았던 온갖 요물들을 소독해 버린 것처럼 보인다.

보다 정확히 말한다면, 우리 세계의 표면은 모든 미신적, 혹은 비합리적인 요소를 깨끗이 씻어낸 것처럼 보인다. 그렇지만 인간의 참된 내적 세계 ─ 그것에 관한 우리의 소망충족적인 허구가 아니고 ─ 역시 원시성으로부터 해방되었는지 어떤지는 별개의 문제다. 13이라는 숫자는 많은 사람들에게 아직도 터부로 남아 있는 것은 아닐까? 비합리적인 편견이나 투영, 그리고 유아적인 환상에 사로잡혀 있는 사람들이 아직 많이 있는 것은 아닐까? 인간의 마음의 현실상은 이와 같은 많은 원시적인 경향이나 잔존물을 제시하고 있으며, 그것들은 마치 지난 500년 동안 아무 일도 일어나지 않았던 것처럼 그들의 역할을 계속 담당하고 있다.

이 점을 바르게 인식하는 것은 중요한 일이다. 사실상 현대인은 인류의 정신 발달 과정의 오랜 세월에 걸쳐 습득된 갖가지 특성이 이상하게 혼합된 실체다. 이런 혼합물이 우리가 다루고자 하는 인간과 그 상징이며, 우리는 그 정신적인 산출물을 주의깊게 세밀히 검사하지 않으면 안 된다. 회의성(懷疑性)이나 과학적인 확신이, 낡아빠진 편견, 구시대적인 사고나 감정의 습관, 완고한 오해, 무지함 등과 함께 인간 속에 공존한다.

이것이 우리 심리학자가 연구하는, 상징을 산출하는 현대 인간의 모습이다.

고대 중국에서는 달을 관음보살과 연관지어 생각했다(▲). 다른 사회에서도 달을 신으로 인격화하고 있다. 비록 현대과학은 달이 분화구가 있는 흙덩어리에 지나지 않는다는 것을 보여주고 있지만(▶), 달에서 사랑이나 로맨스를 곧잘 연상한다는 점에서 우리는 어느 정도의 원형적인 태도를 유지하고 있다.

이것들의 상징이나 그 의미를 설명하기 위해서는 그 표상이 참으로 순수하게 개인적인 체험에 관련된 것인지, 혹은 일반적·의식적인 지식의 축적물 중 특별한

상징의 역할 _ 169

목적을 위해 꿈에 의해 선정된 것인지를 아는 것이 필수적이다.

이를테면 13이란 숫자가 나타나는 꿈을 예로 든다면, 꿈을 꾼 사람 자신이 13이라는 숫자의 불행한 성질을 습관적으로 믿고 있는지, 혹은 그 꿈이 그같은 미신을 아직도 믿고 있는 사람에 대한 비웃음인지를 아는 것이 문제다. 그 대답에 따라 해석에 커다란 차이가 생기게 된다. 전자의 경우에는 그 사람이 아직도 불행한 13이라는 저주 아래 있고, 따라서 호텔에서의 13호실이라든가 13명의 사람이 테이블에 함께 앉는 것을 매우 불쾌하게 느낀다는 사실을 고려하지 않으면 안 된다. 후자의 경우 13은 한낱 예의에 어긋난, 악의가 깃들인 말 이상의 다른 뜻은 없을 것이다. 꿈을 꾼 사람이 '미신적'이라면 아직도 13의 '저주'를 느낄 것이고, 보다 '합리적인' 사람이라면 그는 애당초 있었던 정서적인 색조를 13으로부터 제거해 버릴 것이다.

이러한 논의는 실제의 경험 속에서 원형이 어떤 방법으로 생길 것인가를 동시에 보여주고 있다. 원형은 이미지고 정동이다. 따라서 그 양자가 동시에 존재할 때만 원형이라고 할 수 있다. 단순한 이미지일 경우에는, 그것은 한낱 그림문자에 불과할 뿐 아무 결과도 가져다주지 않는다. 그러나 정동이 그 임무를 다할 때 그 이미지는 누미노우스―혹은 심적 에너지―를 획득한다. 따라서 그것은 역동적(力動的)인 것이 되고, 거기서 어떤 결과가 생겨날 것이 틀림없다.

원형의 관념을 파악하는 일이 곤란하다는 것을 나는 알고 있다. 그것은 그 본래의 성질로 볼 때 정확하게 정의하기 불가능하게 하는 무엇인가를, 나는 단어를 사용해서 기술하고자 하기 때문이다. 그러나 매우 많은 사람들이 원형을 마치 기계적인 방법으로 알 수 있다고 생각하기 쉽기 때문에, 내가 여기서 원형이 단순한 명칭이나 철학적 개념이 아니라는 점을 강조하는 것은 중요한 일이다. 원형은 생명 그 자체의 일부―정동이라는 다리〔橋〕에 의해 살아 있는 개체에 통일적으로 결합되어 있는 이미지—인 것이다. 이 때문에 어느 원형에 대해서도 임의의 혹은 일반적인 해석을 부여하는 일은 불가능하다. 원형은 그것과 관련되어 있는 특정한 개인의 모든 생활상태에서 제시되는 양식에 의해 설명되지 않으면 안 된다.

그러므로 신앙심 깊은 기독교도의 경우 십자가의 상징은 기독교의 문맥을 좇아서만 해석될 수 있다—하기야 꿈이 십자가의 상징을 초월하여 보여주는 것처럼 강력한 이유를 나타내고 있는 경우에는 별개 문제지만 말이다. 그렇지만 그런 경우라 하더라도 특수한 기독교적인 의미는 마음에 새겨두고 있어야 할 것이다. 그러나 모든 때, 모든 조건 아래서 십자가의 상징이 같은 의미라고 할 수는 없다. 만일 그렇다고 한다면 십자가가 갖는 누미노우스는 제거되어 그 생명력을 잃고 한낱 평범한 말이 되고 말 것이다.

원형이 갖는 특수한 감정의 색조를 모르는 사람은 그것을 신화적인 개념의 집합에 불과하다고 생각해 버릴 것이다. 그 집합은, 모든 것은 어떤 의미를 갖는다—혹은 아무것도 의미하지 않는다—는 점을 나타내기 위해 연결시킬 수는 있을 것이다. 이 세상의 모든 인간의 시체는 화학적으로는 같은 것이다. 그러나 살아 있는 개개인은 동일하지 않다. 원형이라는 것은 어떤 이유로 혹은 어떤 방법으로 그것이 살아 있는 개인에게 의미를 갖는가를 참을성 있게 발견하고자 할 때만 비로소 생명을 갖게 된다.

그것이 무엇을 의미하는지 모르고 단순히 말을 사용하는 것은 쓸데없는 짓이다. 이것은 특히 심리학의 경우 진실이다. 심리학에서는 애니머라든가 애니무스라든가 현자라든가 태모 등과 같은 원형에 대해서 이야기한다. 성인, 현인, 예언자 및 그 밖의 신과 같은 사람, 나아가서는 세계의 모든 태모에 대해 완전히 알 수는 있다. 그러나 그것들이 한낱 이미지에 지나지 않고 그 누미노우스를 체험한 일이 없는 경우에는 마치 꿈속에서 이야기하고 있는 것처럼 되고, 무엇에 관해 이야기하고 있는지 모르게 되어 버린다. 그것들의 누미노우스— 살아 있는 개체에 대한 그것들의 관계 —를 고려할 경우에만 원형은 생명력과 의미를 갖게 된다. 그때 비로소 원형의 이름이 의미하는 바는 아무래도 좋은 것이며, 중요한 것은 원형이 개인에게 어떻게 관계하는가 하는 일임을 알게 될 것이다.

그러므로 꿈의 상징을 만들어내는 기능은 인간의 근원적인 마음을 '보다 진보된' 혹은 보다 분화된 의식 속으로 가져다주고자 하는 시도다. 그 근원적인 마음은 의식 속에 일찍이 들어온 적이 없었으며, 따라서 비판적인 자기반성에 의해 노출되었던 적도 없었다. 왜냐하면 먼 과거의 경우 그 근원적인 마음은 인간 인격의 전체였기 때문이다. 인간이 의식을 발전시킴에 따라 의식적인 마음은 이 원시적인 마음의 에너지와의 접촉을 잃게 되었다. 그리고 의식은 근원적인 마음에 대해서는 모른다. 왜냐하면 그것을 인지할 수 있는 유일한 것이었던 매우 분화된 의식의 발전 과정에서 근원적인 마음은 내던져지고 말았기 때문이다.

그렇지만 우리가 무의식이라고 부르는 것은 근원적인 마음의 일부를 형성하는 원시적인 특성을 보존하고 있는 것처럼 생각된다. 꿈의 상징이 관련을 갖는 것은 언제나 이와 같은 특성이며, 무의식은 마음이 발전함에 따라 떨어져나간 모든 고대의 사항들— 환각, 공상, 고대적인 사고형태, 기본적인 본능 등 —을 되찾기 위해 탐구하고 있는 것처럼 보인다.

이 점은 사람들이 무의식적인 사항에 접근할 때 곧잘 저항이나 때로는 공포마저도 경험하는 것을 설명해 준다. 이런 잔존물의 내용은 단지 중성적인 것, 혹은 아무래도 좋다는 식의 것은 아니다. 오히려 그것들은 많은 에너지를 가지고 있으므로, 자주 단순한 불쾌감 이상의 것으로 변한다. 그것들은 진정한 공포를 불러일으키는 요인이 될 수도 있다. 억압하면 할수록 그것들은 전인격 속에 신경

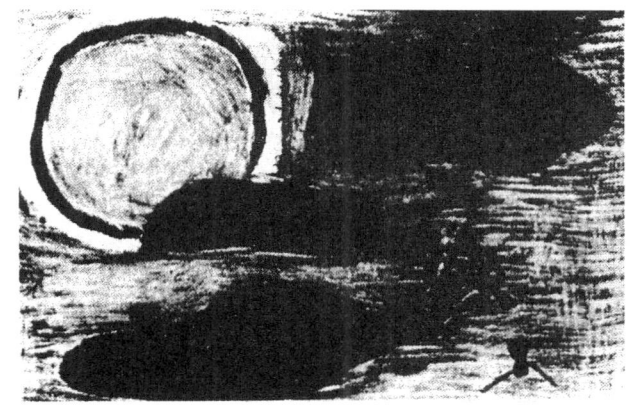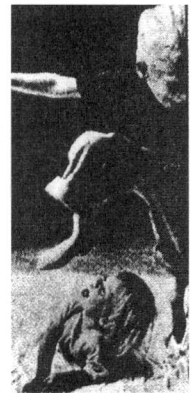

왼쪽 : 어린아이의 무의식 속에서 원형적인 상징의 힘을 볼 수 있다 7세 아이의 그림—거대한 태양이 밤의 세계의 괴물, 즉 검은 새를 쫓고 있다—은 진짜 신화의 느낌마저 풍긴다.
오른쪽 : 어린아이들은 노는 중에 자연스럽게 춤을 추기 시작하는데, 그것은 미개인의 의식의 춤처럼 자연스러운 자기표현의 형태가 된다.

증이라는 형태를 취하여 더욱 퍼져나간다.

잔존물에 그러한 중요성을 부여하는 것이 이 심적 에너지다. 그것은 마치 무의식의 상태를 경험한 사람이 자기 기억 속에 공백이 있다는 것—생각해 낼 수 없는 중요한 사항이 일어났다는 것—을 갑자기 인식하게 되는 것과 같다. 마음이란 전적으로 개인적인 사항(이것은 일반적으로 가정되는 것이긴 하지만)이라고 생각하는 한 그 사람은 명백히 잃어버린 유아기의 기억들을 회복하고자 노력할 것이다. 그러나 그의 유아기의 기억의 빈틈이라는 것은 좀더 큰 손실—원시적인 마음의 상실—의 징후에 불과하다.

태아의 발달 과정이 유사 이전의 상태를 반복하듯이 마음도 또한 일련의 유사 이전의 단계를 거쳐 발전한다. 꿈의 주된 임무는 유아기의 세계뿐만 아니라 가장 원시적인 본능의 수준까지 내려가 일종의 유사 이전의 '회상'을 되살려내는 것이다. 이와 같은 회상은 어떤 종류의 사례에서는 프로이트가 훨씬 이전에 인정했던 것처럼 두드러진 치유적 효과를 가져온다. 이 관찰은, 유아기의 기억의 공백(이른바 건망증)은 중대한 손실을 나타내는 것이고, 그 회복은 생명과 행복의 증가를 가져다준다는 견해를 확증하는 것이다.

어린아이는 신체가 작고 그 의식적인 사고도 빈곤하며 단순하기 때문에, 우리는 유아의 마음이 기본적으로 유사 이전의 마음과 근원적인 동일성을 가지고 있으며 굉장히 복잡하다는 사실을 모르고 있다. 그 '근원적인 마음'은 인간의 여러 진화단계가 태아의 신체 내부에 있는 것과 마찬가지로 유아 속에 그 상당 부분이 남아 지금도 활동하고 있다. 앞에서 내가 제시한 것처럼 자기의 꿈을 선물로서 아버지에게 준 어린아이의 기이한 꿈을 기억한다면, 독자들은 내가 말하는 바가 무슨 뜻인지를 잘 알 수 있을 것이다.

유아기의 건망증에서 기묘한 신화적인 조각을 발견할 수 있는 것처럼, 그것은 또한 후에 정신병 속에서도 자주 보게 된다. 이런 종류의 이미지는 매우 누미노우스하며, 따라서 매우 중요한 것이다. 성인의 경우 그와 같은 회상이 재현된다

고대의 민화는 어린아이들의 '의식' 신앙 속에 아직도 존재한다. 이를테면 영국(그리고 다른 나라에서도)의 어린아이들은 백마를 보는 것을 행운이라고 믿는다―백마는 생명의 상징으로서 잘 알려져 있다. 켈트인의 창조의 여신 에포나는 말을 탄 모습으로 표현되고, 종종 흰 암말로 나타난다.

면, 어떤 경우에는 무거운 심리적인 장애를 불러일으키며, 또한 다른 사람에게는 기적적인 치유나 종교적인 회심을 불러일으킬 수도 있다. 그것들은 종종 오랫동안 상실되었던 생명력을 가져다주고, 인간의 생활에 목적을 주며, 또한 그것을 풍부하게 해준다.

유아기의 기억의 회상이나 마음의 활동의 원형적인 자세의 재현은 — 상실한 것과 다시 얻은 내용들을 의식에 동화시켜 통합하는 데 성공한 경우에는 — 의식의 보다 큰 지평(地平)과 확장을 만들어낼 수 있다. 그것들은 중성적인 것은 아니므로 그들 자신이 어떤 변화를 따르지 않으면 안 되듯이, 그 동화는 인격을 변화시키게 될 것이다. '개성화의 과정'이라고 불리는 이 부분(그 문제에 대해서는 M. L. 프란츠 박사가 이 책의 뒷장에서 풀이한다)에서 상징의 해석이 중요한 실제적 역할을 차지하는 것이다. 왜냐하면 상징이라는 것은 다음속에서의 대립을 조화시키고 재통합하는 자연의 시도이기 때문이다.

물론 상징을 다만 보기만 할 뿐 나중에는 무시해 버린다면 그와 같은 효과는 얻을 수 없다. 단지 오랜 신경증의 조건을 재현시키는 데 지나지 않고 통합을 위한 시도를 파괴하는 일이 될 것이다. 그러나 불행히도 원형의 존재 그 자체를 거부하지는 않는 소수의 사람들도 거의 한결같이 원형을 단순한 말로서 취급하고, 그 살아 있는 현실성을 망각하고 있다. 이리하여 그것들의 누미노우스가 (부당하게도) 추방되었을 때 한정없는 변환의 과정이 시작된다. 바꾸어 말하면, 원형에서 원형으로 옮겨지고 모든 것은 모든 것을 의미하는 식이 되는 것이다. 물론 원형의 형태는 어느 정도 교환이 가능한 것이기는 하지만, 그 누미노우스는 하나의 사실이고 또한 사실인 채로 남아 있으면서 원형적인 사상(事象)의 가치를 나타낸다.

이런 정동적인 가치는 마음에 간직하고 꿈을 해석하는 지적인 전과정을 통해 고려하지 않으면 안 된다. 사고와 감정은 지나치게 대립적이고, 사고하는 일은 자동적으로 감정의 가치를 던져버리거나 그 반대도 또한 성립하기 때문에 이같은 정동적 가치는 매우 상실되기 쉽다. 심리학은 가치(즉 감정)의 요소를 고려해야만 하는 유일한 과학이다. 왜냐하면 감정은 마음의 현상과 생명을 연결하는 것이기 때둔이다. 이 점에 관해 심리학은 자주 과학적이 아니라는 비난을 받는데, 그런 비난은 감정에 대해 적절히 고려하지 않으면 안 된다는 과학적·실제적인 필요성을 이해하지 못하는 데서 생기는 것이다.

단절의 치유

 우리의 지능은 자연을 지배하는 새로운 세계를 만들어냈고, 그 신세계에 거대한 기계를 대량으로 투입했다.
 그 세계는 의심할 것도 없이 아주 유익한 것이므로, 우리는 기계를 버린다든가 혹은 기계에 우리가 예속되어 버릴지도 모른다는 가능성을 생각조차 하지 않는다. 인간은 과학적·발명적인 정신의 모험에 가득 찬 선동을 따라가거나, 혹은 자기가 이룩한 훌륭한 업적을 찬미하지 않을 수가 없다. 이와 마찬가지로 인간의 천재성은 전보다 한층 위험스러운 발명을 하는 가공할 경향을 보이고 있다. 왜냐하면 그것은 대규모적인 자살의 브다 뛰어난 수단을 제시하고 있기 때문이다.
 이와 더불어 세계 인구의 급격한 증가를 보고 인간은 이미 그와 같은 증가를 억제할 방법이나 수단을 찾기 시작했다. 그러나 자연은 인간 자신의 창조력을 인간에게 되돌려보내는 시도를 예기하고 있을지도 모른다. 이를테면 수소폭탄이 인구증가를 효과적으로 제지할 수도 있는 것이다. 자연에 대한 우리의 자랑스러운 지배에도 불구하고 우리는 여전히 자연의 희생자다. 왜냐하면 우리는 자기 자신의 성질(nature)을 제어하는 법을 배우지 못했기 때문이다. 느리기는 하지만 우리가 재난을 자초하고 있음은 피할 수 없는 사실이다.
 우리가 도움을 청하며 기도할 수 있는 신은 이미 존재하지 않는다. 세계의 위대한 종교는 빈혈증에 걸려 있다. 왜냐하면 도움이 되는 힘은 숲과 강과 산과 동물로부터 달아나고 신=사람은 무의식의 지하세계로 사라져 버렸기 때문이다.

위 : 20세기 최대의 도시인 뉴욕.
아래 : 다른 한 도시의 최후, 즉 1945년의 히로시마. 인간은 자연을 지배하고 있는 것처럼 보이지만, 아직 자기 자신의 본성은 지배하에 두지 못했다는 점을 융은 지적하고 있다.

그리하여 우리는 종교를, 그것이 과거의 유물에 파묻힌 부끄러운 생활로 이끄는 것이라 하여 무시하고 있다. 우리의 현재의 삶은 이성의 여신에 의해 지배되고, 그것은 우리에게 최악의 비극적인 환상이다. 이성의 도움을 받아 우리는 '자연을 정복'했다고 믿는 것이다.

그러나 그것은 한낱 구호에 지나지 않는다. 왜냐하면 이른바 자연의 정복은 인구의 과잉이라는 자연현상에 의해 우리를 압도하고, 게다가 이에 필요한 정치적 조절에 대한 우리의 심리적 무능력에 의해 더욱 곤란을 가중시키고 있다. 인간이 남보다 월등한 존재가 되기 위해 투쟁하고 경쟁하는 것은 당연한 일로 여겨지고 있다. 그렇다면 우리는 어떻게 '자연을 정복했다'는 것일까?

어떤 변화가 어디에서든 생겨야만 한다면, 그것은 실제로 각 개인에 의해 시작되지 않으면 안 된다. 우리 중 어느 한 사람으로부터 시작되어도 좋은 것이다. 누구도 자기 자신이 싫은 일을, 누군가 타인이 할 것이라고 주위를 둘러보며 기다릴 수는 없다. 그러나 누구도 무엇을 해야 할 것인지 알지 못하므로, 각자의 무의식이 우리에게 무엇인가 도움이 되는 일을 알고 있는지 어떤지에 관해 물어보는 것은 가치 있는 일일 것이다. 확실히 의식적인 마음은 이 점에 관해서 유용한 일은 아무것도 할 수 없는 것 같다. 오늘날 인간은 유감스럽게도 그 위대한 종교나 갖가지 철학이 세계의 현재 상황에 직면하는 데 필요한 안정성을 주고 격려해 주는 힘찬 관념을 제공할 수 없다는 사실을 알고 있다.

나는 이 경우 불교도들이 어떻게 말할 것인지 알고 있다. 즉 그들은 사람들이 불법의 '팔정도(八正道)'에 따른다면, 그리하여 자아에 대한 참된 통찰을 얻는다면 매사는 잘될 것이라고 말할 것이다. 또한 기독교도들은 사람들이 하느님을 믿기만 하면 우리는 보다 나은 세계를 갖게 될 것이라고 말한다. 합리주의자는 사람들이 지적이고 합리적이라면 우리의 문제는 모두 해결될 것이라고 주장한다. 그러나 문제는 그들 중 어느 누구도 문제를 자기 자신의 힘으로 해결하려고 하지 않는다는 점이다.

기독교도들은 이전에는 하느님이 그들에게 말을 해주었다고 믿었으므로, 지금은 왜 하느님이 그렇게 하지 않는가를 자주 문제로 삼는다. 이와 같은 의문이 제기될 때면 나는 언제나 한 랍비의 이야기가 생각난다. 옛날에는 신이 사람들 앞에 자주 모습을 나타냈는데 지금은 그 누구도 신을 볼 수 없는 이유가 무엇이냐는 질문을 받고, 그는 이렇게 대답했던 것이다. "오늘날에는 이미 누구도 충분히 머리를 숙여 예배하는 사람이 없기 때문이다."

이 대답은 정곡을 찌르고 있다. 우리는 너무나도 주관적인 의식의 세계에 사로잡히고 휩쓸려, 신은 주로 꿈이나 비전(환상)을 통해 이야기한다는 예로부터의 진리를 잊어버렸던 것이다. 불교도는 무의식적인 공상을 쓸모없는 환상으로 무시하며, 기독교도는 교회와 성서를 그 자신과 자신의 무의식 사이에 던져버리고 있다. 그리하여 합리적이고 지적인 사람은 자기의 의식이 마음의 전체가 아니라는 점을 아직까지도 모르고 있다. 무의식이라는 것이 어떤 심리학적 연구에도 없어서는 안 되는 기본적인 과학개념이 된 지 70년이나 지났음에도 불구하고, 그러한 무지는 현재까지도 존재하고 있다.

우리는 이미 자기 자신을 자연현상의 유익함이나 해로움에 관한 판단자로 삼을 만큼 전지전능한 신과 같은 존재일 수는 없다. 우리는 유익한 식물과 무익한 식물이라는 고전적인 분류에 의거하여 식물학을 구축하려 하지 않으며, 또한 무해한 동물과 유해한 동물을 분류하는 소박한 구분법을 토대로 하여 동물학을 구축하려고도 하지 않는다. 우리는 아직도 의식은 의미가 있고 무의식은 의미가 없다고 추론하는 일에 만족하고 있는데, 과학의 경우 그것은 일소에 부쳐야만 하는 가정이다. 이를테면 미생물은 의미가 있는가 없는가 하는 것과 마찬가지로.

　무의식이 무엇이든 그것은 상징을 산출하는 하나의 자연현상이며, 상징이 의미를 갖는다는 것은 알고 있다. 우리는 현미경을 통해 물체를 본 적이 없는 사람을 미생물의 권위자로서 기대할 수는 없다. 이와 마찬가지로 자연의 상징을 성실히 연구해 본 적이 없는 사람을 이 점에 관한 유능한 판단자라고 생각할 수는 없는 것이다. 그러나 인간의 영혼은 지나치게 과소평가되고 있는 까닭에 위대한 종교나 철학이나 과학적인 합리주의는 그것을 두 번 다시 보려고 하지 않는다.

　가톨릭교회는 신이 보내준 꿈(somnia a Deo missa)의 발생을 인정하고 있다는 사실에도 불구하고 가톨릭의 대부분의 사상가들은 꿈을 이해하고자 하는 진지한 시도를 하지 않는다. 프로테스탄트의 논의나 교의에서 신의 목소리(vox Dei)가 꿈속에서 인지될 수 있다는 가능성을 허용하리단큼 몸을 낮게 굽히는 자가 있는지 의심스럽다. 그러나 신학자가 신의 존재를 정말로 믿고 있다면, 그는 어떤 권위로 신은 꿈을 통해 이야기할 수 없다는 식의 시사를 할 수 있는가.

　나는 자연의 상징에 관한 연구에 반세기 이상을 소비해 왔다. 그리하여 꿈과 그 상징은 우스꽝스러운 것도 무의미한 것도 아니라는 결론에 도달했다. 오히려 꿈은 그 상징을 이해하고자 노력하는 자에게는 가장 흥미로운 정보를 주는 것이다. 그 결과가 이 세상 사람들이 매우 큰 관심을 갖고 있는 실업(實業)과 거의 무관한 것임은 사실이다. 그러나 인생의 의미는 실업상의 생활에 의해 모두 설명되는 것은 아니며, 인간의 마음의 깊은 욕망이 은행의 계산에 의해 해결될 수 있는 것도 아니다.

　이용할 수 있는 모든 에너지가 자연의 탐구에 소비되고 있는 인류사의 한 시기에 인간의 본질에 관해서는 거의 주의가 기울여지지 않고 있다. 많은 연구가

〈책을 펼친 철학자〉(렘브란트 작).
내적 세계를 바라보고 있는 노인은, 우리 각자는 자신의 무의식을 탐구하지 않으면 안 된다는 융의 확신에 대해 하나의 이미지를 제공한다(▼). 무의식을 무시해서는 안 된다. 그것은 수많은 별처럼 자연스럽고 끝이 없으며 힘찬 것이다(◀).

그 의식적인 활동에서 이루어지고는 있지만, 인간의 본질은 그 마음인 것이다. 그러나 인간의 마음의 참으로 복잡하고 알려져 있지 않은 부분은, 그곳으로부터 상징이 산출되는 것이지만 사실상 아직 탐구되고 있지 않다. 그것으로부터 매일 밤 신호를 받고 있으면서도, 그와 같은 커뮤니케이션을 해독하는 것은 너무나도 지루하기 때문에 극소수를 제외하고는 그런 일에 마음을 두는 사람이 없다는 사실은 거의 믿기 어려울 정도이다. 인간의 최대의 장치인 마음은 자주, 전혀 신뢰를 받지 못하며 경멸의 대상이 되고 있다. '그것은 단지 심리적인 것에 불과하다'고 하는 것은 종종 '그것은 아무것도 아니다' 라는 것을 의미한다.

도대체 이와 같은 강력한 편견은 어디에서 오는 것일까? 우리는 명백히 우리가 생각하고 있는 문제에 지나치게 신경을 쓰기 때문에 무의식이 우리에 관해 생각하는 바를 묻는 것을 까맣게 잊어버리고 있다. 프로이트의 생각은, 많은 사람이 마음에 대하여 본래 갖고 있던 경멸을 확고한 것으로 만들어버렸다. 프로이트 이전에는 마음은 단지 간과되고 무시되어 왔을 뿐이지만, 이제 그것은 도덕적인 거부의 쓰레기장이 되고 말았다.

이런 현대의 관점은 분명 일방적이고 부당한 것이다. 그것은 이미 알려진 것과도 일치되지 않는다. 무의식에 대한 우리의 실제 지식에 의하면, 그것은 자연 현상이고 또한 자연 그 자체와 마찬가지로 적어도 중성적인 것이다. 무의식은 인간이 가진 성질의 모든 측면 ― 즉 빛과 어둠, 아름다움과 추함, 선과 악, 심오함과 어리석음 ― 을 포함하고 있다. 집단적인 면뿐만 아니라 개인적인 면에서도 상징에 관한 연구는 엄청난 작업이며, 그것은 아직 달성되지 않았다. 그러나 마침내 그 작업이 시작되었다. 초기의 결과는 희망을 갖게 하는 것이고, 그것들은 현재의 인류에게 지금까지 해결할 수 없었던 많은 의문에 대한 해답을 제시해 줄 것 같다.

고대 신화와 현대인 II

조지프 L. 헨더슨

영원의 상징

오늘날 고대 사람들로부터 전해진 상징적인 이미지나 신화 속에서 인류의 고대사가 재발견되고 있음은 의미 깊은 일이다. 우리는 고고학자들의 과거에 대한 깊은 연구를 통해, 역사가 된 시대의 사건이 아니라 오랜 신앙에 관해 말해 주고 있는 조각이나 디자인이나 신전이나 말에 마음을 빼앗기게 된다. 그 밖의 다른 상징들도, 이와 같은 신앙을 현대인에게 이해되기 쉬운 개념으로 번역하는 역사가들에 의해 명백해지고 있다. 그리고 다음에는 문화인류학자에 의해 그것에 생명이 부여된다. 문화인류학자들은 이와 똑같은 상징적 패턴이, 문명이 미치지 않는 곳에서 몇 세기 동안이나 변하지 않은 채 오늘날까지 생활해 온 작은 종족사회에 의식이나 신화로서 존재함을 보여줄 수 있다.

이런 모든 탐구는 현대인의 독선적인 태도를 고치는 데 큰 도움이 되었다. 현대인은 그와 같은 상징이 고대인들이나 현대에 외따로 남겨진 종족에게만 의미가 있는 것으로서, 복잡한 현대생활에는 부적당하다고 생각한다. 런던이나 뉴욕에서는 이미 고대의 미신이 되어 버린 석기시대의 풍요의식은 거행되지 않는다. 만일 누군가가 '환영'을 보았다든가 '목소리'를 들었다고 주장한다 하더라도 이미 그는 성자나 신의 계시를 중개하는 자로 취급되지는 않으며, 오히려 그 정신이 병들었다고 말할 것이다. 우리는 고대 그리스인의 신화나 미국 인디언의 민

뉴아일랜드 제도(뉴기니)에서 쓰는 의식용 가면.

화를 읽지만, 그것들이 오늘날의 극적인 사건이나 '영웅'과 어떤 관계가 있는지는 알 수 없다.

그러나 거기에 어떤 연관성이 있는 것만은 사실이다. 그것들을 표현하는 상징은 아직 인류에 대한 관련성을 잃지는 않고 있다.

그런 영원의 상징을 이해하고 재평가하기 위한 현대의 주요한 공헌의 하나로서 융 박사의 분석심리학파가 이룩한 것이 있다. 그것은 상징을 일상생활의 자연스러운 일부분으로 보고 있는 원시인과, 아무런 의미도 없는 시시한 것으로 보고 있는 현대인을 가로막는 독선적인 구별을 타파하는 데 도움이 되었다.

융 박사가 이 책의 앞부분에서 지적한 바와 마찬가지로, 인간의 마음은 그 자체의 역사를 가지고 있으며, 그 마음은 발달의 초기단계에서부터 무수한 발자취를 남긴다. 그리고 무의식의 내용은 마음의 형성에 그 이상의 영향을 미친다. 의식적으로는 그런 영향을 무시할 수 있을지 모르지만, 무의식적으로는—꿈을 포함해서—무의식이 자기 자신을 표현하고 있는 상징적인 형식에 반응하게 되는 것이다.

개개의 인간은 자기 꿈을 자연발생적이고 맥락이 없는 것으로 생각할지도 모른다. 그러나 분석가는 오랜 기간을 지나는 동안 환자의 일련의 꿈의 이미지를 관찰함으로써 그것들이 의미 깊은 양상을 띠고 있다는 점을 깨닫게 될 것이다. 이것을 이해함으로써 환자는 마침내 인생에 대하여 새로운 자세를 취하게 된다. 그런 꿈의 상징의 일부는 융 박사가 '보편적 무의식'이라 부르는 것으로부터 파생되었는데, 그것은 인류가 공통된 심리적 유산으로 지니고 전달해 온 '마음'의 일부이다. 이런 상징은 현대인에게는 너무 오래되고 낯선 것이기 때문에 직접적으로는 이해되기 어렵고 소화시키지 못한다.

바로 이 점이 분석가가 도움을 줄 수 있는 부분이다. 환자는 이미 진부해지고

20세기풍의 형식을 취하는 고대의 상징적 의식. 1962년에 지구궤도를 여행한 뒤 워싱턴을 행진하고 있는 미국의 우주 비행사 존 글렌—승리 후 개선행진을 벌이며 귀향길에 오르는 고대의 영웅과 같다.

부적당해진 과거의 상징으로부터 해방되거나, 또는 오래 전에 사멸해 버렸지만 지금 현대적인 형태로 재생되려고 하는 낡은 상징의 숨겨진 가치를 발견할 수 있도록 도움을 받지 않으면 안 된다.

 분석가는 환자에게 나타나는 상징의 의미를 실제로 탐구하기 전에 상징의 기원이나 의의에 대해 넓은 지식을 가지고 있지 않으면 안 된다. 왜냐하면 현대의 환자가 꾸는 갖가지 꿈속에 나타나는 이야기와 고대 신화의 유사점은 결코 사소하거나 우연한 것은 아니기 때문이다. 그와 같은 유사점이 존재하는 이유는, 현대인의 무의식의 마음에는 아직도 일찍이 원시인이 그 신앙이나 의식 속에서 표현했던 상징의 형성 능력이 있기 때문이다. 그리고 이런 능력은 지금까지 심적으로 몹시 중요한 역할을 하고 있다. 우리는 상징에 의해 전해지는 메시지에 자신이 인식하는 이상으로 의존하고 있으며, 우리의 태도나 행동도 그것에 깊은 영향을 받는다.

 이를테면 전쟁 중에는 호메로스나 셰익스피어나 톨스토이의 작품이 아주 많

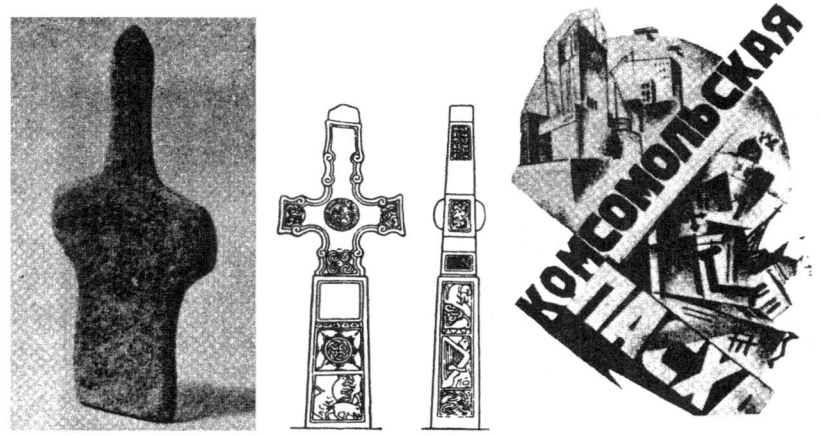

왼쪽 : 그리스의 풍요의 여신상(기원전 2500년)으로서, 십자가 형태를 이루고 있다.
가운데 : 12세기 스코틀랜드의 석조 십자가(측면과 정면)로서, 이교도적인 여성의 자취―가로대에 '유방'이 있다―가 남아 있다.
오른쪽 : 새로운 모습으로 재생한 또 하나의 고대 원형으로, 기독교의 부활절에 대체된 '무신론적' 축제를 위한 소비에트의 포스터. 기독교의 부활절이 고대의 이교적인 동계(冬季) 의식과 중복되어 만들어진 것과 같다.

이 읽히는데, 그것은 전쟁에 영속적인(즉 원형적인) 의미를 주는 이런 작품을 새로운 시각에서 보게 되기 때문이다. 이 책들은 전쟁에 대해 격렬한 감정적 체험을 한 일이 없는 사람들보다는 우리에게 더욱 깊고 강한 반응을 불러일으킨다. 트로이의 평원의 전투는 아쟁쿠르(Agincourt)나 보로디노(Borodino)의 전투와는 양상이 전혀 다르긴 했지만, 위대한 작가들은 시대나 장소의 차이를 초월하여 이 세계적인 테마를 실현할 수 있었다. 그것들이 근본적으로 상징적이기에 우리는 반응하는 것이다.

 기독교의 세계에서 성장한 자라면 누구라도 이보다 더 뚜렷한 예를 알고 있을 것이다. 비록 그리스도의 동정녀 탄생의 교리를 믿지 않고 좀더 이성적인 종류의 신앙을 갖고 있다 하더라도, 크리스마스에는 반신적(半神的)인 성스러운 아

▲ 거리의 파괴를 묘사한 13세기 일본의 그림 족자.
◀ 제2차 세계대전 중 불길과 연기에 휩싸여 있는 성바오로 성당. 세월의 흐름에 따라 전쟁의 수단은 바뀌었지만, 전쟁의 감정적인 충격은 영원하고 원형적이다.

기의 신화적 탄생에 대해 내면의 감정을 표현할 수 있다. 자기도 모르는 사이에 재생의 상징주의에 빠져들고 있는 것이다. 이것은 헤아릴 수 없을 만큼 오래된 동지(冬至) 축제의 자취로서 퇴색해 가는 북반구의 겨울 풍경이 앞으로는 생기를 되찾을 것이라는 희망을 내포하고 있다. 아무리 점잖은 척해도 우리는 모두 부활절의 달걀이나 토끼를 안고 노는 즐거운 의식을 어린아이들과 함께 흥겨워 하듯이, 이 상징적인 축제에 만족을 느끼는 것이다.

그러나 우리는 과연 자기가 하고 있는 일을 이해하는 것일까? 부활절의 민속적인 상징성과 그리스도의 탄생 및 죽음, 그리고 부활의 이야기 사이의 관련성을 깨닫고 있는 것일까? 우리는 흔히 이런 것을 지적으로 생각하려고 하지는 않는다.

그러나 이것들은 서로 관련이 있다. 성금요일 그리스도의 십자가의 죽음은 얼핏 보기에도 오시리스(Osiris ; 이집트의 신. 명부의 왕으르 죽은 자를 심판함), 탐무즈(Tammuz ; 고대 메소포타미아의 곡물신, 죽음과 부활의 신), 오르페우스(Orpheus ; 고대 그리스의 전설적 시인이며 음악가), 발데르(Balder ; 북유럽 신화에 나오는 빛의 신)와 같은 다른 '구원자'의 의례에서 볼 수 있는 풍요의 상징성과 같은 양상에 속하는 것임을 알 수 있다. 이런 구원자들도 또한 성스러운 혹은 반쯤 성스러운 탄생을 했으며, 번영했다가 살해되고 다시 살아난다. 즉 그들은 윤회적인 종교에 속한다. 거기서는 신 = 왕의 죽음과 부활이 영원히 반복되는 신화인 것이다.

그러나 부활주일의 그리스도 부활은 제의적(祭儀的)인 관점으로 본다면 윤회적 종교의 상징보다 훨씬 불만족스러운 것이다. 왜냐하면 그리스도는 승천하여 아버지인 하느님의 오른쪽에 앉았기 때문이다. 즉 그의 부활은 단 한 번만 일어난 것이다.

기독교를 다른 신 = 왕의 신화와 구별하는 것은, 이 부활이라고 하는 기독교적 개념의 종국성(終局性)에 있다(최후의 심판에 관한 기독교의 사상도 마찬가지로 '완결된' 테마를 갖는다). 그것은 단 한 번 일어났으며, 의식은 단지 그것을 기념

그리스도의 탄생

승천. 그리스도의 탄생과 죽음, 그리고 부활은 많은 고대 영웅신화의 양식과 비슷하다— 이 양식은 영국의 스톤헨지(Stonehenge ; 거석주군(巨石柱群))에서 3천 년 전에 행해졌다고 추정되는 계절적인 풍요의식에서 비롯되었다.

◀ 책형

하지 새벽의 스톤헨지

할 뿐이다. 그러나 어쩌면 이 종국성에 관한 사고방식이 기독교 이전 전통의 영향을 아직도 가지고 있던 초기 그리스도교도에게, 기독교를 더욱 오랜 풍요의 제의로 보충할 필요가 있다고 느끼게 만든 이유가 아닐까? 그들에게는 부활이 반복해서 일어난다고 하는 약속이 필요했었다. 그리하여 그것이 부활절의 달걀과 토끼로 상징되고 있는 것이다.

나는 이 두 가지의 완전히 다른 예를 들어 현대인이 이런 유의 깊은 심적인 영향에 어떻게 반응하고 있는가를 제시하려고 했다. 현대인은 의식적으로는 이것을 미신적이고 교양 없는 사람들의 민속 전승처럼 보잘것없는 것이라 하여 배척하고 있는 것이다. 그러나 이 문제는 상징성의 역사를 세밀하게 관찰하고 수많은 다른 문화 속에서 담당하고 있는 상징의 역할을 조사하면 할수록 이같은 상징 속에 역시 재창조하는 의미가 있음을 더 잘 이해하게 될 것이다.

어떤 상징은 유아기, 또 어떤 것은 청춘기로 넘어가는 시기와 관련이 있다. 또한 어떤 것은 성숙기, 그리고 어떤 것은 피할 수 없는 죽음에 대비하는 노년기의 체험과 관련을 갖는다. 융 박사는 여덟 살 된 소녀의 꿈에, 일반적으로는 노년기에나 있을 수 있는 상징이 어떻게 내포되어 있는지를 설명했다. 그녀의 꿈은 죽음으로 향하는 경우와 똑같은 원형적인 패턴으로서 삶에 이르는 양상을 나타낸다. 그러므로 이 상징적인 개념의 진화는 고대사회의 의식에서 생겨났던 것처럼 근대인의 무의식의 마음속에도 생겨났을 것이다.

고대인이나 미개인의 신화와 무의식에 의해 생산되는 상징 간의 결정적인 결부는, 분석가에게 있어서 헤아릴 수 없는 실제적인 중요성을 갖는다. 그것은 그가 이들 상징을 심리적 의미와 동시에 역사적 전망까지도 주는 맥락 속에서 식별하고 해석하는 것을 가능하게 한다. 그러므로 나는 여기서 고대의 중요한 신화 가운데 하나를 예로 들어, 그것이 어떻게 — 그리고 무슨 목적으로 — 우리가 꿈속에서 만나게 되는 상징적인 재료와 비슷한지 보여줄까 한다.

영웅과 영웅을 만드는 것

영웅신화는 세계에서 가장 보편적으로 볼 수 있는 것이고, 잘 알려져 있는 신화이다. 이 신화는 그리스나 로마의 고전적 신화와 중세 및 동양, 그리고 현대 미개사회의 부족들 사이에서 볼 수 있다. 그것은 또한 우리의 꿈속에도 나타난다. 명료한 극적인 매력을 갖고 나타나는 경우도 있고 다소 불명료한 경우도 있지만, 그럼에도 불구하고 아주 중요한 심리학적인 의미를 갖는다.

이러한 영웅신화는 세부적으로는 전혀 다르게 되어 있지만, 자세히 검토하면 할수록 구조상 상당히 유사한 점을 발견할 수 있다. 즉 그것들이 비록 서로 직접적인 문화적 교류가 없는 집단이나 개인에 의해 발전되어 왔다 해도―예를 들면, 아프리카의 부족, 북미의 인디언, 그리스의 부족, 그리고 페루의 잉카족처럼―그것들은 세계 공통의 패턴을 지니고 있다.

그것은 다음과 같은 형태로 계속 되풀이하여 이야기되는 것이다. 즉 영웅은 기적적으로, 그것도 사람들에게 알려지지 않은 채 조용히 탄생하고, 그 생애의 초기에 초인적인 힘을 증명해 보이며, 그리하여 탁월함이나 위력이 급격히 상승하여 악과의 싸움에서 승리하지만, 교만이라는 죄에 대해 무력해지고 결국 배신 혹은 '영웅적'인 희생으로 말미암아 몰락하고 죽음으로써 막을 내리게 되는 것이다.

자신의 인격을 발견하고 강화시키려고 하는 개인이나, 집단적 동일성을 확립할 필요가 있는 사회 전체가, 왜 하나같이 이런 유형에 심리학적 의미가 있다고 믿는가 하는 점에 대해서는 나중에 상세히 설명하겠다. 그렇지만 영웅신화의 또 다른 중요한 특징이 하나의 해결의 실마리를 제공한다. 이와 같은 이야기에서

대부분의 영웅은 어린 시절에 힘이 세었음을 볼 수 있다.
▶ 두 마리의 뱀을 죽이고 있는 어린 시절의 헤라클레스.

왼쪽 : 젊은 시절의 아서왕. 그는 돌에서 마법의 검을 뽑아낼 수 있었다.
오른쪽 : 세 살 때 곰을 죽인 미국인 데이비스 크로켓.

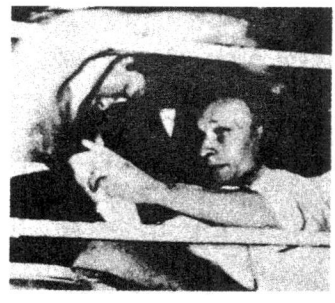

▲ 원형적인 영웅을 따르는 수호신과 후견인의 세 가지 예.

위 : 그리스 신화에서 어린 아킬레우스에게 교훈을 주는 반인반마(半人半馬)의 괴물 케이론.
가운데 : 아서왕의 수호신인 마법사 메를린(족자를 들고 있다).
아래 : 현대사회에서의 후견인의 예로서, 트레이너의 경험과 지식은 프로 복서의 장래를 좌우한다.

▲ 대부분의 영웅은 갖가지 종류의 괴물이나 악의 힘에 직면하여 그것을 정복해야 한다.

위 : 스칸디나비아의 영웅 시구르드(그림의 오른쪽 아래)가 파프니르라는 뱀을 죽이고 있다.
가운데 : 사자와 싸우는 고대 바빌로니아의 서사시에 나오는 영웅 길가메시.
아래 : 현대 미국의 만화에 등장하는 주인공 슈퍼맨. 그는 종종 혼자 악인과 싸워 미녀를 구출한다.

영웅과 영웅을 만드는 것 _ 197

영웅은 대체로 어린 시절에는 약하게 묘사되는데, 그것은 원조가 있어야만 성취가 가능한 초인적인 사명을 달성하도록 해주는 강력한 후견인의 이미지 또는 수호신의 등장에 의해 보충되고 있다. 그리스의 영웅들을 예로 든다면, 테세우스는 바다의 신 포세이돈을 그의 신격(神格)으로서 갖고 있었고, 페르세우스는 아테네를 갖고 있었으며, 아킬레스는 현명한 케이론을 스승으로 삼았다.

이와 같이 거의 신과 같은 존재는 사실상 마음 전체를 상징적으로 나타내는 것이다. 그것은 개인적인 자아에 결여된 힘을 공급하는 보다 크고 넓은 의미에서의 동일성인 것이다. 그들의 특수한 역할은 영웅신화의 본질적인 기능이 개인

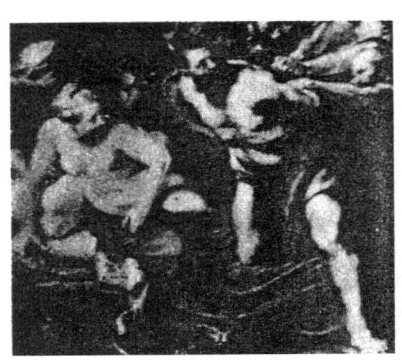

▲ 교만의 현대적인 예. 1941년 겨울, 히틀러가 러시아를 침공한 뒤 스탈린그라드에 수감되어 있는 독일군 포로들.

◀ 배신당하는 영웅의 두 가지 예로서, 데릴라에게 배신당한 성서의 영웅 삼손(위)과, 신임하던 사나이의 함정에 빠진 페르시아의 영웅 뤼스탐.

의 자아의식의 발달에 있음을 시사한다. 즉 그의 앞을 가로막는 인생의 갖가지 어려운 일에 맞서게 하는 방식으로 그 자신의 역량과 약점을 자각시키는 것이다. 일단 개인이 이 최초의 테스트를 통과하고 인생의 성숙기에 접어들면, 영웅신화는 그 관련성을 잃게 되는 것이다. 영웅의 상징적인 죽음은 이를테면 그 성숙성의 달성이다.

지금까지 나는 영웅의 탄생에서부터 죽음에 이르는 전생애가 상세히 설명되어 있는 완성된 영웅신화에 대해 언급했는데, 이 탄생에서부터 죽음에 이르는 순환의 각 단계마다 특수한 형태의 영웅담이 등장하기 때문에 그 의식의 발달에 있어 개인이 도달하는 특정 문제에 대응하고 있다는 인식은 필요 불가결한 것이다. 그리하여 그것이 어떤 주어진 순간에, 그가 직면한 특정 문제에도 들어맞게 되는 것이다. 즉 영웅의 이미지는 인간의 인격 발달의 각 단계를 반영한다는 방식으로 전개된다는 의미다.

만일 이런 사고방식을 도표식으로 설명한다면 보다 쉽게 이해할 수 있으리라 생각된다. 그래서 윈네바고 인디언이라는 북미의 종족에게서 볼 수 있는 것을 예로 들어보겠다. 그 종족을 예로 드는 이유는, 영웅 발달의 두드러진 네 가지 단계가 그 속에 명백히 나타나 있기 때문이다. 이 이야기(《윈네바고족의 영웅의 주기》라는 제목으로 1948년 출판된 폴 라딘 박사의 저작)에서는 영웅 개념이 가장 소박한 상태에서 가장 복잡한 상태로 뚜렷하게 발전해 간 것을 분명히 볼 수 있는데, 이와 같은 발전은 다른 영웅 주기의 특징이기도 하다. 물론 서로 다른 이름으로 저마다의 상징적인 이미지가 제시되지만, 그 역할은 비슷하기 때문에 일단 이 예에서 설명된 점을 파악하기만 하면 우리는 영웅신화를 보다 잘 이해할 수 있게 될 것이다.

라딘 박사는 영웅신화 전개의 특징적 주기를 넷으로 나누고 그것들을 각각

트릭스터—영웅신화의 발달에 있어서 가장 미발달된 초기단계. 이 시기의 영웅은 본능적이고 억제할 줄 모르며 종종 어린아이 같다.

◀ 16세기의 중국 서사시에 등장하는 원숭이 영웅으로서, 손오공이 왕을 속여 마법의 지팡이를 빼앗으려는 장면.

◀ 기원전 6세기의 항아리로, 갓난아기 헤르메스가 아폴론의 소를 훔친 뒤 침대에 누워 있다.

'트릭스터' 주기, '토끼' 주기, '붉은 뿔' 주기, '쌍둥이' 주기라고 명명하고 있다. 그가 "그것은 영원한 이야기라는 환상의 도움에 의해 성장의 문제에 대처하고자 하는 우리의 노력을 대변하는 것이다"라고 한 것으로 보아 그는 진화의 심리학을 바르게 인식하고 있는 것이다.

'트릭스터' 주기는 인생의 가장 초기의 미발달된 단계에 해당된다. 트릭스터는 육체적인 욕구가 그 행동을 지배하고 있는 이미지로서, 그의 지능은 어린아이 정도다. 그는 자기의 기본적 욕구를 만족시키는 것 이외에는 어떤 목적도 없고, 광포하며 비도덕적이고 잔혹하다《토끼의 우화》나 중세의《여우 이야기》는 트릭스터 신화의 기초적인 요소를 포함하고 있다).

이 이미지는 처음에는 일종의 동물 모양을 취한 채 사람을 먹이로 하는 장난을 차례로 벌여 나간다. 그리고 그와 같이 하고 있는 사이에 그에게 하나의 변화가 찾아온다. 그런 장난꾸러기가 진화되어 결국 성숙한 인간과 비슷한 모습을 가지게 되는 것이다.

다음에 나타나는 이미지는 '토끼'다. 이 이미지도 트릭스터(아메리카 인디언 사이에서는 이 동물의 성질이 늑대로 자주 표현되지만)와 마찬가지로 처음에는 동물의 모습으로 나타난다. 그는 아직 인간의 모습을 가질 만큼 성숙하지는 않았지만, 인간의 문화의 창시자와 완전히 같은 모습으로—변용시키는 것으로서—나타나는 것이다. 윈네바고족은 그들에게 유명한 의료 의례(醫療儀禮)를 부여함으로써 '토끼'가 문화적 영웅이 되었을 뿐만 아니라 그들의 구세주가 되었다고 믿는다. 이 신화는 라딘 박사가 이야기했듯이 매우 강력했으므로 이 종족에게 기독교가 전파된 뒤에도 코요테(coyote) 의례의 구성원들은 좀처럼 '토끼'를 단념하려 하지 않았다. 이윽고 '토끼'는 그리스도의 이미지 속에 혼입되고, 그 결과 어떤 자들은 이미 '토끼'를 가지고 있으므로 그리스도를 받아들일 필요가 없다고 주장하기에 이르렀다. 이 원형적인 이미지는 분명히 트릭스터를 초월한 것을 나타내고 있다. 즉 '토끼'는 트릭스터 주기에서 나타난 본능적이며 유아적인 욕구가 수정됨으로써 하나의 사회적 존재로 발전해 가고 있음을 볼 수 있다.

말썽을 일으키고 다니는 북유럽의 신 로키(19세기의 조각).

이런 종류의 세 번째 영웅상인 '붉은 뿔'은 애매한 인물로서 10형제 중 막내였다. 그는 경기에서 이긴다든가 전투에서 뛰어난 활약을 하는 인생의 테스트를 거쳐 원형적인 영웅의 요건을 갖추게 된다. 그의 초인적인 능력은 (주사위 굴리기 방법과 같은) 술책에 의해, 혹은 (레슬링 경기와 같은) 힘에 의해 거인들을 모두 쓰러뜨리는 모습을 보여주고 있다. 그에게는 "걸으면 폭풍이 일어난다"고 불리는 선더버드(Thunder Bird ; 인디언 신앙의 거대한 새)의 모습을 취한 강력한 동반자가 있다. 그 새의 강력함은 '붉은 뿔'이 어떤 약점을 보일지라도 그것을 보충하고도 남을 정도이다. 이 '붉은 뿔'에 이르게 되면 우리는 비록 고대적 세계이기는 하지만 이미 인간세계에 접촉하고 있는 것으로, 거기에서는 인간을 파멸시키려는 악의 힘으로부터 승리하기 위해서는 초인적인 힘이나 수호신의 도움이 필요하게 된다. 이 이야기가 끝날 때쯤 되면 영웅신은 '붉은 뿔'과 그 아들들을 지상에 남겨놓고 나그네길을 떠난다. 인간의 행복이나 안전을 위협하는 위험은 이제 인간 자신으로부터 나오게 되는 것이다.

이러한 기본적인 주제(그것은 마지막의 주기, 즉 '쌍둥이'의 주기에서 반복해 나타

1936년의 영화 〈모던 타임스〉에서 소란을 피우고 있는 찰리 채플린—그는 20세기의 트릭스터이다.

나는 것이지만)가 실제로 매우 중요한 질문을 제기한다. 즉 인간은 자기 자신의 자부심에 희생되는 일 없이 얼마나 오랫동안 번영할 수 있는가, 혹은 신화적으로 말하면 신들의 질투에 희생되지 않고 얼마나 지낼 수 있을까 하는 물음이다.

영웅의 발달의 제2단계는 인류문화의 창시자이다.

▶ 그리스 신화에서는 프로메테우스가 인간을 위해 신들로부터 불을 훔쳐낸다. 그 때문에 그는 쇠사슬로 바위에 묶인 채 독수리에게 시달리는 벌을 받았다(기원전 6세기의 술잔에 그려진 장면).

▼ 코요테의 신화를 그린 나바호족의 모래 그림으로, 코요테는 신들로부터 불을 훔치다가 인간에게 주었다.

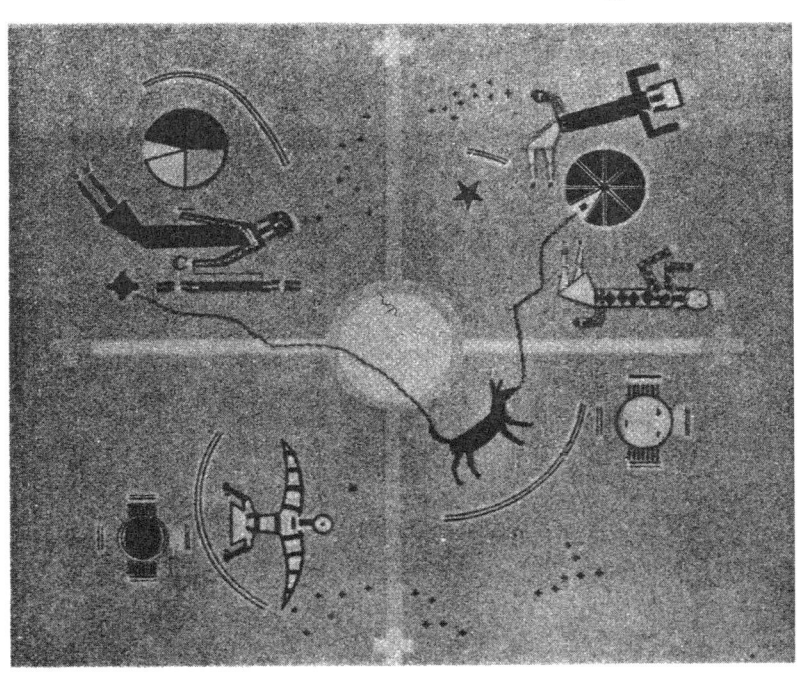

제3단계의 영웅은 불타와 같은 강한 신인이다. 위에 있는 것은 1세기경의 조각으로 싯다르타가 깨달음을 얻고 불타가 되는 여행을 시작하는 장면이다.

로물루스와 레무스를 나타낸 중세 이탈리아의 조각. 로마를 건설한 이 쌍둥이는 암 이리에게 양육되었다―영웅신화의 제4단계로서 가장 잘 알려진 예이다.

제4단계에서 '쌍둥이'는 자주 그 힘을 잘못 사용한다—로마의 영웅 카스토르와 폴룩스가 레우키포스의 딸들을 납치했을 때처럼(플랑드르의 화가 루벤스의 작품).

    '쌍둥이'는 태양의 아들들이라 불리지만 그들도 본질적으로는 인간이며, 양쪽이 합쳐져야만 비로소 하나의 인간이 된다. 그들은 본래 어머니의 태중에서는 하나로 합쳐져 있었으나 탄생하면서 분리되었던 것이다. 그러나 그들은 서로가 상대에게 부속되어 있으므로, 매우 어려운 일이기는 하지만 다시 한몸으로 합쳐질 필요가 있다. 이 두 어린아이에게서 우리는 인간 본성의 두 측면을 볼 수 있다. 하나는 '살(flesh)'로서 복종적이고 온순하여 수동적이고, 다른 하나는 '다리(stump)'로서 역동적이며 반항적이다. 어떤 쌍둥이 영웅담에서는 이러한 그들의 태도가 각각 내향성과 외향성을 나타낼 만큼 세련되게 묘사되어 있다. 즉 한쪽은 그 주요한 힘이 반성 능력에 있는 내향적인 형을 대표하고, 다른 한쪽은 위대한 업적을 성취할 수 있는 활동적인 사람, 즉 외향적인 형을 대표한다.

    오랫동안 이들 두 영웅은 무적이었다. 즉 그들은 둘로 분리되어 나타나든 하나로 나타나든 언제나 그들 앞에는 적이 없는 기세였다. 그러나 나바호 인디언 신화의 전사(戰士)의 신들처럼 어느 날 그들은 자기 힘을 남용한 나머지 병에 걸린다. 하늘에도 땅에도 그들이 퇴치해야 할 괴수는 이제 하나도 남아 있지 않다. 그 결과 그들의 행동은 난폭해지고 결국 천벌이 내려지는 것이다. 윈네바고는, 결국 그들의 손에서 안전한 것이라곤 아무것도 없다고 말한다. 심지어는 세계를 지탱하고 있는 기반조차 위태롭다고 했다. 쌍둥이가 대지를 떠받치고 있는 네 마리의 동물 중 한 마리를 죽였을 때 그들은 침범해서는 안 될 선을 넘었으며, 그리하여 그들은 생애를 마치게 되었던 것이다. 그들이 받아야만 했던 벌은 죽음이었다.

이렇듯 '붉은 뿔'의 주기에 있어서나 '쌍둥이'의 그것에 있어서나 우리는 '자만(hybris)', 즉 지나친 자만에 필요한 치료로서 영웅의 희생 혹은 죽음이라는 주제를 볼 수 있다. '붉은 뿔'의 주기에 대응하는 문화 수준을 갖고 있는 원시사회에서는 이러한 위험이 화해의 인간 제물을 바침으로써 회피되어 왔다. 이 주제는 매우 상징적인 중요성을 가지고 있으며, 인류의 역사에 줄곧 되풀이하여 일어났던 것이다. 아이로쿠아족이나 소수의 알곤퀸족과 마찬가지로 윈네바고족은 그들의 개인적·파괴적인 충동을 달랠 수 있는 토템 숭배의 의식으로서 아마도 인간의 살을 먹었던 것 같다.

유럽의 신화 속에 나타나는 영웅의 배신이나 패배의 사례 중에는 의식으로서의 희생의 주제가 좀더 명확히 교만에 대한 벌로서 사용되고 있다. 그러나 윈네바고족은 나바호족처럼 극단적이지는 않다. 비록 '쌍둥이'가 죽어 마땅한 잘못을 저질렀다 하더라도 그들 자신의 무책임한 힘에 전율한 결과 그들을 영원한 수면의 상태에서 살게 한다. 즉 인간 상호간에 모순되는 양면은 또다시 평형을 이루게 되었던 것이다.

영웅신화와 마찬가지로 개인의 마음도 미발달된 어린아이 같은 단계로부터 발달되기 시작한다. 그리고 이 초기단계의 이미지는 심리적으로 미발달된 성인의 꿈에도 나타난다. 첫 단계는 어린아이들의 천진스러운 장난으로서 표현되기도 한다―마치 〈행실의 영점(Zéro de Conduite)〉 1933년의 프랑스 영화(위)에서 볼 수 있는 베개 던지기처럼.

가운데 : 제2단계는 청년기 초기의 저돌적인 스릴 탐구심일 것이다. 미국의 젊은이들이 차를 고속으로 몰아 담력을 시험하고 있다.

아래 : 그 다음 단계는 청년기 후기의 이상주의와 자기희생을 낳는다. 이 정신은 1956년의 헝가리 동란시에 최고조에 달했었다. 젊은 반역 시민들은 엉성한 무기나 돌멩이만으로 탱크와 싸웠다.

영웅과 영웅을 만드는 것 _ 207

나는 여기서 영웅의 네 가지 패턴을 비교적 상세하게 설명했는데, 그 이유는 그것이 역사적인 신화나 현대인의 영웅의 꿈속에 나타나는 패턴을 뚜렷이 보여 줄 수 있기 때문이다. 우리가 이 점을 염두에 둔다면 중년 남자의 다음과 같은 꿈을 연구하는 일이 가능해질 것이다. 이 꿈의 해석을 보면, 분석심리학자들이 어떻게 하여 그 신화학설에 대한 지식을 통해 환자들에게 도움을 주고, 그들로 하여금 풀릴 것 같지 않은 수수께끼의 해답을 찾아내도록 하는지 알 수 있을 것이다. 그 남자는 자신이 극장에 들어가는 꿈을 꾸었다. 그곳에서 그는 '그의 의견이 존중되는 중요한 관객'의 역할을 맡고 있었고, 무대에서는 한 마리의 흰 원숭이가 인간에게 둘러싸인 채 테이블 위에 서 있었다. 이 꿈을 자세히 말하면서 그 사람은 이렇게 말했다.

저의 안내인은 저에게 테마를 설명해 주었습니다. 그것은 폭풍 속에서 구타를 당하는 젊은 뱃사람의 괴로움이라는 것이었습니다. 저는 이 흰 원숭이가 뱃사람이 아니라고 이의를 제기했습니다. 그러나 그때 검은 옷을 입은 한 젊은이가 일어섰는데, 저는 그야말로 진짜 영웅이 틀림없다고 생각했습니다. 그런데 또 한 사람의 잘생긴 젊은이가 제단을 향해 성큼성큼 걸어가더니 그 위에 누웠습니다. 그들은 그를 인간 제물로 바치기 위해 그의 드러난 가슴에 표시를 하고 있는 것이었습니다.

그리고 저는 다른 두세 명의 사람들과 함께 단상에 있는 자신을 발견했습니다. 우리는 작은 사다리로 내려갈 수 있었지만, 그곳에 건장한 두 젊은이가 서 있었으므로 저는 그들이 우리를 막을지도 모른다고 생각하여 망설였습니다. 그러나 우리 중 한 부인이 아무런 방해도 받지 않고 사다리를 이용하는 것을 보고는 안심하고 우리 모두 그녀를 따라 내려갔습니다.

그런데 이런 종류의 꿈을 급하게, 혹은 단순히 해석할 수는 없다. 우리는 꿈 그 자체와 꿈을 꾼 사람 자신의 생활과의 관계 및 꿈이 갖는 보다 넓은 상징적인 의미를 알 수 있도록 신중히 꿈을 풀어나가지 않으면 안 된다. 이 꿈을 꾼 사람은 신체적으로는 성숙된 한 남자였다. 그의 인생은 성공적이었으며, 표면적으로는 남편으로서도 아버지로서도 나무랄 데가 없는 사람이었다. 그러나 그는 심리적으로는 아직 미숙하고 청년기의 발달 과정을 완료하지 못하고 있었다. 영웅신화의 여러 가지 양상을 띠고 그의 꿈속에 나타났던 것은 이 심적인 미발달이었다. 그러한 이미지들은 그의 일상생활의 현실적인 면에서는 이미 무의미하게 된 지 오래임에도 불구하고 그 상상 속에서는 아직도 강한 매력을 갖고 있었다.

이와 같이 꿈을 꾼 사람이 언제고 참된 영웅이 될 것이라는 기대를 품는 어떤 인물의 온갖 양상을 취하여 극적으로 표현되고 있는 일련의 이미지를, 우리는 이 꿈속에서 보게 된다. 첫번째는 흰 원숭이고, 다음이 뱃사람, 세 번째는 검은 옷을 입은 젊은이, 그리고 마지막이 '잘생긴 젊은이' 다. 극의 첫 부분에서는 뱃사람의 괴로움을 나타내려 했었던 것 같은데, 꿈을 꾼 사람은 흰 원숭이밖에 보지 못했다. 검은 옷을 입은 사나이는 갑자기 나타났다가 또한 갑자기 사라진다. 그는 처음에는 흰 원숭이와 대조를 이루는 새로운 인물이지만, 한순간 본래의 영웅과 혼동을 일으킨다(그와 같은 혼동은 꿈에 있어서 드문 일은 아니다. 꿈을 꾸는 사람은 보통 무의식으로 말미암아 항상 명료한 이미지를 볼 수 있는 것은 아니다. 계속되는 대조나 모순으로부터 의미를 해독하지 않으면 안 된다).

의미 있는 일로서, 이같은 이미지는 상연되는 극의 줄거리를 따라 나타난다. 그리고 이 줄거리의 전후 관계가 꿈꾼 사람이 받고 있는 분석 치료에 직접적인 연관이 있는 듯이 보인다. 그가 꿈속에서 제시하고 있는 '안내인' 은 아마도 그

아직 분화되지 못한 자아인격을 가진 젊은이는 어머니에게 보호된다―보호하고 지켜주는 성모 마리아(◀ 15세기의 이탈리아 화가 피에로 델라 프란체스카의 작품) 혹은 대지에 몸을 굽히고 있는 이집트의 여신 누트(▲ 기원전 5세기의 부조)에 의해 형상화되기도 한다.

의 분석가일 것이다. 그러나 그는 자기 자신을 의사에게 치료받는 환자로 보지 않고 '의견이 존중되는 중요한 관객'으로 보고 있다. 이것은 그가 유리한 지점에서 성장할 때의 경험과 결부된 어떤 인물들을 보고 있다는 뜻이다. 이를테면 흰 원숭이는 놀이에 탐닉하는 일곱 살부터 열두 살까지의 소년의 다소 무질서한 행위를 그에게 상기시켰다. 뱃사람은 청년시절 초기의 모험에 찬 시기를 암시하고, 아울러 무책임한 장난을 응징하기 위해 '구타'라는 당연한 벌이 따른다. 꿈을 꾼 사람은 검은 옷의 젊은이에게서는 아무것도 연상되지 않을지 모르지만, 희생물로 바쳐질 아름다운 젊은이에게서는 청년시절 후기에 나타난 자기희생적인 이상주의의 자취를 보았던 것이다.

이 단계에서는 역사적인 자료 — 또는 원형적인 영웅상 — 와 꿈을 꾼 사람의 개인적인 경험에서 오는 자료가 상호간에 어떻게 부합되어 있는가, 모순되어 있는가, 또한 서로 인정하고 있는가를 보기 위해 양자를 결합시키는 일이 가능하다.

첫번째 결론은 다음과 같다. 흰 원숭이는 트릭스터를 나타내고 있는 것처럼 보인다 — 또는 적어도 윈네바고족이 트릭스터의 탓으로 돌리고 있는 인격의 성향이다. 그러나 내 생각으로는 원숭이는 또한 꿈을 꾼 사람 자신이 아직 개인적으로 충분히 경험하지 못했던 어떤 것을 의미하는 것 같다. 사실 그도 이 꿈속에서 자신이 관객이었다고 말하고 있다. 나는 그가 소년시절에 부모와 지나치게 친밀한 관계였으며, 그리하여 천성적으로 내향적이었음을 알고 있다. 이와 같은 이유에서 그는 유아기 후기에 흔히 나타나는 거친 면이 충분히 발달되지 못했으며, 학교 친구들과 잘 어울리지도 못했다. 그가 말한 대로라면 '장난(monkey tricks)'을 하거나 '짓궂은 행동(monkey-shines)'을 한 적이 없었던 것이다. 이 말이 해결의 실마리를 제공한다. 꿈속의 원숭이는 사실상 트릭스터 이미지의 상징적인 형태이다.

그러나 왜 트릭스터가 원숭이의 형태로 나타나야만 했으며, 또 왜 흰색이어야만 했는가? 이 점은 이미 지적한 것처럼 윈네바고족의 신화에서는 그 주기의 마지막 부분에서 트릭스터는 인간의 모습과 비슷한 형태를 띠기 시작한다고 한다. 그것은 이 꿈속에서는 원숭이로 되어 있다 — 원숭이는 우스우리만큼 인간과 비슷하지만, 그러면서도 인간을 극단적으로 만화화하고 있지는 않다. 꿈을 꾼 사람 자신은 원숭이가 왜 흰색이었는지를 설명할 수 있는 개인적인 연상을 제시하지 못했다. 그러나 원시인의 상징에 관한 우리의 지식에 비추어볼 때 흰색이라는 것은 '신적인 특수한 성질'을 지니고 있으며, 만약 흰색이 아니라면 그것은

그러나 자아는 결국 무의식이나 미성숙의 상태에서 자유로워져야 하고, 또한 그 '해방을 위한 투쟁'은 때로는 괴물과 영웅의 싸움에 의해 상징화된다—마치 일본의 신 스사노가 큰 뱀과 싸웠던 것처럼(위, 19세기의 판화). 영웅은 늘 단 한 번의 싸움으로 이기는 것은 아니다. 이를테면 요나는 고래에 의해 삼켜졌다(아래, 14세기의 사본에서).

평범한 모습에 불과할 뿐이다(대부분의 원시사회에서는 흰 것을 신성한 것으로 간주한다. 예컨대 백마나 백사 등). 이것은 트릭스터의 거의 신적인 또는 거의 마술적인 힘과 매우 잘 부합된다.

이렇듯 흰 원숭이는 꿈을 꾼 사람에게 있어 유아기에 불충분하게밖에 허용되

자아의 출현은 싸움에 의해서가 아니라 희생, 즉 부활로 이르게 하는 죽음에 의해 상징화될 수 있다. 혁명은 이런 의미에서 희생적이다.
들라크루아가 그린 '미솔롱기의 폐허에서 사라지는 그리스인'(아래 오른쪽)은 국가를 해방하고 재생시키기 위해 내전에 의해 살해된 일을 의인화하고 있다. 개인적으로 희생의 예로서 영국의 시인 바이런(오른쪽)은 혁명 때(1824년) 그리스에서 죽었다. 그리스도교의 순교자 성루치아는 자신의 두 눈과 생명을 신앙에 바쳤다(아래 왼쪽).

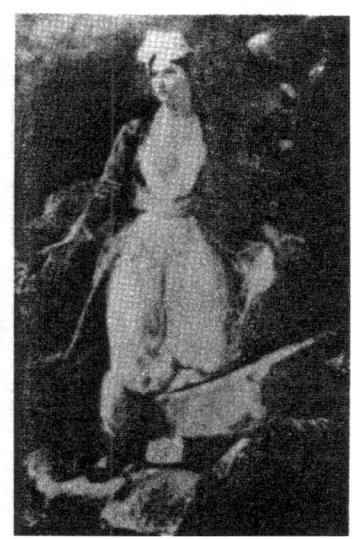

지 않았던 장난을 좋아하는 적극적인 성질을 상징하고, 그는 성장한 지금에서야 그것을 높여야 한다고 느끼는 것이다. 꿈이 이야기하는 바에 의하면, 그는 '테이블 위에' 원숭이를 놓아두고 있다. 그러므로 그 원숭이는 잃어버린 소년시절의 경험 이상의 것이 된다. 그것은 성인에게는 창조적인 경험의 상징이다.

다음으로 우리는 원숭이에 관한 혼란의 개소(個所)에 이른다. 구타를 견뎌야 하는 것은 원숭이인가, 아니면 뱃사람인가? 이 점에 대해서는 꿈을 꾼 당사자의 연상이 이 변화의 의미를 풀이하고 있다. 아무튼 인간의 성장의 다음 단계는 유아기의 무책임으로부터 사회화의 시기로 이행하는 단계이며, 그것은 괴로운 규율에 복종하는 것을 의미한다. 그러므로 이 뱃사람은 트릭스터의 진화된 모습이며 성인식으로서의 시련이라는 수단에 의해 사회적 책임이 있는 자로 바뀌어 가

제1차 세계대전 당시의 몽타주 사진으로, 무기를 들라고 호소하는 포스터. 보병 및 국군묘지를 합성한 것이다. 나라를 위해 목숨을 바친 병사들을 위한 추도식이나 종교의식은 자주 원형적인 영웅의 희생, 즉 '죽음과 재생'의 순환이라는 주제를 반영한다. 제1차 세계대전에서 전사한 영국 병사의 묘비에는 '해가 질 때, 그리고 떠오를 때 우리는 그들을 추억하리라'라고 씌어 있다.

신화에서는 영웅의 죽음은 종종 그 자신의 교만에서 비롯된다. 신들이 영웅의 자만심을 꺾으려 하는 것이다. 현대적인 예로서 1912년 빙산과 충돌하여 침몰한 상선 타이타닉호가 있다(오른쪽은 1943년의 영화 〈타이타닉호〉에서 침몰 장면을 몽타주한 것이다). 타이타닉호는 불침선(不沈船)이라 불렸으며, 미국의 작가 월터 로드는 '신도 이 배를 가라앉게 하지는 못하리라'고 말했었다.

고 있는 것이다. 상징의 역사에 준거하여 말하면, 폭풍은 이 과정에서 자연의 요소라고 할 수 있으며, 구타는 인간적으로 도입된 요소이다.

　이로써 우리는 윈네바고족이 '토끼'의 주기로서 나타내고 있는 과정이 이에 해당된다는 것을 알 수 있다. 거기에서는 문화적 영웅(culture-hero)은 약하고 아직도 번민하는 모습이며, 이상의 발전을 위해 유아적인 요소를 버리려고 하는 것이다. 꿈의 이 국면에서 다시 한 번 환자는 유아기와 청춘기의 중요한 시기에 충분히 경험하지 못했던 자기의 실패를 인정하게 된다. 그는 노는 데 몰두해야 하는 어린 시절을 잃었던 것이며, 게다가 10대 초기의 가장 심한 장난스러움의 시기도 상실했던 것이다. 따라서 그는 잃어버렸던 경험과 개인적인 자질을 되살리기 위해 그 방법을 찾아 헤매는 것이다.

다음으로 꿈에서는 기묘한 변화가 일어난다. 검은 옷을 입은 젊은이가 나타나고, 그리고 꿈을 꾼 환자는 한순간 그것이 '진짜 영웅'이라고 느낀다. 이것이 검은 옷의 젊은이에 관해 설명되고 있는 전부지만, 이 언뜻 본 것이 꿈속에 자주 나타나는 깊고 중요한 주제를 이끌게 된다.

이것이 분석심리학에서 결정적인 역할을 하는 '그림자'의 개념이다. 융 박사는 개인의 의식적인 마음에 의해 투영된 그림자는, 인격 속의 감추어지고 억압된 불유쾌한(또는 부당한) 양상을 포함하고 있다고 지적했다. 그러나 이 어두운 면은 단순히 의식적 자아의 반대에 불과하다고 볼 수는 없다. 자아가 불유쾌한 파괴적인 태도를 지니고 있는 것과 마찬가지로 그림자도 좋은 성질 — 정상적인 본능이나 창조적 충동과 같은 — 을 갖는다. 확실히 자아와 그림자는 서로 분리되어 있지만, 마치 사고와 감정이 서로 관련되어 있는 것과 마찬가지로 어쩔 수 없이 서로 밀접한 관계를 갖는다.

그럼에도 불구하고 자아는 융 박사가 일찍이 '해방을 위한 투쟁'이라고 부른 것처럼 그림자와 갈등 상태에 있다. 의식을 획득하려는 괴로운 투쟁에서 원시인에게 일어나는 이 갈등은, 원형적인 영웅과 용이나 그 밖의 괴물로 인격화된 악의 우주적인 힘의 싸움에 의해 표현되고 있다. 개인의 의식의 발전에서 영웅의 이미지는 상징적인 수단으로서, 그것에 의해 새로이 나타난 자아는 무의식의 무기력을 극복하고 성숙한 인간을, 어머니에 의해 지배되는 영아기의 행복한 상태로 되돌아가고 싶어하는 퇴행현상으로부터 해방시켜 준다.

신화에서는 대체로 영웅이 괴물과의 싸움에서 승리를 거둔다(이에 대해서는 뒤에 상세히 설명하겠다). 그러나 어떤 영웅신화에서는 영웅이 괴물에게 굴복하기도 한다. 그 유명한 예가 '요나와 고래'의 이야기로서, 그 속에서 바다의 괴물이

영웅들은 흔히 애니머를 상징화한 '고난에 빠진 소녀'를 구출하기 위해 괴물과 싸운다.
성(聖)조지가 부인을 구하기 위해 용을 죽이는 장면이다(15세기의 이탈리아 그림).

영웅을 삼킨다. 괴물은 영웅을 뱃속에 넣은 채 서쪽에서 동쪽으로 옮겨다니며 바다를 여행하는데, 이것은 일몰에서 새벽까지의 태양의 숨은 움직임을 상징화한 것이다. 영웅이 일종의 죽음을 나타내는 암흑 속에 들어가는 것이다. 나는 나 자신의 임상 경험에서 이런 주제의 꿈과 만난 적이 있다. 영웅과 용의 싸움은 이 신화의 가장 활동적인 형식이다. 그리고 그 신화는 억압된 성향에 대한 자아의 승리라는 원형적인 주제를 더욱 명확히 나타낸다. 대부분의 사람들에게 인격의 어둡고 부정적인 면은 무의식 속에 남겨져 있으며, 이에 반해 영웅은 그림자의 존재를 인정하고 그곳으로부터 힘을 끌어낼 수 있다는 것을 자각하지 않으면 안

1916년의 영화 〈위대한 비밀〉로서, 용이 증기기관차로 바뀌었지만 여전히 영웅적인 구출을 나타내고 있다.

된다. 만일 그가 용을 능히 물리칠 수 있을 만큼 충분히 강해지려면 그 파괴적인 힘과 새로운 관계를 맺지 않으면 안 된다. 즉 자아는 승리하기 전에 먼저 그림자를 정복하여 동화시키지 않으면 안 되는 것이다.

이러한 주제는 이따금 유명한 문학 작품의 영웅상—괴테의 작품 속 파우스트라는 인물—에서도 볼 수 있다. 파우스트는 메피스토텔레스와의 내기를 받아들이면서, 괴테가 '악을 기뻐하고 선을 찾아내는 힘의 일부'로서 묘사하고 있는 '그림자'의 이미지의 힘에 몸을 내맡기게 된다. 지금까지 내가 논해 온 꿈을 꾼 인물처럼 파우스트도 그 어린 시절의 중요한 시기를 완전하게 사는 일에 실패했다. 따라서 그는 실현성 없는 형이상학적 목표를 막연히 추구하는 비현실적인 불완전한 인물이었던 것이다. 그는 아직 선과 악이 공존하는 인생의 도전을 기꺼이 받아들여서는 안 되었던 것이다.

나의 환자의 꿈에 나오는 검은 옷의 젊은이와 관련이 있는 듯싶은 것이 바로 이런 무의식적인 면이다. 그의 인격의 그림자의 측면, 그 힘찬 가능성과 인생의 싸움에 영웅을 준비시키는 역할을 환기하는 것이야말로 꿈의 앞부분에서 희생적 영웅 — 제단에 스스로 눕는 잘생긴 젊은이 — 의 주제로 옮겨가는 데 반드시 필요한 전환이다. 이런 이미지는 청년시절 후기 자아의 형성 과정과 일반적으로 관련이 있는 영웅 숭배의 형식을 표현하고 있다. 인간은 이 시기에 그 자신을 바꾸고 동시에 타인과의 관계를 바꾸는 힘이 있다는 것을 느끼기 때문에 그 생애의 이상적인 원칙을 표현하게 된다. 말하자면 그는 젊음의 절정에 있고 매력적이며 에너지와 이상주의로 넘치고 있다. 그렇다면 그는 왜 자기 자신을 기꺼이 인간 제물로 바치려는 것일까?

짐작컨대 그 이유는 윈네바고족 신화의 '쌍둥이'에게 파괴한다고 위협하여 그들이 힘을 발휘하는 것을 단념시킨 일과 똑같다. 인간을 격렬히 몰아세우는 청년의 이상주의는 필연적으로 과도하게 자신을 이끌어가는 것이다. 즉 인간의 자아는 신적인 속성을 경험하기까지는 높아지지만, 그것이 지나치면 재난에 빠지고 만다(이것이 이카로스 이야기의 의미다. 이 젊은이는 인간이 만들어낸 연

그리스 신화에 나오는 영웅들의 싸움과 구출.
왼쪽 : 페르세우스가 메두사를 죽이고 있다(기원전 6세기경의 항아리).
오른쪽 : 페르세우스가 괴물로부터 안드로메다를 구출해 낸 장면(기원전 1세기경의 벽화).

약한 날개로 하늘 높이 올라갔지만, 태양에 너무 접근했기 때문에 추락해서 죽었다). 마찬가지로 젊은이의 자아는 항상 이런 위험을 범하지 않으면 안 된다. 왜냐하면 젊은이가 만일 안전하게 도달할 수 있는 이상의 높은 목표를 향해 노력하지 않는다면 청년기와 성년기 사이에 있는 장애를 극복할 수 없기 때문이다.

지금까지 나는 개인적인 연상의 수준에서 나의 환자가 자기 자신의 꿈으로부터 이끌어낸 결론을 이야기해 왔는데, 여기에는 꿈의 원형적인 수준 — 즉 인간 제물을 바친다고 하는 신비 — 이 있다. 그 신비성 때문에 그것은 그 상징성에 의해 우리 인류사의 먼 옛날까지 거슬러올라갈 수 있게 하는 의식적인 행위로 표현된다.

제단에 누워 있는 인간에게서 우리가 볼 수 있는 것은, 스톤헨지의 사원 돌 제단에서 행해졌던 것보다 훨씬 더 원시적인 행위와 관계가 있는 것이다. 수많은 원시인의 제단에서 그러했듯이 그곳에서도 신화적인 영웅의 죽음과 부활이

오른쪽 : 테세우스가 아리아드네에게 구출되어 미노타우로스를 죽이고 있다(기원전 1세기경의 물병).
왼쪽 : 크레타 섬의 화폐(기원전 67년). 미노타우로스의 미로가 새겨져 있다.

짝지워진 이지(二至 ; 하지와 동지) 의식이 해마다 행해졌음을 우리는 상상할 수 있다.

 이 의식은 슬픔의 양상을 띠고 있지만 그 슬픔은 또한 일종의 기쁨, 즉 죽음이 새로운 생명으로 이어진다고 하는 내적인 승인이기도 하다. 윈네바고 인디언의 서사시로 표현되는 북구 전설에 있는 발데르의 죽음의 애가(哀歌)든, 에이브러햄 링컨을 위한 월트 휘트먼의 추도시든, 또는 한 인간이 자신의 젊은 날의 희망이나 두려움으로 다시 되돌아가기 위한 꿈속의 의식이든 거기에 표현된 것은 모두 동일한 주제 — 즉 죽음을 통해 새로운 탄생에 이른다는 연극 — 인 것이다.

 꿈의 끝부분은 꿈꾸는 사람이 결국 꿈의 행위 속에 말려든다고 하는 이상한 형태로 막을 내리게 된다. 그는 다른 사람들과 함께 단 위에 서 있었는데, 그곳에서 내려오지 않으면 안 된다. 그는 사다리를 신뢰하지 않았다. 왜냐하면 난폭자가 방해할까 봐 두려웠기 때문이다. 그러나 한 부인이 그의 용기를 북돋아주고 안전하게 내려갈 수 있다는 확신을 준다. 그리하여 그는 실제로 내려올 수 있었다. 그가 목격한 연극 전체는 그의 분석의 부분 — 그가 경험했던 내적 변화의 과정 — 이었으며, 그의 연상으로부터 내가 알게 된 바에 의하면, 아마도 그는 일상의 현실로 되돌아가는 것을 난처하게 생각하고 있었던 것 같다. 그가 '난폭자'라고 부르는 인물에 대한 두려움은 트릭스터의 원형이 집합적인 형식으로 나타날지도 모른다는 그의 공포를 암시하고 있다.

 이 꿈에 나타난 구원의 요소는 인간이 만든 사다리 — 여기에서는 합리적인 마음의 상징인 듯싶다 — 와, 꿈을 꾼 사람에게 사다리를 이용하도록 격려해 준 여인의 존재다. 꿈의 마지막 부분에 그녀가 나타난 것은, 이 모든 남성적인 활동을 알맞게 보충하는 것으로서 여성적인 원칙을 받아들여야 한다는 심적인 필요성을 지적하는 것이다.

내가 지금까지 설명해 온 것, 즉 윈네바고족의 신화를 이 특별한 꿈을 설명하기 위해 사용했다는 사실에 의해, 꿈과 신화의 역사에서 발견되는 자료 사이에 완전하고 기계적인 평행관계를 찾아야 한다는 등의 추론을 해서는 안 된다. 모든 꿈은 그 꿈을 꾼 사람에게는 개인적인 것이고, 그것이 취하는 엄밀한 형식은 그 자신의 상황에 의해 규정된다.

내가 제시하고자 했던 것은, 무의식이 이 원형적인 재료를 이용하여 그 패턴을 꿈꾸는 사람의 요구에 맞도록 수정하는 방식이다. 그런 만큼 이 특별한 꿈에서는 윈네바고족이 '붉은 뿔'이나 '쌍둥이'의 주기에서 나타낸 것과 직접적인 관련을 갖는 것을 찾아내려고 해서는 안 된다. 오히려 여기서 관심을 가져야 할 것은 두 주제의 본질—그것들의 희생 요소이다.

일반적으로 말해서 영웅 상징에 대한 필요성은 자아가 강화되는 것을 필요로 할 때 생긴다고 할 수 있다. 즉 그때 무의식 속에 존재하고 있는 힘의 근원에 의지하지 않고서는, 또는 다른 것의 도움이 없이는 성취하지 못하는 어떤 일을 하기 위해 의식적인 마음이 도움을 필요로 하는 것이다. 이를테면 내가 논해 온 꿈 중에는 전형적인 영웅신화의 보다 중요한 측면의 하나—무서운 위험으로부터 아름다운 여인을 구하거나 보호하는 영웅의 능력—와의 관련은 없다(비탄에 잠긴 소녀는 중세 유럽에서 곧잘 이용되는 신화의 주인공이다). 이것은 신화나 꿈이 '애니머'—괴테가 '영원한 여성'이라고 부른 남성의 마음속에 있는 여성적인 요소—에 작용할 때의 한 방법이다.

이 여성적 요소의 성질이나 기능은 이 책의 뒷부분에서 폰 프란츠 박사에 의해 논해지겠지만, 이런 영웅상과의 관계는 또 하나의 중년의 환자가 꾼 꿈에 의해 여기서 설명할 수 있을 것 같다. 그는 다음과 같이 말했다.

나는 인도를 횡단하는 긴 도보여행에서 돌아왔습니다. 한 여인이 나와 벗을 위해 여행 준비를 해주었습니다. 그런데 나는 돌아오자마자 검은 레인 해트를 챙겨주지 않았다 하여 그녀를 비난했습니다. 우리는 비를 흠뻑 맞았다고 그녀에게 말했던 것입니다.

이 꿈의 도입부는 나중에 명백해진 것이지만, 그 남자의 젊은 시절의 한 시기와 관련되어 있다. 젊었을 때 그는 학교 친구와 함께 위험한 산악지방을 도보로 여행하는 '영웅적인' 시도를 감행한 일이 있었다(그는 한 번도 인도에 간 적이 없었고, 이 꿈에 관한 그 자신의 연상으로 미루어보면 이 꿈에 나타난 여행은 새로운 영역—즉 현실의 장소가 아닌 무의식의 영역—에 대한 그의 모험을 의미하고 있으리라고 나는 추측했다).

그 꿈에서 그는 한 여인—아마도 그의 애니머가 인격화했다고 생각되는—이 그 원정을 위해 그에게 알맞은 준비를 해주지 않았다고 느꼈던 것 같다. 꼭 필요한 레인 해트가 없었다는 것은, 그가 자기의 마음이 미보호의 상태에 있다고 느꼈음을 암시한다. 그런 상태에서 그는 불가피하게 모두가 유쾌하다고는 할 수 없는 새로운 경험에 직면했다. 그는 소년시절 그의 어머니가 자기가 입을 옷을 준비해 준 것처럼 이 여인도 레인 해트를 준비해 주었어야 한다고 믿고 있는 것이다. 이 에피소드는 그의 젊은 시절의 악의 있는 방랑생활의 회상이며, 그때 그는 어머니(원시적인 여성상)가 모든 위험으로부터 자기를 지켜줄 것이라는 가정을 함으로써 마음을 가라앉혔던 것이다. 나이를 먹음에 따라 그는 이것이 어린아이 같은 환상이었다는 것을 깨닫고, 자신의 불행은 어머니가 아니라 자기 자신의 애니머 때문이라고 항의하게 된 것이다

이 꿈의 다음 단계에서, 이 환자는 몇 명인가의 그룹과 함께 하이킹에 참가한

일에 관해 말하고 있다. 그는 지쳐서 어떤 야외 레스토랑으로 되돌아온다. 그곳에서 그는 이전에 잃어버렸던 레인 해트와 레인코트를 찾는다. 그는 쉬기 위해 의자에 앉는다. 그 순간 이 지방의 한 고교생이 연극에서 페르세우스 역을 연기한다는 포스터에 그의 눈길이 멎는다. 그러자 바로 그 소년이 나타난다. 그런데 그는 고교생이라고는 볼 수 없는 건장한 젊은이였다. 그는 검은 모자와 잿빛 옷을 입고 있었다. 그리고 그는 의자에 앉아 검은 옷을 입은 또 하나의 젊은 남자와 이야기를 한다. 그 장면이 지나가면서 꿈을 꾼 환자는 새로운 활력을 느끼고, 자신이 대원들과 다시 합세할 수 있다는 것을 느낀다. 그리하여 그들은 모두 다음 언덕으로 올라간다. 그곳에서 아득한 아래쪽에 그들이 목표하는 지점이 보였는데, 그것은 새로운 항구도시였다. 그는 이 항구를 발견함으로써 원기가 솟고 활력을 되찾게 되었다.

이 꿈에서는 최초의 에피소드에서 볼 수 있는 초조하고 불쾌하며 고독했던 여행과는 달리, 꿈을 꾼 환자는 다른 무리와 함께 있다. 이와 같은 대조는 고독이나 타인과의 관계의 사회적인 영향에 대한 젊은이다운 반항이라는 초기의 패턴으로부터 변화되고 있음을 보여준다. 이러한 사실은 타인과의 관계에 새로운 능력이 생겼음을 의미하므로, 그의 애니머가 이전보다도 잘 활동하고 있음을 암시하고 있다— 즉 그것은 애니머가 이전에는 그에게 준비해 주지 않았고 또 없어졌던 모자를 발견하는 형태로 상징되어 있다. 그러나 꿈을 꾼 환자는 이미 지쳤다. 그리고 레스토랑에서의 장면은, 이런 뒷걸음질에 의해 새로운 힘이 태어날 것이라는 희망을 품고 새로운 힘에 의해 자신의 어린 시절의 태도를 응시하고 싶다는 그의 요구를 반영하고 있다. 그리하여 그것이 일어났던 것이다. 그가 최초로 보게 되는 것은 젊은 영웅의 역할이 상연될 것임을 알리는 포스터이다. 즉 고교생이 페르세우스 역을 연기하는 것이다. 그때 그는 자기와는 명백하게 대조

영웅이 여성을 구출한다는 것은 어머니가 갖는 '탐욕스러운' 측면으로부터 애니머를 해방하는 것을 상징한다. 이러한 측면은 랑그다(226쪽)—사악한 여성의 정령—의 탈을 쓴 발리 섬의 무용수들에 의해 표현되고(아래), 또한 그리스 신화의 영웅인 이아손을 삼킨 뒤 다시 뱉어낸 뱀(위)에 의해서도 표현된다.

적인 친구와 함께 있는 그 소년 ― 지금은 어른이 되어 있다 ― 을 본다. 한쪽은 밝은 잿빛 옷을 입고 있었고 다른 한 사람은 검은 옷을 입고 있었는데, 내가 이미 앞에서 풀이했듯이 그들은 쌍둥이의 변형이라고 생각할 수 있다. 그들은 자아와 제2의 자아의 대립을 나타내는 영웅상이다. 그러나 그것들은, 여기에서는 조화적인 통일된 관계로 나타나고 있다.

이 환자의 연상이 이 점을 확인하고 또한 잿빛 옷의 이미지가 사회에 적응한 인생의 세속적 태도를 표명하고 있는 데 대해, 검은 옷의 이미지는 목사가 검은 옷을 입는다는 의미로 미루어 정신적인 면을 표현하고 있음을 강조했다. 그들이 모자를 쓰고 있었던 것은, 그리고 그가 지금 자기의 모자를 발견한 일은 그 자신의 청년시절 초기에 몹시 결여되어 있다고 느꼈던 비교적 성숙한 자기동일성을 그들이 달성했다는 것을 나타내는 것이다. 그는 청년시절 초기에는 인생의 지혜 탐구자로서 이상적인 자기상(自己像)을 갖고 있었음에도 불구하고 '트릭스터

흔히 있는 애니머의 상징은 항구도시다. 오른쪽의 그림은 샤갈이 그린 포스터로서 니스(남프랑스)를 인어로 의인화하고 있다.

적' 소질에 여전히 매달려 있는 상태였다.

그가 그리스의 영웅 페르세우스를 연상한 것은 기묘한 것으로서 큰 잘못을 보여주고 있기 때문에 더욱 흥미롭다. 그가 페르세우스는 미노타우로스를 죽이고 크레타의 미궁에서 아리아드네를 구출한 영웅이라고 생각하고 있었음이 이것으로서 분명해졌다. 페르세우스라는 이름을 나에게 써주었을 때, 그는 자신의 잘못을 깨달았던 것이다. 미노타우로스를 죽인 것은 페르세우스가 아니라 테세우스였다. 그리고 이와 같은 잘못을 범했을 때 흔히 그러하듯이, 이 잘못은 두 영웅에게 어떤 공통점이 있다는 사실을 그에게 깨닫게 함으로써 갑자기 의미 있는 것이 되었다. 그 두 영웅은 모두 무의식의 악마적인 어머니의 힘에 대한 공포감을 극복하려 했으며, 또한 그 힘으로부터 한 젊은 여성의 이미지를 해방시키지 않으면 안 되었다.

페르세우스는 응시하는 모든 것을 돌로 바꾼다는 무시무시한 용모와 뱀의 머리를 가진 괴물 메두사의 목을 자르지 않으면 안 되었다. 그리고 그는 훗날 안드로메다를 지키고 있던 용을 퇴치해야 했다. 테세우스 쪽은 아테네인의 젊은 부성적인 정신을 나타내며, 크레타의 미궁에 사는 미노타우로스라는 괴물 — 이 괴물은 크레타 섬의 모성적이고 불건전한 퇴폐주의를 상징한 것 같다 — 과 용감히 맞서 싸우지 않으면 안 되었다(모든 문화에서 미궁은 모성적 의식세계의 복잡하고 뒤엉킨 것의 표현이라는 의미를 갖고 있다. 그리고 보편적 무의식의 신비스러운 세계에 들어가기 위한 특별한 이니시에이션의 준비가 되어 있는 사람만이 이 미궁을 통과할 수 있는 것이다). 이 위험을 극복함으로써 테세우스는 비탄에 잠긴 처녀 아리아드네를 구해 냈다.

이 구출은 어머니의 이미지가 갖는 탐욕스러운 측면으로부터 애니머상을 해방시킨다는 것을 상징하고 있다. 이러한 해방이 성취되기 전까지는 남성은 여성과의 관계에 대한 최초의 참된 능력에 도달할 수 없다. 이 남성이 어머니로부터 애니머를 충분히 분리시키지 못했다는 사실은 또 다른 꿈에서도 강조되고 있다. 그 꿈속에서 그는 용 — 그의 어머니와 결부된 '탐욕스러운' 측면을 나타내는 상징적 이미지 — 을 보았던 것이다. 이 용은 그를 쫓아왔다. 그러나 무기를 갖고 있지 않았으므로 그에게는 최악의 싸움이었던 것이다.

그렇지만 의미 깊게도 아내가 그의 꿈속에 나타난다. 그리고 그녀가 출현하자 용은 보다 작고 보다 덜 무서운 것이 되었다.

꿈속에서의 이러한 변화는 꿈을 꾼 사람이 결혼함으로써 뒤늦게나마 그의 어머니와의 결부를 극복하고 있음을 나타낸다. 바꾸어 말하면 그는 여성에 대한, 더 나아가서 성인사회 전체에 대한 보다 성숙한 관계를 달성하기 위해 어머니와 아들의 관계에 결부된 심적 에너지를 해방시키는 수단을 찾아내야만 했던 것이다. 영웅과 용의 싸움은 이러한 '성장' 과정의 상징적인 표현이었다.

그러나 영웅에게는 생물학적인 부부의 적합성을 초월해야 할 목표가 있다. 그것은 모든 참된 창조적 행위에 필요한 마음의 내적 구성 요소로서의 애니머를 자유롭게 만드는 일이다. 이 남자의 경우에는 인도 여행의 꿈에서 직접적으로는 설명되지 않았으므로, 그런 결과가 나타날 것이라고 짐작할 수밖에 없다. 그리고 내가 확신하는 바이지만, 언덕을 넘어가는 그들의 여행과 조용한 항구도시가 여행의 목적지로서 제시된 것은 그의 참된 애니머 기능을 발견할 수 있다는 충분한 가능성을 약속하고 있는 것이다. 이러한 나의 가설을 그도 확인했을 것이라고 믿는다. 인도 여행시 한 여인으로부터 보호(레인 해트)를 받지 못함으로써 느꼈던 처음의 원망스러운 심정은 치유되었을 것이다(꿈에서 의미 깊게 배치된 도시는 곧잘 애니머의 상징이 될 수 있다).

이 남자는 참된 영웅 원형과의 접촉을 통해 자기 자신의 안전에 대한 약속을 보장받았으며, 집단에 대한 협력적이고 사교적인 새로운 태도를 찾아냈다. 따라서 당연히 원기가 회복됐다는 기분이 저절로 솟아났다. 영웅 원형이 표현하고 있는 힘의 내적인 원천에 의거하여 그런 기분이 솟아났던 것이다. 즉 그는 자기 내부에 존재하는 그런 힘이 여성에 의해 상징되었다는 것을 명백히 인식하게 되었다. 그리하여 자기 자아의 영웅적 행위에 의해 어머니로부터 그 자신을 해방시켰던 것이다.

현대인의 꿈속에 나타나는 영웅신화의 많은 예에서 볼 수 있듯이, 영웅으로서의 자아는 순수하게 자기중심적인 현실주의자라기보다는 오히려 본질적으로 항상 문화의 담당자이다. '트릭스터' 조차도 그릇되게 인도되거나 그 목적에서 멀어지기도 하지만, 원시인이 그렇게 간주하고 있었던 것처럼 실은 세계에 대한 공헌자인 것이다. 나바호 신화에서는 '트릭스터'는 코요테가 되어, 그는 창조행위로서 하늘에 별을 뿌리고 피할 수 없는 죽음의 우연성을 만들어냈다. 그리고 재현의 신화 속에서 그는 홍수의 위협으로부터 인간들을 구출하기 위해 그들을 구멍이 뚫린 갈대의 골짜기로 인도했다. 사람들은 그곳을 지나 한 세계로부터 그 위에 있는 다른 세계로 달아났던 것이다.

여기서 우리는 명백히 어린아이 같은, 전의식적(前意識的) 내지 동물적인 수준의 존재로부터 시작되는 저 창조적 진화의 유형과의 관련을 문제로 삼고 있는 것이다. 의식적 행위를 효과적으로 행할 수 있을 만큼 자아가 고양되는 일은, 진정한 문화 영웅에 뚜렷이 나타나 있다. 이와 마찬가지로 유년 내지 사춘기의 자아는 부모의 기대라고 하는 압박으로부터 자유로워져 하나의 인간이 되는 것이다. 의식의 수준으로까지 올라가는 과정의 하나로서 영웅과 용의 투쟁은 계속 일어나야 하며, 혼돈상태에서 하나의 문화 패턴을 형성하는 인간의 거대한 과제에 필요한 에너지를 해방시키기 위해 투쟁은 재차 행해져야만 할 것이다.

  그 일에 성공했을 때 우리는 완전한 영웅상이 자아의 힘의 일종(또는 집합적인 명칭으로 표현하면 종족의 동일성)으로 나타나는 것을 보게 된다. 그때 자아의 힘은 이미 괴물이나 거인들을 퇴치할 필요가 없다. 그것은 이러한 마음속 깊이 숨어 있던 힘이 인격화될 수 있는 지점에까지 도달하고 있는 것이다. '여성적 요소'는 더 이상 꿈속에서 용으로서가 아니라 여인으로 나타난다. 마찬가지로 인격의 '그림자' 측면은 그다지 무섭지 않은 형태를 취하게 된다.

  이에 대한 중요한 예는 50세 가까운 남자의 꿈에 뚜렷이 제시되어 있다. 그는 일생 동안 실패의 두려움과 결부된 불안의 주기적 발작에 시달려왔다(이 공포는 원래 의심 많은 어머니에 의한 것이다). 그러나 실제로는 그는 직업면에서나 대인관계에서 보통 이상의 성공을 거두었다. 꿈속에서 그는 아홉 살짜리 아들이 중세 기사의 빛나는 갑옷을 입고 열여덟 살 내지 열아홉 살쯤 된 젊은이로 나타남을 본다. 그 젊은이는 검은 옷의 사내들과 싸우기 위해 불려온 것이다. 그곳에서, 그는 먼저 싸우려고 자세를 취한다. 그러다가 그는 갑자기 갑옷을 벗고 무서운 무리의 우두머리에게 미소를 보낸다. 그들이 싸우지 않고 친구가 될 것임은 명백하다.

  꿈속의 아들은 이 사람 자신의 성숙되지 못한 자아이다. 그는 자주 자신의 회의의 형태를 취한 그림자에 의해 위협받고 있었던 것이다. 어떤 의미에서는 그는 성인이 되고 나서 줄곧 이 적에게 싸움을 걸고 승리를 거두어왔던 것이다. 그리고 지금 그와 같은 회의 없이 아들이 성장하고 있음을 보고는 실제로 용기를 얻었고, 특히 그 자신의 환경 유형에 가장 가까운 형태의 적절한 영웅의 이미지를 형성했기 때문에 그는 더 이상 그림자와 싸울 필요가 없다는 것을 깨달았다. 그는 그림자를 받아들일 수 있었던 것이다. 그 점은 우호적인 행위에 의해 상징되고 있다. 그는 더 이상 개인적 우월감 때문에 싸울 필요가 없게 되고, 민주주의적인 공동체를 만들기 위한 문화적 임무에 동화하게 되었다. 이같은 결말은 알찬 인생에 도달했을 때 영웅적인 과제를 넘어 진정으로 성숙된 태도로 인간을 이끄는 것이다.

    그러나 저절로 이러한 변화가 일어나는 것은 아니다. 그것은 이니시에이션의 원형의 갖가지 형식으로 표현되는 과도기를 필요로 한다.

이니시에이션의 원형

심리학적 의미에서 볼 때 영웅상은 자아 그 자체와 동일하다고 간주할 수 있는 것은 아니다. 그것은 유년시절 초기에 부모의 이미지에 의해 야기되는 원형으로부터 자아가 분리되기 위한 상징적인 방법으로서 설명하는 편이 좋을 것이다. 융 박사는 어떤 인간이든 본래 전체성의 느낌, 즉 자기에 관한 강하고 완전한 감각을 갖고 있음을 시사한다. 개인이 성장함에 따라 심적인 것의 총체인 자기로부터 개별화된 자아의식이 출현하는 것이다.

지난 몇 년 동안 융의 후계자들의 손에 의해 영아기로부터 유아기에 이르는 과도기에 일어나는 일련의 일들—그 일들을 통해 개인의 자아가 출현한다—이 기록되기 시작했던 것이다. 이러한 분리는 본래의 전체성의 감각을 심하게 훼손당하지 않고는 달성될 수 없다. 또한 자아는 심적인 건강을 유지하기 위해 쉴새없이 뒤돌아보며 자기와의 관계를 재정립하지 않으면 안 된다.

영웅신화가 마음의 분화 과정의 첫 단계라는 것은 나의 연구를 통해 명백해졌을 것이다. 자아가 전체성을 가진 본래의 상태로부터 상대적 자율성을 획득하기 위해서는 네 단계의 주기를 거쳐야 될 것 같다고 나는 말했었다. 어느 정도의 자율성을 획득하기까지는, 개인은 성인으로서의 환경을 자기와 관련지을 수 없는 것이다. 그러나 영웅신화는 이러한 해방이 반드시 일어나리라는 것을 보장해 주

원시적인 부족의 토템(대부분은 동물)은 부족 단위마다 부족 각자의 귀속성(歸屬性)을 상징한다.
왼쪽 : (의식적인 춤에서) 부족의 토템은 에뮤(emu ; 오스트레일리아에 주로 분포되어 있는 타조와 비슷한 큰 새)의 흉내를 낸다. 현대인의 집단에서도 그들의 표상으로서 토템과 같은 동물을 사용한다.
오른쪽 : 17세기경 비유적으로 그려진 벨기에의 지도 위에 있는(벨기에 왕실의 문장) 사자.

지는 않는다. 그것은 다만 어떻게 해서 그것이 일어날 수 있고, 그 결과 어떻게 자아가 의식을 획득하는가를 보여주는 데 불과하다. 개인이 가치 있는 인생을 보내고 사회 내부에서 개성을 관철하는 데 필요한 감각을 얻는 것이 가능해지기 위해서는 그 의식을 어떻게 의미 있는 방법으로 유지하고 발전시킬 것인가 하는 문제가 아직도 남아 있는 것이다.

고대의 역사나 현대의 미개사회의 의식은 이니시에이션의 신화나 의식에 관한 풍부한 자료를 제공하고 있다. 그런 의식에 의해 젊은 남녀가 부모의 곁을 떠나 강제로 그 일족이나 종족의 멤버에 속하게 되는 것이다. 그러나 어린아이의 세계로부터 분리됨으로써 원래의 부모의 원형은 상처를 입을 것이고, 이 상처는 집단생활에 대한 동화라고 하는 치료 과정을 통해 치유되어야 하는 것이다(집단과 개인의 동화는 토템 신앙의 동물로서 자주 상징화된다). 그와 같이 하여 집단은 상처입은 원형의 요구를 충족시키고 제2의 부모가 된다. 이러한 제2의 부모를 위해 젊은이는 처음에는 상징적으로 희생을 하게 되는데, 이것은 오직 새로운 인생으로 재출발하기 위해서인 것이다.

융 박사가 '젊은이를 억누르는 힘으로 바쳐지는 살아 있는 제물과 똑같은 의식'이라고 평한 이 의식에서 우리는 원초적인 원형의 힘이 영웅 대 용의 싸움으로 상징되는 방법으로는 아무도 영원히 극복될 수 없는 그 무엇을 보게 된다. 즉 그와 같은 방법으로는 반드시 무의식의 풍부한 힘으로부터 소외된다고 하는 결여감을 동반하게 되는 것이다. 우리는 '쌍둥이' 신화에서 자아와 자기 사이의 지나친 분리를 나타내는 교만이 자기들의 행위를 앞에 두고 느끼는 공포에 의해 어떻게 수정되고 그 결과 그들로 하여금 자아와 자기와의 조화적인 관계로 어떻

왼쪽 : 매는 미국 공군사관학교 축구 팀의 마스코트.
오른쪽 : 동물이 아닌 토템적인 표상으로 영국의 학교나 클럽을 나타내는 넥타이와 배지를 진열한 쇼윈도.

이니시에이션의 원형 _ 235

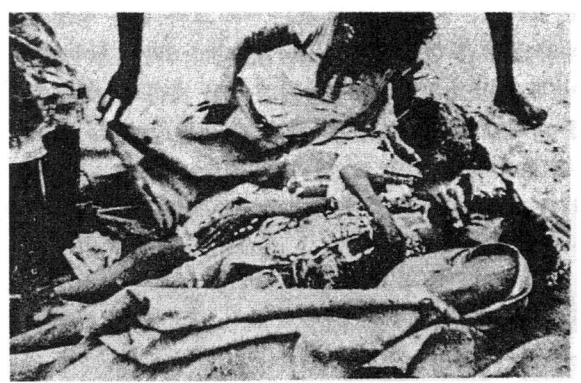

원시인의 이니시에이션 의식은 젊은이를 성인으로 인정하고 부족의 집단적인 귀속성에 입문시킨다. 몇몇 원시적인 사회에서는, 이니시에이션에는 할례(상징적인 희생)가 따른다. 사진은 오스트레일리아 원주민 사이에서 행해지는 할례식의 네 단계이다. 236쪽 위와 가운데 사진에는 소년이 모피에 싸인 채 뉘어져 있다(상징적인 죽음으로서, 그들은 그곳으로부터 재생한다). 그들은 운반되어 실제로 수술을 하는 남자에게 맡겨진다(236쪽 아래). 할례를 받은 소년에게 그들의 새로운 지위의 표시인 남성용 원추형의 모자가 주어진다(237쪽 위). 그들은 마지막으로 부족으로부터 격리되어 정화되는 교육을 받는다(237쪽 아래).

이니시에이션의 원형 _ 237

게 되돌아가게 하는가를 보았다.

부족사회에서는 이 문제를 가장 효과적으로 해결해 주는 것이 이니시에이션의 의식이다. 이 의식은 후보자를 원초적인 어머니와 아들의 동일성, 또는 자아와 자기와의 동일성의 가장 깊은 수준으로 되돌아가게 함으로써 마침내 상징적인 죽음을 체험하게 한다. 바꾸어 말하면, 그의 동일성은 보편적 무의식 속에서 일시적으로 분할되거나 해소되는 것이다. 그는 의례적으로 이 신생(新生)의 의식을 통해 이 상태에서 구출된다. 이것이 토템·씨족·부족, 혹은 이 셋이 모두 결합된 모습으로 나타내는, 즉 보다 큰 집단과 자아를 진정으로 결합시키는 최초의 행위이다.

부족적인 집단에서든 좀더 복합적인 사회에서든 의식이라는 것은 으레 이러한 죽음과 재생의 의식을 강조하고 있다. 그리고 그것은 유년의 초기에서 후기로 옮겨지는 것이든, 청년시절의 초기에서 후기로 또는 청년기에서 성인기에 이르는 것이든, 인생의 한 단계에서 다음 단계로 옮겨지는 '통과의례'를 신참자에게 마련해 주고 있다.

물론 이 도입의 사건은 청년의 심리학에 국한되는 것은 아니다. 개인의 인생을 통해, 어떤 새로운 발전단계에서도 자기의 요구와 자아의 요구 사이에 일어나는 원초적인 갈등은 되풀이되게 마련이다. 사실 이 갈등은 인생의 어느 시대보다도 성년의 초기에서 중년으로 넘어가는 시기(서구 사회에서는 35세부터 40세 사이)에 가장 강하게 나타날 것이다. 그리고 중년기에서 노년기로의 이행에 있어서는 자아와 마음 전체 사이에 차이가 있음을 긍정적으로 받아들일 필요가 생긴다. 즉 영웅에게는 죽음이라는 삶의 소멸에 대해 자아의식의 방어를 위해 일어서는 것이 마지막으로 요청된다.

이러한 결정적인 시기에는 이니시에이션의 원형은 강한 세속적인 색채를 띠는 청년기의 의식보다 훨씬 더 큰 어떤 정신적인 만족감을 주고 의미 깊은 전환을 이룩하기 위해 힘차게 활동시킨다. 이 종교적 의미에서의 이니시에이션의 원형적 패턴—고대로부터 '신비'로 알려져 온 것—은 탄생이나 결혼 혹은 사망 시에 특별한 예배의 방식을 요구하는 모든 교회의 의식 속에 내포되어 있다. 영웅신화의 연구와 마찬가지로 이니시에이션의 연구에서도 현대인, 특히 분석을 받고 있는 사람의 주관적인 경험 속에서 실례를 찾아내야 한다. 정신병 전문의의 치료를 받고 있는 사람의 무의식 속에서 우리가 역사로부터 배운 이니시에이션의 주된 패턴과 흡사한 이미지가 나타난다 하더라도 놀랄 것은 없다.

아마도 젊은이에게서 가장 흔히 나타나는 주제는 고난, 즉 힘의 시련일 것이다. 이것은 영웅신화를 묘사하는 현대인의 꿈에서 볼 수 있는 것과 동일하게 여겨질지도 모른다. 이를테면 폭풍과 구타를 감수해야 했던 뱃사람의 예라든가, 레인 해트 없이 인도를 도보로 여행한 것에 의해 표현된 적성시험이라든가, 또는 잘생긴 젊은이가 제단에서 인간 제물이 되었을 때 육체적 고난을 겪게 되는 이 주제가, 내가 설명한 최초의 꿈의 논리적 귀결에 도달했음을 알 수 있다. 이 희생은 이니시에이션의 도입과 비슷하지만 그 목적은 분명하지 않았다. 그것은 마치 새로운 주제에 관한 길을 열어주기 위해 영웅의 주기를 완성하려는 것 같았다.

영웅신화와 이니시에이션 의식 사이에는 하나의 놀랄 만한 차이가 있다. 전형적인 영웅의 이미지는 그 야망을 달성하기 위해 온갖 노력을 한다. 요컨대 비록 그들이 교만 때문에 뒤에 처벌되든 살해되든, 어쨌든 일단은 목적을 달성한다. 이와는 반대로 이니시에이션의 후보자는 자신의 야망이나 모든 욕망을 버리고 고난을 받아들일 것을 요청받는다. 그는 성공할 희망 없이 이 시련을 기꺼이 경험하지 않으면 안 된다. 사실 그는 죽음에 대한 준비도 하지 않으면 안 된다. 시

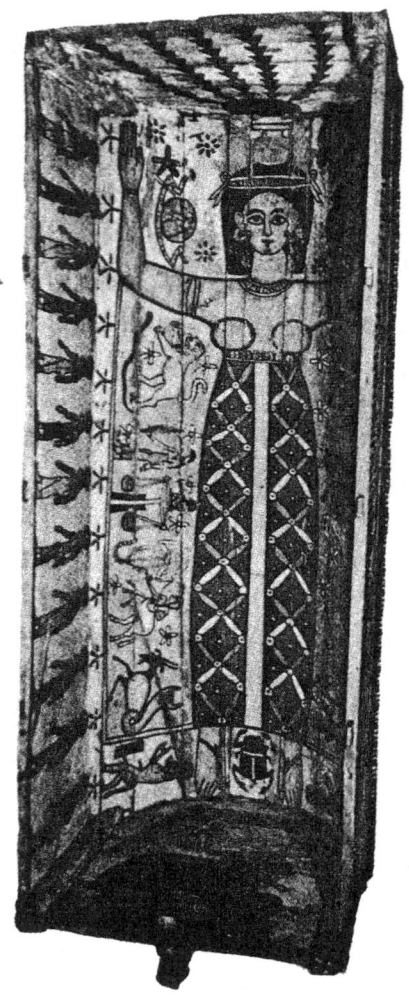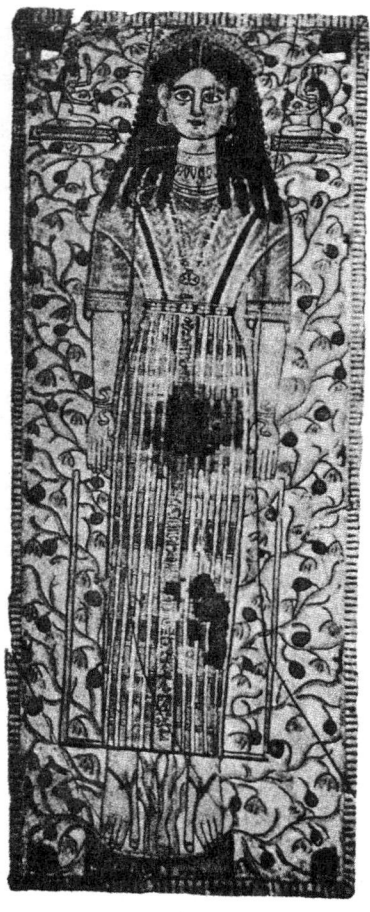

원형적인 태모(모든 생명을 포함한다)와의 상징적인 관련을 나타내는 테베의 장식 석관(2세기경). 그 뚜껑 안쪽에는 이집트의 여신인 누트의 초상화가 그려져 있고, 여신은 사망자의 몸을 포옹한다(사망자의 초상은 오른쪽 바닥에 그려져 있다).

련의 표시가 가벼운 것이든(일정 기간 동안 단식한다거나 이를 뽑는다거나 문신을 새기는 것) 혹은 고통에 넘친 것이든(할례나 그 밖에 신체의 일부를 절단함으로써 겪는 아픔) 목적은 언제나 동일하다. 즉 재생의 상징적 기분을 솟아나게 하는 듯한 죽음의 상징적 분위기를 만들어주는 것이다.

25세 된 남성이 정상에 제단 같은 것이 있는 산에 오르는 꿈을 꾸었다. 그는 제단 근처에서 자신의 모습을 새긴 대리석 석관을 보았다. 그때 베일을 쓴 신관(神官)이 지팡이를 짚고 다가오는데, 그 지팡이 끝에는 일륜상(日輪像)이 시뻘겋게 불타고 있다(나중에 그는 꿈에 관해 이야기하면서 산에 오르는 일은 분석을 받음으로써 자제심을 얻고자 하는 자기의 노력을 상기시킨다고 말했다). 그가 놀란 것은 죽어 있는 자기를 발견한 일이었다. 그리고 그는 완성했다는 느낌 대신 무엇을 빼앗겼다는 느낌과 공포를 맛보았다. 그런 후에 그는 무슨 빛을 받고 온몸에 힘이 솟고 다시 젊어지는 기분을 느꼈다.

이 꿈은 이니시에이션과 영웅신화 사이에 있는 차이점을 극히 간결하게 나타내고 있다. 산에 오르는 행위는 힘의 시련을 암시하는 것처럼 보인다. 즉 이것은 청년기로 발달해 가는 영웅적인 단계에서 자아의식을 획득하기 위한 의지인 것이다. 그 환자는 자신이 정신요법에 접근하는 것은 성인이 되기 위한 여러 가지 시험에 접근하는 것과 같다고 생각했다. 그는 그 시험에, 이 사회의 젊은이에게서 특징적으로 볼 수 있는 경쟁이라는 방법으로 이미 접근하고 있었던 것이다. 그러나 이 제단의 광경은, 그가 그 자신보다 큰 힘에 대해서는 경쟁보다는 오히려 복종하는 편이 낫다는 것을 가르쳐주었다. 그는 자기가 죽어서 모든 생명의 원초적 용기(用器)로서의 원형적인 어머니를 상기시키는 상징적인 형태(석관)로 매장되어 있는 것처럼 자기 자신을 보지 않으면 안 된다. 그와 같은 복종의 행위에 의해서만 그는 재생을 경험할 수 있는 것이다. 활력을 불어넣어 주

네 종류의 이니시에이션의 의식.
위 왼쪽 : 수녀원에 처음 들어간 수녀가 솔로 바닥을 닦는 겸허한 행위를 하고 있다(1958년의 영화 〈수녀 이야기〉에서). 그 옆은 머리를 자르는 장면이다(중세의 그림에서).
가운데 : 적도를 통과하는 배의 승객은 '통과의식'을 하지 않으면 안 된다.
아래 : 미국 대학의 신입생과 상급생의 전통적인 격투 장면.

는 의식이 아버지인 태양의 상징적인 아들로서의 그에게 또다시 생명을 주는 것이다.

여기서 우리는 이것을 영웅 주기, 즉 '태양의 아들들'인 쌍둥이의 주기와 혼동할지도 모른다. 그러나 이 경우에는 신참자가 자기의 분수를 넘을 것이라는 징후는 없다. 그 대신 청년기에서 성인기로의 통과를 표시하는 죽음과 재생의 의식을 경험함으로써 겸허함을 배우게 된 것이다.

나이로 미루어볼 때 그는 이미 이러한 과정을 거쳤어야 했지만, 발달이 지연되는 바람에 그 상태에 그대로 머물러 있었던 것이다. 이 지연이 그를 신경증에 걸리게 했고, 그 때문에 그는 치료를 받으러 왔던 것이다. 그리하여 꿈은 그에게 부족의 좋은 주술사라면 누구라도 할 수 있는 현명한 충고를 해주었던 것이다. 즉 자신의 힘을 증명하기 위해 산에 오르는 일은 단념해야 하며, 성인의 새로운 도덕적 책임을 질 준비를 하도록 하는 입문적(入門的) 변신의 의미 깊은 의식에 따라야 한다는 충고인 것이다.

이니시에이션의 의식을 성공으로 이끄는 기본적인 태도라고 간주되는 복종의 테마는, 소녀나 부인들의 경우에서 분명히 볼 수 있다. 그녀들의 통과의식은 기본적인 수동성이라는 것을 먼저 강조한다. 그리고 이것은 월경주기로 인해 그녀들의 자율성에 생리적 제한이 가해짐으로써 더욱 강화된다. 이런 월경주기는 사실상 여성의 시점에서 보는 이니시에이션의 중요한 부분이 된다고 한다. 왜냐하면 월경주기는 여성을 지배하는 생명의 창조력에 대하여 마음속 깊이 존재하는 복종 감각을 일깨워주는 힘이 있기 때문이다. 이리하여 마치 남자가 집단의 공동생활 속에서 자기에게 할당된 역할에 몰두하듯이 여성도 여성들의 기능을 다하게 된다.

한편 여성도 남성 못지않게 새로운 탄생을 경험하기 위해 궁극적인 희생으로

이끄는 최초의 힘의 시련을 겪게 된다.

이 희생을 통하여 여성은 인간관계의 분규로부터 자유로워질 수 있고, 자신의 정당한 권리를 주장할 수 있는 한 개인으로서 좀더 의식적인 역할을 할 수 있게 된다. 그 반대로 남성의 희생은 그 성스러운 독립을 포기하는 것으로서, 그 결과 그는 보다 의식적으로 여성과 결합되는 것이다.

여기서 우리는 남성 대 여성의 원초적인 대립성이라고 할 수 있는 것을 바로잡아 주는 형태로 남성이 여성을, 여성이 남성을 서로 잘 알게 해준다는 이니시에이션의 한 측면에 도달하는 것이다. 남성의 지혜(로고스)는 여성의 관계성(에로스)과 만나고, 그리하여 그들의 결합은 고대의 밀의종교(密議宗敎)에서 발생한 이래 이니시에이션의 핵심을 차지해 온 성스러운 결혼이라는 상징적인 의식으로 표현된다. 그러나 현대인이 이것을 파악하기란 매우 어렵다. 그래서 현대인은 자주 인생에서 특별한 위기를 겪게 되는 것이다.

이 희생이라는 모티프가 성스러운 결혼의 모티프와 결합하는 꿈을 몇 명의 환

결혼은 남자와 여자가 서로 복종해야만 하는 이니시에이션 의식이라고 할 수 있다. 그러나 어떤 사회에서는 의식적으로 신부를 '납치' 함으로써 그 복종을 대신하기도 한다—말레이 제도나 보르네오의 다야크족이 그러하듯이(오른쪽은 1955년 영화 〈잃어버린 대지〉의 한 장면. 이 관습은 오늘날에도 신부를 안고 문지방을 넘는 행동에 그 흔적이 남아 있다.

자가 나에게 이야기해 주었는데, 그중 하나는 젊은 남자가 꾼 꿈이다. 그는 사랑에 빠졌으나, 결혼이 어머니의 강력한 이미지에 의해 지배되는 감옥과 같은 것이 되어 버릴까 두려워 결혼을 거부하는 젊은이였다. 그의 어머니는 유년시절 그에게 강한 영향을 주었으며, 그는 미래의 장모에게서도 그와 비슷한 위협을 느꼈던 것이다. 그는 이 두 어머니가 그 자식들을 지배했던 것처럼 아내도 자기를 지배하지 않을까 하여 결혼을 망설이고 있었다.

이 꿈속에서 그는 다른 한 남자 및 두 여자와 의식적인 춤을 추었다. 두 여자 중 하나는 그의 약혼녀였고, 다른 남녀는 나이 지긋한 부부였다. 이 사람들은 꿈을 꾼 사람에게 강한 인상을 주었다. 왜냐하면 그들은 서로 매우 친함에도 불구하고 서로의 독립성을 인정해 주고, 상대에게 소속되었다는 인상은 주지 않았기 때문이다. 그러므로 이 두 사람은 젊은이에게 상대의 개인적인 성질의 발달을 억압하지 않는 결혼생활을 보여주었던 것이다. 만일 이런 상태에 도달할 수만 있다면 그는 결혼을 쉽게 받아들였을 것이다.

이 의식적인 춤에서 남자는 각각 자기 파트너를 상대하고 있었고, 네 사람은 사각형의 네 귀퉁이를 차지하도록 위치하고 있었다. 춤을 추는 동안 그것이 검무(劍舞)의 일종임이 분명해졌다. 춤추는 사람들은 모두 손에 단검을 들고 복잡한 아라베스크 무늬를 그렸는데, 마치 일련의 움직임이 공격과 정복을 번갈아 하는 충동을 암시하듯이 팔다리를 계속 움직였다. 이 춤의 마지막 장면에서 네 명 모두 검을 자기 가슴에 꽂고 죽지 않으면 안 되었다. 그런데 유독 이 꿈을 꾼 사람만이 자살하기를 거부했던 것이다. 그리하여 다른 사람들이 모두 쓰러진 뒤에도 혼자 우뚝 서 있었다. 그는 다른 사람들과 함께 자신을 희생시키지 않은 자기의 비겁함을 진심으로 부끄럽게 여겼다.

이 꿈은 나의 환자에게 인생에 대한 태도를 바꿀 준비가 되어 있다는 것 이상의 무엇인가가 있다는 사실을 깨닫게 해주었다. 그는 자기중심적으로 살아왔고 독립에 관해 환상적인 안전성을 탐구해 왔지만, 내적으로는 어머니에 대한 유아적인 복종에 의해 야기되는 공포에 사로잡혀 있었다. 자기 마음의 유아적인 상태를 희생시키지 않는 한 고립되고 치욕을 당하리라는 것을 알고 있는 까닭에 그는 성인의 생활에 도전할 필요가 있었던 것이다. 이 꿈과 꿈의 의미를 파악함으로써 그의 의문이 풀리게 되었다. 젊은이는 그 배타적인 자율성을 포기하고, 영웅적이 아니라 함께 사는 것으로서 타인과 공유하는 자기의 인생을 받아들이기 위한 상징적인 의식을 통과했던 것이다.

　이리하여 그는 결혼을 했고 아내와의 관계에서 상응하는 만족감을 찾아냈다.

원형적인 성스러운 결혼(남성원리와 여성원리라는 대립하는 것의 결합)은 시바와 파르바티라는 신들로 표현된다(19세기 인도의 조각).

그리고 사회에서의 그의 활동은 방해를 받기는커녕 결혼에 의해 실제로 강화되었던 것이다.

아버지나 어머니가 눈에 보이지 않는 결혼이라고 하는 베일의 배후에 숨어 있을지도 모른다는 신경증적인 공포는 별도로 하더라도, 정상적인 젊은이조차 결혼의 의식에 두려움을 느낄 만한 충분한 이유가 있다. 결혼은 본질적으로 여자의 이니시에이션 의식이며, 거기에서 남자는 단지 정복하는 영웅으로 느끼는 것이다. 이러한 공포에 대항하는 의식으로 부족사회에서 신부의 납치나 강간과 같은 의식이 있었다고 해도 놀랄 것은 없다. 이것은 남자가 신부에게 복종하고 결혼의 책임을 지지 않으면 안 되는 바로 그 순간에 그로 하여금 영웅적인 역할의 유물에 집착하게 하는 것이다.

그러나 결혼이란 주제는 그 자체가 더욱 깊은 의미를 지닌 우주적인 이미지다. 결혼은 실제로 아내를 얻는 것임과 동시에 남성 자신의 마음속에 있는 여성적인 요소를 상징적으로 발견하는 일이기도 하며, 이것은 환영할 일이고 필수적인 것이라고조차 할 수 있다. 그러므로 어떤 나이의 남성이라도 자극에 대한 합당한 반응으로서 이런 원형과 만나게 될 것이다.

그러나 모든 여성이 결혼에 대해 호의적으로 반응한다고 할 수는 없다. 어떤 여자 환자는 직업에 대해 원대한 포부를 갖고 있었지만, 결혼을 위해 그것을 단념하지 않으면 안 되었다. 이 결혼은 매우 힘들었고, 결국 오래 지속되지 못했다. 그녀는 무릎 꿇고 있는 남자의 반대편에 자기도 무릎 꿇고 있는 꿈을 꾸었다. 남자는 그녀의 손가락에 끼워주기 위해 반지를 들고 있었는데, 그녀는 긴장된 태도로 오른손 약지를 내밀었다—이것은 명백히 결혼의 의식에 위배되는 것이다.

이 여자의 중요한 잘못을 지적하는 것은 쉬운 일이었다. 왼손 약지를 내미는 대신(그것에 의해 그녀는 남성 원리와 균형이 잡힌 자연스러운 관계를 받아들일 수 있다) 그녀는 남성에 대해 바쳐야 할 것은 자기의 의식적인 인격(즉 오른쪽)이라고 잘못 생각했던 것이다. 실제로 결혼은 그녀 자신의 의식에 떠오르지 않은 자연스러운 부분(즉 왼쪽)만을 남편과 함께 나눌 것을 요구하고 있었다. 그리하여 이 결합의 법칙은 문자 그대로의, 혹은 절대적인 의미가 아니라 상징적인 의미를 갖고 있었을 것이다. 그녀의 두려움은 강한 가부장적인 결혼에 의해 자기의 고유성을 잃을지도 모른다는 여성적인 공포에서 나온 것이다. 따라서 이 결혼에는 그녀의 입장에서 볼 때 저항할 만한 충분한 이유가 있다.

그럼에도 불구하고 원형적 형태를 갖춘 성스러운 결혼은 여성의 심리학에서 특별히 중요한 의미를 갖는다. 그 때문에 여성에게 결혼은 청춘기를 통해 도입적인 성격을 갖는 다수의 예비적인 사건에 의해 준비되고 있는 것이다.

미녀와 야수

오늘날 우리 사회에서는 소녀들도 남성의 영웅신화에 참가하고 있다. 왜냐하면 소년들과 마찬가지로 소녀들 역시 확고한 개성을 발전시켜야 하며 교육도 받지 않으면 안 되기 때문이다. 그러나 마음속에 보다 오래된 층이 있어서, 이것이 그녀들을 남성화하는 것이 아니라 여성으로 완성시키는 목적을 갖고 감정의 표면에 떠오르는 것 같다. 이 마음의 낡은 알맹이가 나타나기 시작하면, 오늘날의 여성은 그것을 억압하려고 할 것이다. 그것은 우정이라는 속박되지 않은 평등성이나, 현대 여성의 특권이 된 남성과 경쟁할 수 있는 기회로부터 그녀를 떼어놓을 염려가 있기 때문이다. 이러한 억압은 매우 효과적이므로, 그녀가 학교나 대학에서 배운 남성적인 지적 목표와 동화하는 일에 일시적으로 성공하게 될 것이다. 결혼을 하고 어머니가 된다는 암묵(暗默)의 명령을 포함한 결혼의 원형에 표면상 복종하면서도 그녀는 아직 자유롭다는 어떤 종류의 환상을 계속 갖게 될 것이다. 그러므로 오늘날 자주 볼 수 있듯이 고통에 찬(그러나 궁극적으로는 보상을 받는다) 모습으로 자신 속에 매장해 버린 여성다움을 마침내 재발견하는 갈등이 일어날 수 있다.

나는 이러한 예를 결혼한 어떤 젊은 부인에게서 보았다. 그녀에게는 아직 아이가 없었지만, 가족들이 기대하고 있었으므로 언젠가는 하나나 둘쯤 낳을 작정이었다. 그런데 그녀의 성적 반응은 불만족스러운 것이었다. 이것은 그녀와 남편을 고뇌하게 만들었지만, 그것이 어떤 이유 때문인지 그들로서는 설명할 수가 없었다. 그녀는 명문 여자대학을 우등으로 졸업했으며, 남편이나 남자친구들과의 지적인 교우관계를 즐기고 있었다. 그녀의 생활의 이런 측면은 꽤 오랫동안 잘 유지되었지만, 그 동안에도 때때로 감정이 폭발하여 공격적인 태도로 말을 하는 일이 있었다. 그 때문에 남성들은 멀어졌으며, 그녀도 자기 자신에 대해 견

1946년에 제작된 영화 〈미녀와 야수〉의 세 장면
위 : 미녀의 아버지가 야수의 정원에서 흰 장미를 훔치다가 붙잡히는 장면.
아래 왼쪽 : 죽어가고 있는 야수.
아래 오른쪽 : 야수가 왕자로 변하여 미녀와 함께 걷고 있다. 이 이야기는 젊은 여성의 이니시에이션, 즉 그녀가 자기의 본성인 성적이고 동물적인 면과 조화롭게 살기 위한 아버지의 속박으로부터의 해방을 상징한다. 이것이 이루어지기까지 그녀는 남성과 참된 관계를 맺을 수 없다.

디기 어려운 불만을 느꼈다.

이러한 때에 그녀는 어떤 꿈을 꾸었다. 그 꿈이 아주 중요하게 생각되었으므로, 그녀는 그 이해에 필요한 전문적인 충고를 구하기 위해 찾아왔다. 그녀는 꿈 속에서 그녀 자신과 같은 젊은 여자들의 대열에 서 있었다. 그리고 그녀들이 나아가는 광경을 보고 있었는데, 각자가 대열의 선두에 이르기만 하면 단두대에서 목이 잘리는 것이었다. 그녀 자신은 아무런 공포도 느끼지 않고 자기 차례가 되면 기꺼이 그 일을 받아들이려는 태도로 대열에 남아 있었다.

나는 그녀에게, 이것은 그녀가 '두뇌로만 산다'는 습관을 포기할 준비가 되어 있음을 의미한다고 설명해 주었다. 즉 그녀의 육체가 자연스러운 성적 만족을 얻고 모성이라는 생물학적인 소임을 달성하기 위해서는 자기의 육체를 해방시키는 방법을 배워야 하는 것이다. 꿈은 이 결정적인 전환을 할 필요성이 있음을 보여주고 있었다. 그녀는 '남성적'인 영웅의 역할을 포기하지 않으면 안 되는 것이다.

예상했던 대로 이 교양 있는 부인은 지적인 수준에서 이 해석을 받아들이는 데 아무런 어려움도 느끼지 않았다. 그리고 좀더 순종적인 여성으로 자기 자신을 변화시키려고 시도했다. 그뒤 그녀의 애정생활이 개선되었고, 두 명의 훌륭한 아이의 어머니가 되었다. 자신을 좀더 잘 알게 됨에 따라 그녀는 남성(또는 남성적으로 훈련된 여성의 마음)에게 인생이란 영웅적인 의지에서 나오는 행위처럼 무력으로써 획득해야만 하는 것임을 알기 시작했다. 그러나 자기 자신을 바르게 느끼는 여성에게 있어서는 인생이란 차츰 깨어 가는 과정을 통해 최고로 실현되는 것이다.

이런 종류의 깨달음을 표현한 세계 공통의 신화로 《미녀와 야수》라는 동화가 있다. 이 이야기 중 가장 잘 알려진 대목은, 어떻게 하여 네 자매의 막내딸인 미녀가 아버지의 마음에 들게 되었는가 하는 것이다. 다른 딸들은 아버지에게 좀 더 값비싼 선물을 졸랐지만 그녀는 단지 한 송이의 흰 장미를 갖고 싶다고 말했다. 그녀는 다만 자기의 심정에 성실했을 뿐이다. 그것이 아버지의 생명을 위태롭게 만들고 아버지와의 이상적인 관계를 끊어지게 만들 줄은 몰랐다. 아버지는 야수의 마법의 뜰에서 딸에게 줄 흰 장미를 훔쳤다. 야수는 이 도둑질에 화를 내고 석 달 뒤에 벌 — 아마도 죽음을 의미할 것이다 — 을 받으러 오라고 명한다(아버지에게 선물을 가지고 귀가하는 유예를 주었을 때, 야수는 본래의 성격에서 벗어난 행동을 하고 있다. 특히 아버지가 집에 돌아가려고 할 때 가방에다 황금을 가득 채워 선물한 것이 그러하다. 미녀의 아버지의 설명에 의하면, 야수는 잔인하면서 동시에 친절하기도 한 것이다).

미녀는 아버지의 벌을 대신 받겠다고 주장하고 석 달 뒤 마법의 성으로 간다. 성에서 그녀에게는 아름다운 방 하나가 제공되고, 때때로 야수가 찾아오는 이외에는 아무런 근심 걱정도 느끼지 않는다. 야수는 찾아올 때마다 자기와 결혼해 달라고 조른다. 그녀는 그때마다 거절한다. 그러나 아버지가 병으로 누워 있는 광경을 마법의 거울을 통해 본 그녀는, 야수에게 일주일 이내에 돌아오겠다는 약속을 하고 아버지를 간호할 수 있도록 집에 다녀오게 해달라고 간청한다. 야수는 만일 그녀가 버린다면 자기는 죽을 것이라고 말한 다음, 일주일 동안 다녀오라고 그녀를 보낸다.

집에 도착하자 그녀의 화려한 출현에 아버지는 기뻐하지만 언니들은 질투한다. 그리하여 언니들은 미녀가 약속한 날보다 늦게 가게 하려고 계책을 꾸민다. 마침내 그녀는 야수가 실망한 나머지 죽어가는 꿈을 꾼다. 그제야 그녀는 너무 오래 머물렀던 것을 깨닫고 야수를 되살리기 위해 돌아간다.

빈사상태에 빠진 야수가 추하게 생겼다는 것도 잊고 미녀는 그를 정성껏 돌봐

준다. 야수는 그녀 없이는 살 수 없었다는 것과, 이제 그녀가 돌아와 주었으니 행복하게 죽을 수 있다고 말한다. 그러나 이번에는 미녀가 야수 없이는 살아갈 수 없으며, 자기가 그를 사랑하고 있었음을 깨닫게 된다. 미녀는 그에게 자신의 심정을 말하고, 만일 그가 죽지만 않는다면 아내가 되겠다고 약속한다.

그 순간 성이 광채와 음악으로 가득 차면서 야수는 사라진다. 그 대신 아름다운 왕자가 나타나서, 자신이 마녀의 마법에 걸려 야수로 변해 있었다는 사실을 말한다. 이 마법은 미녀가 오직 야수의 선량함 때문에 그를 사랑하지 않을 수 없게 되어야만 풀릴 수 있었던 것이다.

이 이야기 속의 상징이 의미하는 것을 해석하면, 미녀는 아버지와 감정의 굴레로 맺어지고 그 정신적인 특성 때문에 점점 더 속박되는 젊은 여성이나 부인의 대표적인 인물이라고 볼 수 있다. 그녀의 선량함은 흰 장미를 요구한 것으로 상징화되고 있는데, 그 숨은 의미는 그녀의 무의식적인 의도가 단지 선량함뿐만 아니라 잔인함과 친절함을 겸비한 것을 나타내고 있는 어떤 원리의 힘에 아버지 및 자기 자신을 맡겨버리려는 것이라고 할 수 있다. 그녀는 지극히 고결하면서도 비현실적인 태도에 자신을 붙잡아두는 사랑으로부터 도망치기를 원하고 있었던 듯하다.

야수를 사랑하게 됨으로써 그녀는 동물적인(그러므로 불완전한), 그러나 순수하게 에로스적인 형태 속에 간직된 인간의 사랑의 힘에 눈뜨게 된다. 짐작컨대 이것은 관계성의 참된 기능에 대한 자각을 나타내고 있다. 이 자각에 의해 그녀는 근친상간의 두려움 때문에 억압할 수밖에 없었던 그녀의 근원적 소망인 에로스적 요소를 받아들일 수 있는 것이다. 이를테면 아버지로부터 떨어지기 위해 그녀는 근친상간에 대한 공포를 받아들여야 했고, 또한 동물 같은 인간을 알게 되었으며, 여자로서의 참된 반응을 발견하기까지 자기가 공상 속에서 그 공포와 더불어 사는 것을 인정할 수밖에 없었다.

이런 방법으로 그녀는 억압된 힘으로부터 자기 자신과 자기의 남성상을 구제하게 되고, 말로 표현할 수 있는 가장 좋은 의미로 정신과 자연을 결합시키는 것으로서 자기의 사랑을 믿게 하는 능력을 의식하게 되는 것이다.

억압에서 풀려난 나의 환자 중 이러한 근친상간의 공포를 제거할 필요성을 나타낸 꿈을 꾼 여성이 있었다. 그것은 이 환자에게는 정말로 현실적인 공포였다. 왜냐하면 어머니의 사망 후 아버지는 그녀에게 극단적일 만큼 친밀한 태도를 보였기 때문이다. 꿈속에서 그녀는 광포한 수소에게 쫓기고 있었다. 그녀는 처음에는 달아났지만 곧 그것이 소용없는 일임을 깨달았다. 그녀가 쓰러지자 수소가 그녀를 덮쳤다. 그녀에게는 수소에게 노래를 불러주는 것만이 달아날 수 있는 유일한 희망이었다. 그리하여 떨리는 목소리로 노래를 부르자 수소는 유순해지고 혓바닥으로 그녀의 손을 핥기 시작했다. 이 해석은, 이제 그녀가 친밀해진 여성적인 방법으로 남자와 관계를 맺을 수 있게 되었음을 나타내고 있다―단지 성적인 것뿐만 아니라 에로스적으로도.

그러나 비교적 나이가 든 여성의 경우에는 '야수'의 테마는 아버지를 향한 개인적인 집착에 대한 해결책을 찾는다거나 성적 금기를 해방하는 등의 요청을 나타내고 있지 않다. 또한 그 테마는 정신분석학적으로 생각하는 합리주의자가 신화에서 발견하고 싶어하는 어떤 것도 제시하지 않는다. 사실 이 테마는 청년기의 정점이나 폐경기가 닥쳐오는 갱년기와 같은 의미 깊은 여자의 이니시에이션의 어떤 경우를 나타낼 수도 있다. 즉 정신과 자연의 결합이 저해되면 어떤 연령층에서도 일어날 수 있는 것이다.

갱년기를 맞이한 여성이 다음과 같은 꿈을 제시하고 있다.

나는 낯선 몇 명의 여성과 함께 이상한 집의 계단을 내려가고 있었습니다. 그런데 갑자기 험악한 얼굴에 잿빛과 검은 테가 둘린 모피를 입은, 꼬리가 길고 심술궂은 태도의 기괴한 유인원(類人猿)의 무리와 마주쳤습니다. 우리는 그들에게 완전히 압도되어 버렸는데, 문득 나는 우리 스스로를 구하는 유일한 길은 벌벌 떨거나 도망치거나 혹은 싸우는 것이 아니라 그들이 자신들의 좋은 면을 깨닫도록 유도하며 인간적으로 다루는 것이라는 생각이 들었습니다. 그때 한 유인원이 나에게 다가왔으므로, 나는 마치 댄스 파트너에게 하듯이 절을 하고는 그와 춤을 추기 시작했습니다.

나중에 나는 초자연적인 치료의 힘을 얻게 되었습니다. 그리고 죽음을 목전에 둔 한 사나이가 나타납니다. 나는 깃털 같기도 하고 새의 부리 같기도 한 것을 들고 있었는데, 그것으로 그의 콧구멍에 공기를 불어넣어 주자 그는 다시 호흡을 하기 시작했습니다.

이 여성은 결혼하여 아이를 키우는 동안 줄곧 자기의 창조적인 재능을 잊고 지내야만 했다. 일찍이 그녀는 유명하지는 않았지만 작가로서 괜찮은 평판을 들은 적이 있었던 것이다. 그 꿈을 꾸었을 당시 그녀는 다시 작가로 돌아가고자 노력하고 있었으며, 동시에 자신이 좋은 아내, 친구, 어머니로서 자격이 없다는 생각에 매우 비관하고 있었던 것이다. 이 꿈은 비슷한 변화를 겪고 있는 다른 여성들의 관점에서 그녀의 문제점을 제시했는데, 그들은 극도로 높은 의식의 수준에서 이상한 집이라고 하는 아주 낮은 영역으로 내려오고 있는 중이었다.

이 꿈은 동물적인 인간으로서의 남성 원리를 수용하도록 호소하고 있고, 보편적인 무의식의 어떤 의미 깊은 국면에 이르렀다고 상상할 수 있다. 이 동물적인 인간은 우리가 원시적인 영웅 주기의 초기에 보았던 장난꾸러기인 '트릭스터'

와 같다.

그녀가 이 유인원과 관계를 갖는 일, 그리고 그의 좋은 면을 끄집어내어 그를 인간화시키는 일은, 그녀가 자기에게 천성적으로 갖추어져 있는 창조적인 정신 가운데 어떤 예측하기 어려운 요소를 먼저 인정하지 않으면 안 된다는 것을 의미한다. 그 요소를 통해 그녀는 평범한 일상생활의 굴레에서 벗어나 인생의 후반기에 있는 그녀에게 좀더 어울리는 새로운 방식으로 작품활동을 할 수가 있게 되는 것이다.

이런 충등이 창조적인 남성 원리와 관련을 갖는 것은 꿈의 두 번째 장면에 제시되어 있다. 그 장면에서 그녀는 코에 새의 부리와 같은 것으로 공기를 불어넣음으로써 한 사나이를 소생시킨다. 이 공기를 불어넣는 행위는 에로스적인 따뜻함의 원리라기보다는 영혼이 부활할 필요가 있다는 것을 암시한다. 이것은 전세계에 널리 알려져 있는 상징으로, 이런 의식적인 행위는 새로이 획득한 것에 창조적인 생명의 숨을 불어넣어 준다.

또 다른 여성의 꿈으로 '미녀와 야수'의 '자연'의 측면을 강조하는 것이 있다.

무엇인가가 창문으로 날아들었습니다. 또는 누군가가 던져넣은 것인지도 모릅니다. 그것은 소용돌이치는 듯한 황색과 검은색의 다리를 가진 거대한 곤충 같았습니다. 이어서 그것은 기묘한 동물로 변했습니다. 호랑이처럼 노랑과 검은 줄무늬가 있었는데, 곰 같기도 하고 인간의 손 같기도 한 발을 가졌으며, 늑대처럼 뾰족한 얼굴을 하고 있습니다. 그 동물은 뛰어다니며 어린아이에게 해를 가할 것 같습니다. 일요일 오후, 나는 흰빛으로 통일된 옷을 입고 주일학교에 가는 소녀와 만납니다. 나는 경찰을 불러 도움을 청해야만 합니다.

그러나 그때, 그 동물이 반은 여자이고 반은 동물의 모습으로 변하는 것을 봅니다.

그것은 나에게 꼬리를 흔들며 다가와 사랑을 구합니다. 나는 그것이 동화 속의 광경이거나 꿈일 것이라고 느끼며, 친절만이 그 동물을 바꿀 수 있다고 생각합니다. 나는 그것을 따뜻하게 안아주려고 했지만 아무래도 잘되지 않습니다. 나는 그것을 밀어내고 맙니다. 그러나 나는 그것을 잡아두고 그것과 친해지지 않으면 안 됩니다. 그러면 나는 언젠가는 그것에 입을 맞출 수 있을 것이라는 생각이 듭니다.

여기에는 앞에 나온 것과 다른 상황이 있다. 이 여성은 자기 속의 남성적인 창조 기능에 의해 정열적으로 일을 진행시켰던 것이다. 그리고 그 때문에 결국 강박감을 느끼게 되고 심적인 선입관에 빠지고 말았다. 이리하여 그녀는 아내로서의 여성적인 기능을 자연스럽게 해낼 수가 없었던 것이다(그녀는 이 꿈에 관한 연상에서 "남편이 집에 돌아오면, 나의 창조적인 면은 바닥에 숨겨두고 나는 극도로 계획적인 주부가 되었습니다"라고 말했다). 이 꿈은 뜻하지 않은 전환을 하여 나쁜 쪽으로 향하고 있던 정신을 여성 쪽으로 향하게 했다. 그녀는 이 여성을 자기 속에 받아들이고 가꾸어나가지 않으면 안 되는 것이다. 즉 그녀는 이렇게 함으로써 자기의 창조적인 지적 흥미를 타인과 조용히 관계할 수 있는 본능과 조화시킬 수 있는 것이다.

이것은 잔혹하며 동시에 친절한 자연의 생명의 이원성(二元性)을 새로이 수용하는 것을 의미한다. 그녀의 경우에 근거해서 말한다면, 그것은 저돌적이고 모험적이며, 동시에 소박하고 창조적이며 가정적인 것이다. 이처럼 상반되는 것은, 자각이 고도로 지성화된 심리적 단계에 있는 경우를 제외하고는 명백히 조화를 이룰 수 없다. 그러므로 외출복으로 차려 입고 주일학교에 가는 저 천진난만한 아이에게는 물론 위험한 것이리라.

이 여성의 꿈은, 그녀가 자신에 관한 극도로 순박한 이미지를 극복할 필요성이 있음을 말한다고 해석할 수도 있다. 그녀는 서로 대립하는 자기의 감정을 기꺼이 받아들이지 않으면 안 되었던 것이다. 마치 '미녀'가 아버지에 대한 순박한 신뢰를 포기하지 않으면 안 되었던 것처럼. 아버지는 '야수'의 정애(情愛) 깊은 분노를 사지 않고는 아버지의 감정이라는 순백의 장미를 그녀에게 줄 수 없었던 것이다.

오르페우스와 사람의 아들

《미녀와 야수》는 야생화와도 같은 동화로서, 매우 뜻하지 않은 형태로 나타나고 경이에 대한 극히 자연스러운 느낌을 우리에게 불러일으키므로, 그 꽃이 식물의 어떤 강(綱)·속(屬)·종(種)에 속하는지 한때 잊게 해줄 정도이다. 이러한 이야기에 본래 갖추어져 있는 신비스러움은 단지 큰 역사적인 신화 속에서뿐만 아니라 신화가 표현되는 의례(儀禮), 또는 신화의 원천이 되는 의식에서도 보편적으로 볼 수 있는 것이다.

이런 종류의 심리학적 경험이 적절히 표현되어 있는 의식이나 신화의 예는 디오니소스(Dionysos ; 주신제〈酒神祭〉)의 그리스·로마 종교, 그리고 그 계승자인 오르페우스(Orpheus ; 신비주의)에서 찾아볼 수 있다. 이 두 종교는 '신비'로 알려져 있는 어떤 종류의 의미 깊은 이니시에이션을 제공했다. 그들은 양성적 특성을 가진 신인(神人)과 관련된 상징을 만들어냈다. 신인은 동물과 식물의 세계에 깊은 이해를 갖고 있었고, 그 비밀스러운 인도를 주관하는 자라고 생각되었던 것이다.

디오니소스적 종교는 자기의 동물적인 성격에 몸을 맡김으로써 '어머니인 대지'의 풍요로운 힘을 경험하는 것이 반드시 필요하다는 것을 가르친다. 그 종교는 마시고 또 마시고 하는 식의 축제의식을 내용으로 한다. 디오니소스 종교에서 행하는 통과의례의 제1 동인(動因)은 술이었다. 입문자를 엄중히 보호된 자연의 신비 속으로 인도하기 위해 필요한 의식의 상징적인 저하를 만들어내는 일이 생각되었는데, 자연의 신비의 본질이라는 것이 에로스적 충족의 상징에 의해 표현되고 있었다. 즉 디오니소스신은 그 배우자인 아리아드네와 성스러운 결혼의 의식에 의해 맺어지는 것이다.

시간이 지남에 따라 디오니소스 의식은 그 감동적인 종교적 힘을 잃고 말았다. 생명과 사랑에 대해 순수하게 자연적인 상징을 갖는 그들의 배타적인 편견

◀ 디오니소스를 숭배하는 무녀들.
▼ 그리스의 신 디오니소스가 황홀경에 빠져 류트를 연주하고 있다(항아리에 그려져 있는 그림). 디오니소스 신앙의 열광적이고 광란적인 의식은 이니시에이션을 상징한다(아래 오른쪽). 마찬가지로 열광적으로 숭배하는 사티로스(아래 왼쪽).

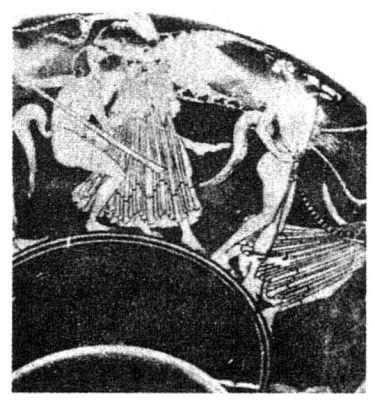 

으로부터 벗어나고자 하는 거의 동양적인 욕구가 출현했던 것이다. 디오니소스 종교는 정신적인 것에서 육체적인 것으로 끊임없이 변전했으므로, 아마도 금욕적인 사람들에게는 너무나 야만스럽고 난폭하게 생각되었을 것이다. 그 결과 이 사람들은 오르페우스 신앙에서 종교적 황홀을 내적으로 경험하게 되었던 것이다.

오르페우스는 실존 인물이었다. 가수이고 예언자이며 교사이기도 했던 그는 순교했고, 그리하여 그의 무덤은 성지가 되었다. 초대 기독교회가 오르페우스에게서 그리스도의 원형을 본 것은 놀라운 일이 아니다. 두 종교가 모두 후기 헬레니즘기에 성스러운 내세에 대한 약속을 했던 것은, 그리스도나 오르페우스나 모두 인간이면서 성스러운 것의 매개자였으므로 로마 제국 아래서 멸망해 가는 그리스 문화를 지키던 군중들에게, 그들이 동경하고 있던 내세에 대한 희망을 심어주었기 때문이다.

그러나 오르페우스 종교와 그리스도 종교 사이에는 하나의 중요한 차이가 있다. 비록 신비적인 형식으로 승화되기는 했지만, 오르페우스의 밀의는 오래된 디오니소스 종교의 특성을 되살리고 있었다. 이 정신적인 기동력은 반신반인(半神半人)에서 나온 것이고, 그 신에 의해 농업 기술에 바탕을 둔 종교의 가장 의미 깊은 특징이 보존되고 있었다. 그 특징이란 풍요의 신들이 가지고 있는 오랜 형식으로서, 그 신들은 사계절로부터 오는 것이다. 바꾸어 말하면, 그것은 탄생과 성장과 성숙과 소멸의 주기가 영원히 반복되는 것이다.

한편 기독교는 이러한 밀의(비밀스런 의례)를 추방해 버렸다. 그리스도는 가부장적인 유목민족의 목가적 종교의 산물이며 개혁자였다. 이 종교의 예언자들은 그들의 메시아를 절대적으로 성스러운 기원을 가진 존재라고 주장했다. '사람의 아들'은 비록 동정녀로부터 태어나기는 했어도 그 근본은 있으며, 그곳으로부터

그는 인간의 모습으로 화신하여 나타났던 것이다. 죽은 뒤 그는 하늘로 돌아갔다. 그것은 한 차례뿐이었고 '죽은 자가 깨어날 때'라는 '재림'이 있기까지 하느님의 오른편에 군림하게 되었다.

물론 이 초기 기독교의 승천(昇天)의 교리는 오래 존속되지 못했다. 주기적으로 행하는 밀의에 관한 기억이 어느 정도까지 후계자에게 남아 있었으므로, 교회는 결국 이교적 과거로부터 계승한 많은 행사를 그 의식에 혼입시키지 않으면 안 되었던 것이다. 이중에서 가장 의미 깊은 것이 성토요일과 부활절에 그리스도의 부활을 축하하여 행해진 행사의 오랜 기록에 나타나 있는 것이리라—그 대표적인 것은 중세의 교회가 적절한, 그리고 의미 깊은 이니시에이션 의식의 하나로 만들어낸 세례의식이다. 그러나 이 의식은 현대에는 거의 남아 있지 않고, 특히 프로테스탄트에서는 완전히 사라져 버렸다.

이보다 훨씬 오래 존속해 온 것으로 신자에게 아직도 이니시에이션의 중심적인 신비의 의미를 주고 있는 것으로는, 성찬식에서 성배(聖杯)를 받드는 가톨릭 교회의 의식이 있다. 이것은 융 박사가 그 저작 《미사에 있어서의 변용의 상징》 속에서 기술하고 있다.

▲ 폼페이의 '신비의 성'에 있는 거대한 프레스코화에 그려져 있는 디오니소스의 의식. 입신자가 중앙에서 디오니소스의 의식용 잔을 받고 있는데, 그는 그 잔 속에 자기의 등뒤에 있는 신의 얼굴이 비치고 있음을 본다. 이것은 신령이 술을 통해 상징적으로 참여한다는 의미로서, 로마 가톨릭 교회의 미사에서 성배를 올리는 의식과 동일한 의미가 있다.(▶)

성배를 높이 들어올리는 것은 포도주의…… 성화(聖化)를 준비하는 것이다. 이것은 곧 이어서 행해지는 성령에 대한 기도문에 의해 확인된다. ……이 기도문은 포도주에 성령을 불어넣는 일을 돕는 것이다. 왜냐하면 성령은 자식을 낳고, 채우고, 바꾸는 것이기 때문이다…… 올리고 난 뒤에, 이전에는 성배가 그리스도의 오른쪽 옆구리에서 흘러나온 피에 해당된다고 하여 빵의 오른쪽에 내려놓았던 것이다.

성찬의 의식은 어디서나 마찬가지로 디오니소스의 잔을 마시거나, 또는 그리스도교의 성배를 들어올려 마시는 것에 의해 표현된다. 그러나 개개의 참가자에게 가져다주는 깨달음의 정도는 다르다. 디오니소스 의식의 참가자는 사물의 근원, 즉 어머니인 대지의 자궁으로부터 강제로 불러나온 신의 '폭풍과 같은 탄생'에까지 거슬러올라간다. 폼페이에 있는 '신비의 성(The Villa de Misteri)'이라는 프레스코 벽화에는 공포의 가면을 쓴 신을 불러내고 있는 의식이 묘사되어 있는데, 이 가면은 신관이 입문자에게 건네주는 디오니소스의 잔에 비치고 있다. 뒤에 그것은 지상의 값비싼 과일을 가득 담은 키가 되고, 생식과 성장의 원칙이 되는 신의 현현(顯現)의 창조적 상징인 남근(男根)이 되는 것이다.

탄생과 죽음이라는 자연의 영원한 주기에 초점을 맞춘 이 후향적(後向的)인

▲ 트라키아의 처녀에게 오르페우스가 살해되는 장면(그리스의 항아리).
◀ 노래로 동물들을 매료시키고 있는 오르페우스(로마 시대의 모자이크 그림).

왼쪽 : 선한 목자인 그리스도(6세기경의 모자이크 그림). 오르페우스나 그리스도나 자연인의 원형에 일치한다. 또한 크라나흐가 그린 '자연인'의 천진함(오른쪽)을 나타낸다.

견해와는 대조적으로 그리스도교의 깊은 교의는 초월신과 입문자가 궁극적으로 합일한다고 하는 희망을 목표로 하고 있다. 어머니인 자연은 아름다운 사계절의 변화를 동반하며 흘러가 버리지만, 기독교의 중심상은 정신적인 확신을 제공한다. 왜냐하면 그는 하늘에 계신 하느님의 아들이기 때문이다.

이 양자는 오르페우스의 이미지 속에서 얼마간 융합되고 있다. 즉 디오니소스를 기억하고 있는 신이 그리스도를 목표로 하고 있는 것이다. '신비의 성'에 묘사되어 있는 오르페우스 의식의 해석 중 스위스의 작가 린다 피에르츠 데이비드는 이 중간적인 형태가 갖는 심리학적 의미에 관해 설명했다.

오르페우스는 노래를 부르고 하프를 켜면서 가르쳤다. 그의 노래는 아주 힘차서 모든 자연을 지배할 정도였다. 즉 그가 하프를 켜며 노래를 하면 새가 그 주위를 날고 고기는 물속에서 그를 향해 뛰어올랐다. 바람은 자고 바다는 잔잔해졌으며, 강물은 그를 향해 거꾸로 흘렀다. 눈도 우박도 내리지 않았다. 나무나 돌조차 오르페우스의 뒤를 따라왔다. 호랑이나 사자는 양과 나란히 그의 발밑에 누웠고, 늑대들은 수사슴과 새끼

사슴의 곁에 있었다. 그런데 이런 사실에는 어떤 의미가 있는 것일까? 그것은 자연현상의 의미를 꿰뚫어보는 신적인 통찰력에 의해…… 자연에서 일어나는 일들이 내면에서부터 조화롭게 질서를 이루게 됨을 의미하는 것이다. 예배의 행위 속에서 중보자(仲保者)는 자연의 빛을 대표하지만, 그때 온갖 것이 빛으로 화하여 모든 피조물은 길들여지는 것이다. 오르페우스는 헌신과 경건의 화신으로서, 모든 분쟁을 해소시키는 종교적 태도의 상징이다. 왜냐하면 그로 인해 모든 영혼은 분쟁과는 상반되는 방향으로 향하게 되기 때문이다…… 그러므로 이런 것들을 행할 때 그는 참된 오르페우스가 된다. 즉 그의 원시적 화신인 훌륭한 양치기가 되는 것이다.

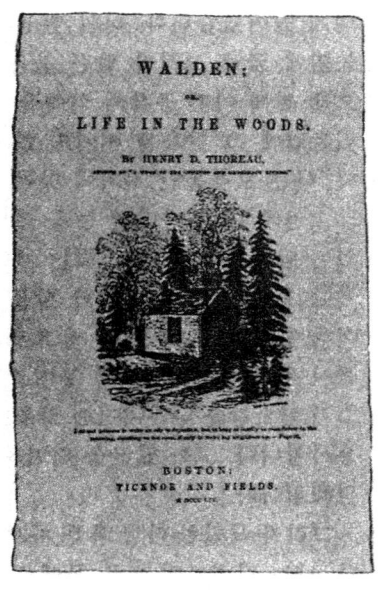

왼쪽 : 18세기의 프랑스 사상가인 루소로서, 죄와 악에 물들지 않은 순진한 어린아이로서의 '숭고한 야성'의 사상을 발전시켰다.
오른쪽 : 19세기의 미국 작가 소로가 쓴 《월든》의 표지. 그는 문명에서 거의 완전하게 격리된 자연의 삶을 믿고, 실천했다.

훌륭한 양치기 및 중보자라는 의미에서 오르페우스는 디오니소스 종교와 기독교 사이의 균형을 이루고 있다. 왜냐하면 이미 앞에서 말했듯이 시간적으로나 공간적으로 다른 방향을 목표로 하고 있음에도 불구하고—한쪽은 지하세계적인 주기성의 종교이고 또 한쪽은 천상적인 종말론 내지 목적론적인 것이다—디오니소스와 그리스도 사이에는 비슷한 역할이 있음을 알 수 있기 때문이다. 종교 역사의 흐름으로부터 도출된 이 일련의 이니시에이션의 사건은 현대인의 꿈이나 환상 속에서 생각할 수 있는 한의 개인적인 이동(異同)을 수반한 채 끊임없이 되풀이되는 것이다.

분석을 받고 있는 한 여성이 심한 피로와 우울증에 빠진 상태에서 다음과 같은 환상을 보았다.

나는 창문이 없는 높은 아치형 천정의 방에서 긴 테이블에 앉아 있었습니다. 나의 몸은 구부러지고 위축되어 있습니다. 나는 어깨에서부터 바닥까지 늘어진 백색의 긴 린넬 천 이외에는 아무것도 몸에 걸치고 있지 않았습니다. 그리고 무엇인가 결정적인 일이 내게 일어났습니다. 나의 인생은 이제 얼마 남지 않았습니다. 눈앞에 금색 고리가 달린 붉은 십자가가 나타납니다. 나는 아주 오래 전에 어떤 종류의 약속을 했던 일, 그리고 내가 지금 어디에 있든 그 약속을 지키지 않으면 안 된다는 것을 생각해 냈습니다. 나는 오랫동안 거기에 앉아 있습니다.

그런데 내가 가만히 눈을 뜨자 나를 치료하기 위해 옆이 앉아 있는 남자가 보입니다. 그는 자연스럽고 친절하게 보입니다. 나에게는 들리지 않지만 그가 말을 걸어 옵니다. 그는 내가 지금까지 어디에 있었는지를 모두 알고 있는 것 같았습니다. 나는 나 자신이 몹시 추우며 송장 냄새를 풍긴다는 것을 알고 있습니다. 나는 그가 혐오감을 나타내지 않을까 하고 생각합니다. 오랫동안 그를 응시합니다. 그는 얼굴을 돌리지 않습니다. 나는 숨쉬기가 한결 편해집니다.

　그러자 시원한 바람 혹은 차가운 물이 몸에 와 닿는 것을 느낍니다. 나는 린넬 천을 몸에 두르고 자연의 잠을 잘 준비를 합니다. 치료하는 남자의 양손이 나의 두 어깨 위에 놓입니다. 나는 그 자리에 일찍이 상처가 있었던 것을 막연히 생각합니다. 그러나 그 손의 무게가 나에게 활력을 주고 치유하는 것처럼 느껴집니다.

　이 여성은 일찍이 자신이 원래 속해 있던 종교에 강한 의문을 느꼈던 적이 있었다. 그녀는 신앙심 깊은 가톨릭 신자로서 전통 있는 학교에서 교육을 받았다. 그러나 소녀시절부터 집안에서 믿고 있는 엄격한 종교적 인습으로부터 자유로워지고자 고뇌해 왔다. 그럼에도 불구하고 그녀는 교회의 달력에 있는 상징적인 행사나 그것들에 대한 깊고도 풍부한 통찰력을 그 심리적인 변화를 통해 갖추었다. 종교적 상징에 관한 산지식이 그녀의 분석에 많은 도움이 되는 것을 알았다.

　자신의 환상 가운데 그녀가 중요한 것으로 택한 것은 흰 천이었다. 그녀는 그것을 제물의 천이라 생각하고 있었다. 높은 아치형 천정의 방은 무덤으로 여겨지며, 그녀의 약속은 복종의 경험과 연관지어 생각되었다. 이 약속—그녀는 그렇게 불렀다—은 죽음의 지하 납골당에 들어가는 위험한 하강이 내포된 이니시에이션 의식을 암시하고 있다. 그것은 교회와 가정을 떠나 자기 나름대로 신을 체험하려 했던 그녀 자신의 길을 상징화하고 있다. 그녀는 진정으로 상징적인 의미에서 '그리스도의 모방'을 실행하고자 했고, 그리하여 그리스도와 마찬가지로 이 죽음에 앞선 상처를 받았던 것이다.

　이 제물을 덮은 천은 사의(死衣) 또는 수의를 암시한다. 십자가에 못박힌 그리스도는 이것에 싸여 무덤 속에 안장되었던 것이다. 이 환상의 마지막 부분에 치료해 주는 한 남성상이 도입되었는데, 이것은 그녀의 분석자인 나를 막연히 연상케 하지만, 또한 그녀의 경험에 관해 잘 알고 있는 벗으로서의 자연스러운 역할을 다하고 있는 것처럼 보이기도 한다. 그는 그녀에게는 들리지 않는 목소리로 말하고 있다. 그러나 그의 두 손은 그녀를 격려하며 치료의 느낌을 주고 있다. 이 이미지에서 우리는 오르페우스 내지 그리스도로서의 선한 목자의 손과 말을 느낄 수 있다. 그는 중보자인 동시에 치료자이다. 그는 삶의 곁에서 그녀에게 무덤으로 되돌아오는 것을 확신시켜 주지 않으면 안 되는 것이다.

우리는 이것을 재생 혹은 부활이라고 부를 수 있는가? 아마 그렇게 부를 수도 있고 아닐 수도 있을 것이다. 마지막에 가서야 이 의식의 근본이 명백해진다. 즉 차가운 바람 내지는 물이 그녀의 몸에 와 닿는 것은 죽음의 죄를 깨끗하게 씻어 주는 원시적 행위이며 참된 세례의 근본인 것이다.

왼쪽 : 수소를 제물로 하는 페르시아의 신 미트라. 이 제물(디오니소스 의식의 일부이다)은 인간의 동물성에 대한 정신적인 성질의 승리를 상징한다고 볼 수 있다.
오른쪽 : 수소는 일반적으로 볼 수 있는 동물성의 상징이다—이로써 몇몇 나라에서 투우가 성행하는 것을 설명할 수 있을 것이다.

피카소의 동판화(1935년)로서, 테세우스의 신화와 마찬가지로 인간이 지배할 수 없는 본능적인 힘의 상징으로서의 미노타우로스에게 습격받는 소녀를 묘사하고 있다.

같은 여성이 다른 꿈속에서 자기 생일이 그리스도가 부활한 날과 일치된다는 느낌을 받았다(이것은 그녀에게 어머니에 대한 기억보다 훨씬 의미 깊은 것이다. 어머니는 그녀가 어린 시절, 생일마다 그렇게 원했던 자신〈自信〉과 재생의 느낌을 갖도록 해준 적이 한 번도 없었다). 그러나 이것은 그녀가 그리스도의 이미지와 자기를 동일시하고 있음을 의미하는 것은 아니었다. 그에게는 힘과 영광이 있었지만, 무엇인가가 결여되어 있었다. 그녀가 기도를 통해 그에게 가까이 가려고 하면, 그와 십자가는 하늘 높이 올라가 그녀에게는 닿지 않았던 것이다.

이 두 번째 꿈속에서 그녀는 떠오르는 태양이라는 재생의 상징에 의지하게 되었다. 그리하여 새로운 여성적 상징이 나타나기 시작했다. 처음에 '물주머니 속에 들어 있는 태아'와 같은 것이 나타났다. 그리고 그녀는 바다를 건너고 '위험한 곶[岬]을 넘어' 여덟 살짜리 사내아이를 건네주고 있는 참이었다. 그러자 새로운 변화가 일어났고, 그녀는 더 이상 두려움이나 죽음의 영향을 받지 않게 되었다. 그녀는 말했다. "나는 숲속에서 작은 폭포가 되어 흐르는 샘물 곁에 앉아 있고…… 주위에는 푸른 포도나무가 우거져 있었습니다. 나는 안에서 물이 샘솟는 돌절구와 푸른 이끼와 제비꽃을 손에 들고 있습니다. 나는 폭포 아래서 목욕을 했는데, 물빛은 금색이었으며 '비단결' 같았습니다. 나는 마치 어린아이와 같은 기분이 되었습니다."

이렇듯 변화되는 많은 이미지의 이상한 묘사 속에서는 그 내적인 의미를 놓치기 쉽지만, 그럼에도 불구하고 이와 같은 것들의 의미는 명료하다. 여기에는 보다 큰 정신적 자아가 또다시 태어나고 어린아이처럼 자연 속에서 세례를 받는다는 재생의 과정이 나타나 있는 것 같다. 그리고 그녀는 큰 어린아이를 구해냈는데, 이 아이는 어떤 면에서는 가장 상처받기 쉬운 유아기 그녀의 자아를 나타내는 것 같다. 그녀는 위험한 곳을 넘어 물속을 지나 이 아이를 건네줬는데, 이 일은 그녀의 가족이 믿는 종교로부터 너무 멀리 떠난다면 죄의식 때문에 두려움을 느끼리라는 것을 나타내고 있다. 그러나 종교적인 상징성은 그것이 결여되어 있는 경우에도 의미를 갖는다. 모든 것은 자연의 손아귀에 있다. 즉 부활한 그리스도보다는 오히려 양치기 오르페우스의 영역에 있음이 명백하다.

그뒤 계속된 꿈에서 그녀는 지오토(Giotto, di Bondone, 1266?~1337)가 그린 성프란시스코의 프레스코화(畵)에 있는 아시시(Assisi)의 사원과 비슷한 교회에 가고 있다. 이곳은 그녀에게 다른 어떤 교회보다도 훨씬 편하게 느껴졌다. 왜냐하면 성프란시스코도 오르페우스처럼 종교적인 자연인이었기 때문이다. 이것은 그녀가 소속 종교를 바꾼 일로 몹시 괴로워했을 때의 심정을 되살아나게 했지만, 지금은 자연의 빛에 고무되어 기꺼이 이런 경험과 맞설 수 있다고 믿는 것이다.

이러한 일련의 꿈은 디오니소스 종교의 희미한 반영을 받고 끝났다(이 일은 오르페우스조차도 때로는 인간 속에 있는 동물신의 풍부한 창조력으로부터 동떨어진 존재가 되는 일이 있음을 암시한다고 해도 좋을 것이다). 그녀는 금발인 어린아이의 손을 잡고 가는 꿈을 꾸었다. "우리는 태양과 숲과 꽃으로 둘러싸인 즐거운 축제에 참가하고 있습니다. 어린아이는 손에 작고 흰 꽃을 들었습니다. 그리고 나는 검은 수소의 머리에 꽃을 꽂아 줍니다. 수소도 축제에 참가하고 있습니다. 주위는 축제의 장식품으로 덮여 있습니다." 이것은 수소의 가면을 쓰고 디오니소스를 축복하는 예전의 의식을 연상시킨다.

그러나 꿈은 거기서 끝나지 않았다. 그녀는 "얼마 후에 황금빛 화살이 그 수소를 꿰뚫는다"고 덧붙였다. 디오니소스 이외에도 수소가 상징적 역할을 하는 것은 기독교 이전의 의식에도 있었다. 페르시아의 태양신 미트라(Mithra)는 수소를 제물로 바친다. 미트라는 오르페우스와 마찬가지로 영적 생명에 대한 동경을 나타내며, 이 영적 생명이 인간의 원시적인 본능을 지배하고, 그리하여 이니시에이션의 의식을 거쳐 그에게 평화를 주는 것이다.

이러한 일련의 이미지는 이런 유의 많은 환상이나 꿈에서 볼 수 있듯이, 영원한 평화나 안식처는 존재하지 않는다는 암시를 확인시켜 준다. 남자도 여자도 그 종교적인 추구에 있어서는—특히 현대 서구 사회에 살고 있는 사람들은—여전히 이러한 초기의 전통적인 힘에 영향을 받고 있다. 즉 지금까지도 전통끼리 우열을 다투고 있는 것이다. 그것은 이교와 기독교 신앙과의 항쟁이고, 또한 재생과 부활에 관한 다툼이라고 할 수 있을 것이다.

이 딜레마를 보다 직접적으로 해결하는 열쇠가 그녀의 첫번째 꿈에서 발견되었는데, 이것은 자칫 간과되기 쉬운 기묘한 상징이다. 그녀는 지하 납골당 안에서 금색 고리가 달린 붉은 십자가를 보았다고 말했다. 나중에 그녀에 대한 분석으로 명백해진 바에 의하면, 당시 그녀는 심각한 심적 변화를 경험하기 시작했으며, 이 '죽음'에서 빠져나와 새로운 종류의 삶을 시작하려던 참이었다. 따라서 그녀가 인생의 절망적인 상태에서 경험했던 이 이미지는 어떤 방법으로 앞으로의 그녀의 종교적 태도를 예고하는 것이라고 상상할 수 있다. 다음으로 그녀가 한 일은, 이 금색 고리가 기독교 이전의 신비종교에 대한 그녀의 신앙을 나타내며, 붉은 십자가는 기독교에 대한 그녀의 신앙을 나타내고 있다고 간주해도 좋은 증거를 실제로 제시했다. 그녀의 환상은, 앞으로 전개될 새로운 인생에서 기독교와 이교도적인 요소를 잘 조화시켜야 한다는 것을 그녀에게 일러주었던 것이다.

마지막으로, 그러나 상당히 중요한 것인데, 고대의 이니시에이션 의식과 기독교와의 관계를 보도록 하자. 엘레우시스의 비적(풍요의 여신 데메테르와 페르세포네를 숭배하는 의식)에서 행해지는 이니시에이션 의식은, 단지 인생을 보다 풍요롭게 살고자 하는 사람들만을 대상으로 한 것이라고는 생각되지 않는다. 그것은 죽음에 대한 준비로도 사용되고 있었던 것이다. 마치 죽음이 같은 종류의 통과의식을 필요로 하고 있는 것처럼.

에스퀼린 언덕의 콜럼바리움 근처에 있는 로마 시대의 분묘에서 납골 항아리에 이니시에이션의 최종단계를 나타내는 선명한 부조가 발견되었다. 거기에는 이니시에이션을 받는 자가 여신 앞에 나아가 이야기를 하는 장면이 그려져 있었다. 이 문양의 나머지 부분에는 성화(聖化)의 두 가지 기본적인 의식이 묘사되어 있었다 ― '신비의 돼지'인 제물과 성스러운 결혼의 신비화된 별형(別形)이다. 이 모든 것은 죽음에 이르는 이니시에이션을 가리키지만, 애도(哀悼)라는 마지막 대목의 형식은 빠져 있었다. 그것은 불사(不死)의 약속을 죽음에 지운다는 ― 특히 오르페우스적인 ― 후기의 밀의종교의 요소를 암시하고 있다. 그런데 기독교는 이것을 초월하여 불사 이상의 것을 약속했다(주기적인 밀의라는 낡은 의미에서 볼 때 이것은 단순한 환생을 의미하는 데 지나지 않을지도 모른다). 왜냐하면 기독

오르페우스와 사람의 아들 _ 273

교는 신자에게 천국에서의 영원한 삶을 약속했기 때문이다.

 그런 까닭으로 현대생활에서도 과거의 양상이 되풀이되는 것을 또다시 보게 되는 것이다. 죽음에 직면하는 방법을 배워야만 하는 사람들은 옛 교훈을 다시 한 번 고찰해 볼 필요가 있다. 그것은 죽음이 신비이며, 죽음에 대해 우리가 일찍이 삶에 대해 준비하는 법을 배운 것과 마찬가지로 복종과 겸양의 정신을 가지고 준비해야 한다고 가르치고 있는 것이다.

초월의 상징

인간에게 영향을 미치는 상징은 그 목적에 따라 다르다. 어떤 사람들은 잠에서 깨어나는 것이 필요하며, 그리하여 디오니소스의 '우레의 의식'과 같은 폭력적인 이니시에이션을 경험한다. 또한 위압을 받는 것이 필요한 사람들도 있다. 그러므로 그들은 후기 그리스의 아폴론 종교가 암시하듯이 성스러운 동굴 혹은 신전 경내의 정해진 의도에 몸을 맡기게 된다. 고대의 문헌으로부터 끌어낸 자료나 현재 살아 있는 대상에서 볼 수 있듯이 완전한 이니시에이션은 이 두 가지 주제를 모두 포함하고 있다. 그러나 이니시에이션의 근본적인 목적은 청년의 성격에 있는 '트릭스터적'인 거친 면을 길들이는 데 있음이 명백하다. 그러므로 이 과정을 자극하기 위해 의식이 아무리 과격성을 동반한다 하더라도 그것은 문명화하고 정신화한다는 목적을 갖는 것이다.

그러나 다른 종류의 상징성도 있다. 그것은 가장 오래 전부터 알려진 성스러운 전통에 속하는 것으로서, 한 개인의 인생의 과도기와 밀접하게 결부되어 있다. 그러나 이런 상징들은 신참자를 어떤 종교적 교리로 이끌거나 세속적인 집단의식으로 통합하고자 하는 것은 아니다. 오히려 반대로 그것은 지나치게 미숙한, 그리고 지나치게 고정적 또는 결정적인 상태로부터 인간을 자유롭게 해야 할 필요가 있음을 가리킨다. 바꾸어 말하면 인간이 그 성장 과정에서 보다 뛰어나고 보다 성숙한 단계로 나아갈 때 이것들은 존재를 제약하는 어떤 형식으로부터도 그를 해방 — 혹은 초월 — 시키는 일에 관련을 갖고 있는 것이다.

앞에서 설명했던 것처럼 어린아이는 완전성의 감각을 갖고 있다. 그러나 그것은 단지 그의 자아의식이 나타나기 전의 이야기다. 성인의 경우에는 완전성의 감각은 마음의 무의식의 내용과 의식의 결합을 통해 획득된다. 이 결합에 의해 융 박사가 말하는 이른바 '마음의 초월기능'이 나타나며, 그것에 의해 인간은 그 궁극적인 목표, 즉 개성적인 '자기'의 가능성의 완전한 실현에 도달할 수 있다.

이렇듯 '초월의 상징'이라는 것은 이 목표를 성취하려는 인간의 노력을 표현하고 있다. 상징이 제공하는 수단에 의해 무의식의 내용물은 의식의 영역에 들어가는 일이 가능해지며, 또한 상징 그 자체가 이들 내용물의 살아 있는 표현인

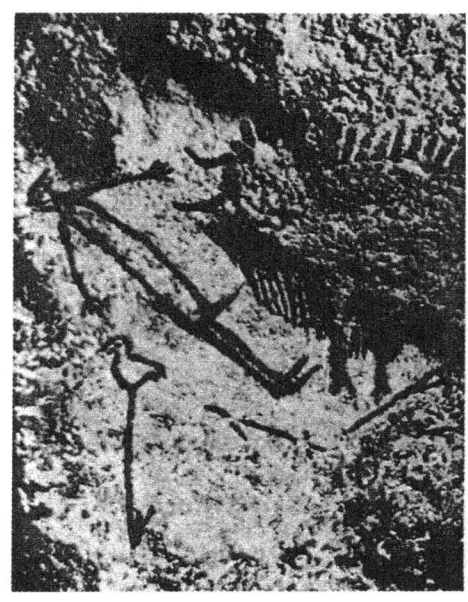

새도, 샤먼(원시적인 주술사)도 초월의 흔한 상징이며, 양자는 자주 결합한다.
◀ 라스코에 있는 선사시대의 동굴벽화는 새의 탈을 쓴 샤먼을 나타내고 있다.
▼ 새의 의상을 걸친 시베리아 부족의 샤먼.

표시 기둥에 새의 모습을 장식한 샤먼의 관.

것이다.

　이러한 상징은 그 형태가 매우 다양하다. 과거의 역사 속에 나타나든 혹은 인생의 결정적인 단계를 맞이한 현대의 남성과 여성의 꿈속에 나타나든, 그것들은 모두 중요하다. 이 상징성의 가장 오랜 단계에서 우리는 또다시 '트릭스터'의 주제와 만난다. 그러나 이번에는, 트릭스터는 더 이상 무법자로서의 영웅은 아니다. 그는 샤먼이며, 그 마술적인 행위나 번뜩이는 직관에 의해 이니시에이션의 원시적 주인이라는 것이 판명된다. 그의 힘은 육체를 떠나 새와 같이 세계를 날아다닐 수 있는 가상의 능력에 깃들여 있다.

　이 경우 새는 초월의 가장 적합한 상징이다. 그것은 '매체(媒體)'—즉 먼 곳에서 일어난 일 혹은 의식적으로는 전혀 모르는 사실을 황홀한 상태에 빠짐으로써 알 수 있는 사람—를 통해 작용하는 직관의 특이한 성질을 표현하고 있다.

　그와 같은 힘의 증거는 최근 프랑스에서 발견된 유명한 동굴벽화에 대한 설명

신화나 꿈속에서 혼자 하는 여행은 자주 초월의 해방을 상징한다.
이탈리아의 시인 단테가 자기의 책 《신곡》을 들고 있는 15세기경의 그림(위)으로, 지옥(아래)과 연옥, 그리고 천국 여행이라는 그의 꿈과 관련되고 있다.

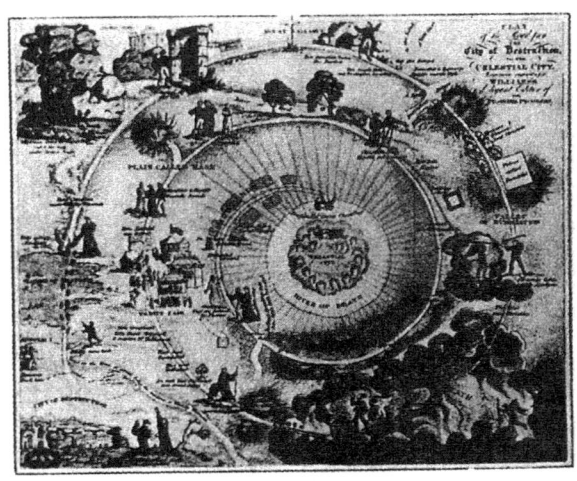

영국 작가 존 버니언의 저서 《천로역정(1678)》의 순례여행을 묘사한 판화(그 여행이 내부의 중심을 향해 원형으로 움직이고 있는 점에 주의). 이 책도 역시 꿈으로 이야기된다고 알려져 있다.

으로 미국인 학자 조지프 캠벨이 지적하고 있듯이, 역사 이전의 구석기시대까지 거슬러올라가 찾아볼 수 있다. 라스코에서 그는 다음과 같이 서술했다. '새 모양의 가면을 쓰고 황홀상태에 빠져 누워 있는 한 샤먼이, 옆에 놓인 지팡이에 앉아 있는 새와 함께 그려져 있다. 시베리아의 샤먼들은 오늘날에도 그러한 새의 의상을 입는다. 그들 대부분은 새와 인간의 여자로부터 태어났다고 믿고 있다…… 그러므로 샤먼은 흔히 볼 수 있는 주민일 뿐 아니라 우리의 깨어 있는 의식으로서는 보이지 않는 힘의 영역에 속하는 은총받은 자손이기도 하다. 누구라도 잠시 동안은 환상 속에서 그 영역에 가볼 수 있을 것이다. 그러나 샤먼은 지배자로서 그 속을 활보하는 것이다.'

순례자가 꿈을 꾸고 있다.

이런 종류의 이니시에이션 활동 중에서 가장 고도의 것으로는 참된 심령적 통찰을 대신하는 사기적인 것과는 거리가 먼 다른 힌두교 수도자의 요가가 있다. 그들은 황홀의 경지에서 사고의 통상적인 범주보다 훨씬 깊이 들어간다.

초월을 통해 해방된다고 하는 이런 것들 가운데 가장 일반적인 꿈의 상징으로 고독한 여행, 혹은 순례의 테마가 있다. 그것은 어떤 의미에서는 정신적 순례라고 볼 수 있는데, 그 여행에 의해 입문자는 죽음의 본질에 익숙해지는 것이다. 그렇지만 이것은 최후의 심판 혹은 힘의 시련으로서의 죽음이 아니라, 어떤 연민의 정신에 통괄되어 보호되는 해방과 포기와 속죄의 여행이다. 이런 정신은 이니시에이션의 '교사(master)' 보다는 오히려 '연인(mistress)' 에 의해 표현되는

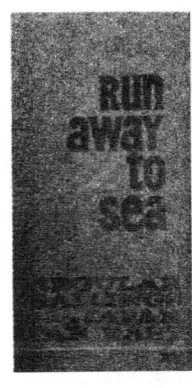 

많은 사람들이 일상생활의 억압적인 패턴에서 어떤 변화를 구한다 '해외로 탈출합시다'라는 문구가 씌어 있는 포스터가 강조하는 것처럼 여행에 의해 얻을 수 있는 자유는 참된 의미에서의 해방을 대치할 수 없다.

경우가 많다. 그것은 중국 불교의 관음(觀音)이나 기독교 그노시스(Gnosis) 교리의 소피아(Sophia ; 사물에 대한 완전한 인식 또는 최고선에 대한 지식), 또는 고대 그리스의 지혜의 여신 팔라스 아테네(Pallas Athene)와 같은 최고의 여성상(즉 애니머)으로 나타난다.

새의 비행이나 황야 여행만이 이 상징성을 표현하는 것은 아니며, 해방을 예시하는 강한 운동은 모두 이것을 나타내고 있다. 인생의 초기단계에서 사람이 본래의 가족이나 사회 집단에 아직 소속되어 있을 때, 이 상징은 혼자서 인생을 향한 결정적인 첫걸음을 내딛는 법을 배워야 하는 이니시에이션의 순간에 경험하게 될 것이다. T. S. 엘리어트는 《황무지》 속에서 인간이 직면하는 이런 순간을 다음과 같이 묘사하고 있다.

저 가공할 만한 결단, 일순의 정신(挺身)
불혹(不惑)의 세월도 결코 움츠러들게 할 수 없으리라.

영국의 탐험가 R. F. 스코트와 그 일행이 1911년 남극에서 찍은 사진. 미지의 세계에 대한 모험을 행하는 탐험가는 초월을 특징짓는 자유나 억압의 타파에 꼭 들어맞는 이미지다.

인생의 후반기라고 해서 의미 있는 억제의 상징과 결부된 것을 전부 끊고 지낼 필요는 없을 것이다. 그럼에도 불구하고 모든 자유로운 사람을 새로운 발견으로 몰아세우고, 새로운 방법으로 인생을 살도록 강요하는 숭고한 갈망의 정신으로 가득 차게 하는 경우도 있다. 이러한 변화는 중년에서 노년에 이르는 시기에 특히 중요하다. 인생의 그 시기에는 많은 사람이 퇴직 후 무엇을 할 것인가—즉 일할 것인가 놀 것인가, 집에 머무를 것인가 여행을 떠날 것인가—를 깊이 생각하기 때문이다.

만일 모험적이고 불안정하며 변화가 많은 인생을 살아왔다면 그들은 안정된 생활과 종교적 확신에 바탕을 둔 위안을 구하게 될 것이다. 그러나 만일 자기가 태어난 사회적인 패턴 속에 안주해 있었다면, 그들은 자유로워지는 변화를 절실히 구할 것이다. 이러한 요구는 세계 일주나 작은 집으로 이사하는 것으로 잠시 동안은 채워질 것이다. 그러나 새로운 생활의 패턴을 단지 발견할 뿐만 아니라 창조하는 일에 의해, 어떤 의미에서 낡은 가치관을 내적으로 초월하는 것이 아니라면 이러한 외적인 변화는 아무런 쓸모도 없을 것이다.

후자에 해당되는 예를 다음의 여성에게서 볼 수 있다. 그녀는 어떤 생활양식 속에서 자기 자신은 물론 가족과 친구들도 오랫동안 안주해 왔는데, 그것은 문화적으로도 풍부하고 일시적인 유행으로부터 침해되지 않는 그런 것이었기 때문이다.

나는 이상하게 생긴 몇 개의 나뭇조각을 발견했는데, 조각은 되어 있지 않았으나 자연스럽고 아름다운 모습이었습니다. 누군가가 "네안데르탈인이 그것을 가져왔다"고 말했습니다. 그러자 멀리 마치 검은 덩어리 같은 네안데르탈인들이 보였습니다. 그러나 나는 그들 중 한 사람도 똑똑히 볼 수가 없었습니다. 나는 그들의 나뭇조각을 하나 가지고 그 장소에서 떠나야겠다고 생각했습니다.

마침내 나는 마치 혼자서 여행길에 나선 듯한 심정으로 걸어가다가 사화산과 같은 거대한 심연을 내려다보았습니다. 한쪽에 물이 있었는데, 나는 그곳에도 네안데르탈인이 있을 것이라고 기대했습니다. 그러나 그들 대신 검은 물(水)기니피그(Guineapig)가 물속에서 나와 검은 화산암 사이로 아른거리며 달리는 것이 보였습니다.

이 여성이 그 가족에 대해 갖는 집착이나 그 생활양식이 고도로 문화적인 것과는 대조적으로, 이 꿈은 우리가 그려낼 수 있는 가장 오랜 역사 이전의 원시적인 시대로 그녀를 이끌고 있다. 이같은 고대인들에게서는 그녀는 어떤 사회적 집단도 찾아내지 못한다. 즉 그녀는 그들을 멀리 있는, 참으로 무의식적이고 집

뱀의 상징은 일반적으로 초월과 결부되는데, 그것은 전통적으로 지하세계의 피조물이기 때문이다. 그리하여 서로 다른 두 생존양식 간의 중개자가 된다. 이것은 현대 프랑스에서 의사의 자동차임을 표시하는 스티커에 그려져 있는 뱀과 지팡이로서, 그것은 그리스·로마의 의술의 신인 아스클레피오스의 상징이다.

합적인 '검은 덩어리'로 보는 것이다. 그럼에도 불구하고 그들은 살아 있다. 그리하여 그녀는 그들의 나뭇조각을 가져올 수 있는 것이다. 꿈은 나뭇조각이 자연 그대로의 것이며 인위적인 것이 아니라는 점을 강조하고 있다. 따라서 그 나뭇조각은 문화적으로 조건지워진 무의식의 수준이 아니라 원시적인 수준에서 비롯되고 있는 것이다. 까마득하게 오래된 이 하나의 나뭇조각은, 이 여성의 현대의 경험을 인간생활의 아득한 기원과 결부시키고 있는 것이다.

고대의 나무나 식물이 상징적으로는 심적 생명 ― 본능적인 생명과는 구별되며, 보통 동물에 의해 상징된다 ― 의 발전 혹은 성장을 표현하고 있다는 예를 우리는 많이 알고 있다. 그러므로 이 한 조각의 나무에서, 이 여성은 보편적 무의식의 가장 깊은 층과 자신을 연결짓는 상징을 찾아내게 된 것이다.

그 다음에 그녀는 혼자서 여행을 계속했다고 이야기한다. 이러한 주제는 이미 지적했던 것처럼 이니시에이션의 체험을 통해 해방될 필요가 있음을 상징적으로 보여주고 있다. 그러므로 여기서 초월의 또 하나의 상징을 보게 된다.

그리고 그녀는 꿈속에서 사화산의 거대한 분화구를 보게 되는데, 그것은 지구의 가장 깊은 층으로부터 격렬히 불을 뿜어내기 위한 통로였던 것이다. 이것은 외상적(外傷的)인 경험으로까지 거슬러올라가는 그녀의 의미 깊은 기억의 흔적과 관계가 있다고 추측할 수 있다. 그녀는 이것을 젊은 시절의 개인적인 체험과 결부시킨다. 그녀는 그때 자기의 마음이 산산조각나는 것은 아닐까 하고 두려워할 만큼 파괴적인, 그러나 창조적인 격정의 힘을 느꼈다고 했다. 그녀는 청춘시절 후기에 자기 가정의 극히 인습적인 사회적 패턴으로부터 벗어나고 싶다는 참으로 예기치 못한 욕구를 느꼈다. 그녀는 이 분리를 심각한 고뇌 없이 달성했다. 그리하여 결국은 가족과 화해하기 위해 다시 돌아갈 수 있었다. 그러나 그녀에게는 아직도 가족적인 배경으로부터 벗어나고 싶다, 그리고 자기 자신의 존재 양식으로부터 떨어져 자유로워지고 싶다는 깊은 소망이 남아 있었던 것이다.

이 꿈은 또 하나의 꿈을 연상시킨다. 그것은 이 여성과는 전혀 다른 문제로 고

17세기 프랑스의 그림으로, 뱀이 현세와 내세의 중개자로서 나타난다. 오르페우스가 리라를 타고 있다. 그와 그의 청중들은 에우리디케(그림 가운데)가 뱀에게 물린 것을 모르고 있다—이 치명적인 상처는 그가 지옥에 떨어지는 것을 상징한다.

새(따오기)의 머리를 가진 이집트의 신 토스. 토스는 초월과 관련된 '지하세계'의 이미지로, 그는 죽은 자의 영혼을 재판하는 역할을 했다. 그리스의 신 헤르메스는 '사이코 펌프(영혼의 인도자)'라 불렸으며, 죽은 자를 지하세계로 인도하는 역할을 했다.

▲ 이 그림은 교차로에 서 있는 돌로 된 헤르메스의 두상(頭像)이다(두 세계를 중개하는 신의 역할을 상징화하고 있다). 이 두상의 옆 기둥에는 한 마리의 뱀이 얽혀 있다.

◀ 이 상징(caduceus)은 로마의 신 메르쿠리우스(16세기경 이탈리아의 청동상)에 계승되어 정신적 초월의 상징으로서의 새를 연상시키는 날개를 획득했다.

초월의 상징 __ 285

날개 달린 용(15세기의 사본에서)은 새와 뱀의 초월적 상징성을 통합한 것.

뇌하던 젊은 남성의 꿈인데, 그는 비슷한 종류의 통찰을 필요로 했던 것 같다. 그도 또한 분리를 달성할 필요에 직면했다. 그도 화산에 대한 꿈을 꾸었는데, 그 분화구로부터 두 마리의 새가 마치 당장이라도 화산이 폭발해 버리기라도 하듯 두려워하며 날아 나오는 것을 보았다. 그곳은 낯설고 쓸쓸한 장소로서, 그와 화산 사이에는 물웅덩이가 놓여 있었다. 이 경우에는, 꿈은 개인의 이니시에이션에 대한 여행을 표현하고 있었다.

가족의식을 거의 갖지 않는 집단으로 알려져 있는, 식량을 모으고 먹을 뿐인 집단 사이에서는 이 사례와 똑같은 일이 있다고 보고되었다. 이러한 사회에서는 이니시에이션을 받는 젊은이는 성스러운 장소—북태평양 연안의 인디언 문화권에서는 그 장소가 실제로 화구호(火口湖)이다—까지 혼자 여행을 하지 않으면 안 된다. 그리하여 그곳에서 그는 환각적인, 혹은 황홀한 상태가 되어, 동물이나 새나 자연물의 모습을 한 '수호신'을 만나게 된다. 그는 이 '초원의 영혼'과 긴밀히 동화되고, 그렇게 함으로써 어른이 된다. 그러한 체험이 없으면, 그는 아쿠마우이족의 주술사가 말하듯이 평범한 인디언 이상은 아무것도 아닌 사람으로 간주되는 것이다.

이 젊은 남성의 꿈은 그 인생의 시작에 즈음하여 찾아왔던 것이다. 그리고 그것은 하나의 성숙된 남성으로서의 그의 장래의 독립과 개성을 지시해 주었다. 또한 내가 앞서 언급했던 그 여성은 인생의 황혼기에 접어들고 있었다. 그녀도

정신적인 초월의 이미지—날개가 달린 암말 부라크를 탄 마호메트가 우주를 날고 있다.

비슷한 여행을 경험하고 똑같은 독립의 획득을 필요로 하고 있었던 것 같다. 그녀는 그 낡았다는 점에 의해 우리 문화의 이미 알려진 모든 상징을 초월한 영원한 인간의 법칙과 조화를 유지하면서 그 여생을 보낼 수 있었다.

그러나 그와 같은 독립은 모든 불순한 것과 함께 세상을 포기하는 것을 의미하는 요가적인 이탈상태로 끝나는 것은 아니다. 어떤 의미로는 이 여성은 사멸한 꿈속의 광경에서 동물생활의 징후를 보았던 것이다. 동물의 종류로는 그녀가 모르는 '물기니피그'가 나타났다. 그러므로 이것은 물속과 육지 두 가지 환경에서 살 수 있는 특수한 종류의 동물을 의미하는 것인지도 모른다.

두 가지 환경에서 살 수 있다는 것은 초월의 상징으로서의 일반적인 동물의 상징이다. 이런 동물은 비유적으로 말하면 태고의 어머니인 대지의 깊은 곳으로부터 나타나는 것으로, 보편적 무의식에서 사는 상징적인 거주자이다. 그들은 특수한 지하세계의 메시지를 의식의 영역에 전달해 주지만, 젊은 남성의 꿈에 나타난 새가 상징하는 정신적인 야망과는 다소 다르다.

이 심층의 초월적 상징에는 이 밖에도 설치동물(齧齒動物), 도마뱀류, 뱀, 그리고 때로는 물고기가 포함된다. 이것들은 물속의 활동과 새의 비상을 지상생활에 결부하는 중간적 동물이다. 오리나 백조는 이에 해당된다. 아마도 꿈속에서 초월을 나타내는 가장 보편적인 상징은 뱀일 것이다. 뱀은 현재에도 의사의 직업을 나타내는 기호로 사용되는, 로마의 의술의 신 아스클레피오스를 나타내는 치료의 상징으로 사용된다. 원래 그것은 나무에서 사는 독 없는 뱀으로서, 흔히 볼 수 있듯이 치유의 신의 지팡이에 감겨 있으며, 대지와 하늘을 중개하는 역할을 하는 듯하다.

지하세계의 초월을 나타내는 더욱 중요한, 그리고 널리 알려져 있는 상징은 서로 얽혀 있는 두 마리의 뱀이다. 이것으로는 고대 인도의 나가(Nāga)의 뱀이 유명하다. 또한 그리스에서도 헤르메스신의 지팡이 끝에 얽혀 있는 뱀을 볼 수 있다. 초기 그리스의 헤르메스상은 윗부분이 신의 흉상(胸像)으로 되어 있는 돌기둥인데, 한쪽에는 서로 얽혀 있는 뱀이 있고 반대편에는 발기된 남근이 있다. 이 뱀이 성적인 교접 행위를 표현하며 발기된 남근도 틀림없는 성적 표시이므로, 우리는 여기서 헤르메스의 기능이 풍요의 상징이라는 결론을 내릴 수 있다.

그러나 우리가 만일 여기서 생물학적인 풍요만을 생각한다면 잘못을 범하게 될 것이다. 헤르메스는 메신저로서는 다른 임무를 띤 '트릭스터'이고 십자가의 신도 되며, 궁극적으로는 지하세계를 오가며 영혼을 인도하는 역할을 한다. 따라서 그의 남근은 기지(旣知)의 나라로부터 미지의 나라로 관통하여 해방과 치료의 영적 메시지를 구하는 것이다.

본래 이집트에서는 헤르메스가 따오기의 머리를 가진 토스신으로 알려져 있다. 따라서 초월의 원리인 새의 모습으로 묘사되었던 것이다. 그리스 신화의 올림피아 시대에 헤르메스는 다시 뱀으로서의 지하세계의 본성에 덧붙여 새의 속성을 되찾았다. 그의 지팡이는 뱀 위쪽에 날개가 생겨 카두세우스(caduceus), 즉 메르쿠리우스의 날개 달린 지팡이가 되었던 것이다. 그리하여 신 자신도 날개 달린 모자와 신을 신은 '비상하는 사람'이 되었다. 여기서 우리는 그의 초월의 완벽한 힘을 보게 된다. 그것에 의해 지하적인 뱀의 의식에서 오는 차원 낮은 초월성이 지상적인 현실이라는 매개물을 거쳐, 결국은 날개를 달고 비행하는 초인이나 초인간적인 현실에 대한 초월성을 획득해 가는 것이다.

그러한 복합적인 상징은 날개 달린 말이나 날개 달린 용 등 다른 표상에서도 발견된다. 또한 융 박사가 이 문제에 관한 고전적인 저서에서 충분히 설명하고 있듯이, 연금술의 예술적 표현에 풍부하게 등장하고 그 밖의 다른 동물에게서도

많은 현대인의 꿈이나 환상 속에서, 우주탐험을 위한 거대한 로켓은 초월이라고 불리는 자유나 해방에 대한 욕구인 20세기의 상징적 구현으로서 자주 나타난다.

발견된다. 우리가 환자와 상담하는 과정에서도 이와 같은 상징의 변화물을 수없이 볼 수 있다. 이런 상징들은 우리의 심리요법이 보다 깊은 마음속의 내용을 해방시켰을 때 무엇을 획득할 수 있는가를 보여준다. 그렇기 때문에 그것들은 보다 효과적으로 인생을 이해하기 위한 의식적인 장비의 일부가 되는 것이다.

과거로부터 우리에게 전해지거나 꿈속에 나타나는 상징의 의의를 이해한다는 것은 현대인에게 쉬운 일이 아니다. 또한 억제의 상징과 해방의 상징 사이에 나타나는 오랜 갈등이 어떻게 우리의 현재 상황과 관련되는가를 아는 것도 쉬운 일은 아니다. 그러나 변화되는 것은 그러한 심적 의미가 아니라 고대적 패턴의 특수한 형식이라는 것을 인식한다면 문제는 간단해진다.

우리는 지금까지 해방이나 자유의 상징으로서 들새에 관해 이야기해 왔지만, 오늘날에는 제트기나 우주 로켓에 대해서도 같은 말을 할 수 있다. 왜냐하면 그것들은 적어도 중력(重力)으로부터의 일시적 탈출이라는 초월의 원칙을 물리적으로 체현하고 있기 때문이다. 이와 마찬가지로 일찍이 고대인에게 안정이나 보호를 가져다준 억제의 상징은, 현대인에게는 경제적 안정이나 사회복지를 추구하는 형태로 나타나게 될 것이다.

물론 우리 인생에서는 모험과 훈련, 미와 악덕, 자유와 안정 간의 갈등이 있음을 누구나 알고 있다. 그러나 이것들은 우리를 고뇌하게 하는 양의성(兩義性)을 표현하기 위한 단순한 말로서, 이에 대한 해답은 결코 얻을 수 없는 것처럼 보인다.

그러나 해답은 있다. 억제와 자유의 합류점이 있고, 우리는 그 합류점을 내가 지금까지 서술해 온 이니시에이션의 의식에서 볼 수 있다. 이 의식은 개인은 물론 집단에 대해서도 그들 자신 속에서 상반되는 힘을 결부시킴으로써 그 인생에 평형이 유지되도록 해준다.

그러나 이 의식은 언제나 자동적으로 그런 기회를 제공하는 것은 아니다. 그것들이 개인이나 집단의 인생의 특정한 국면에 관련되고, 그것을 바르게 이해하고 새로운 생활에 알맞은 모습으로 해석하지 않는 한 그 순간은 지나가버리고 만다. 이니시에이션은 본질적으로는 복종의 의식에서 시작되어 억제의 시기를 거치고 그 뒤에 해방의 의식으로 나아가는 과정이다. 이와 같이 하여 모든 사람은 그 인격에서 서로 모순되는 요소를 화해시킬 수 있다. 즉 그를 인간으로 만들고, 그리하여 그를 진정한 자기 자신의 주인으로 만드는 평형에 이르게 되는 것이다.

해설

프로이트에 대해서는 비교적 잘 알려져 있지만, 융에 대해서는 의외로 생소한 것이 일반적 인식이라고 하겠다. 그러나 융은 내향과 외향, 또한 콤플렉스와 같은 우리의 일상적 용어는 물론이고 '집단무의식'이나 '원형'과 같은 새로운 개념을 수립함으로써 정신의학 및 심리학의 영역을 초월하여 널리 종교·예술·문학·교육 등의 분야에까지 심대한 영향을 미친 20세기 최대의 심리학자이다. 융의 심리학에 관한 이 책에서 그 전모를 어느 정도 이해했을 것이라고 생각되므로, 여기서는 젊은 독자를 위해 융의 선구가 되는 프로이트 심리학을 우선 개략적으로나마 해설하고 다음에 융에 대해서 설명할까 한다. 그러는 편이 심리학을 보다 잘 이해하고 이 책에 대해 좀더 깊이 이해하게 될 것이라고 믿기 때문이다.

'해설'의 성격상 심리학에 대한 입문(入門)처럼 되어버렸지만, 어디까지나 심리학의 이해를 돕는다는 의미로서 쓰는 만큼 독자들은 그 점을 양해해 주기 바란다.

정신분석이란 무엇인가

인간의 정신은 큰 바다에 떠 있는 빙산으로 비유된다. 빙산은 해면상에 모습을 드러낸 부분 아래 물속에 숨겨진 거대한 부분이 있는데, 그것과 마찬가지로 인간 정신의 경우에도 의식되고 있는 것의 배후에 무의식의 세계가 있다는 것이다.

우리는 일상생활에서 스스로 생각하든가, 느끼든가, 행동하는 것을 자각하고 있다. 자기를 통해 자기를 아는 것이다. 이런 상태를 '의식'이라고 부르는데, 오랫동안 정신이란 의식과 같은 것이라고 믿어졌다. 그런데 19세기 말부터 의식하고 있지 않은 정신활동의 존재를 인정할 수밖에 없는 사실이 차례로 밝혀졌던 것이다.

첫째로 히스테리(히스테리 반응)와 같은 신경증이다. 이런 증상은 의식하지 않았음에도 불구하고 마음의 내부에서 형성되었다고 추측된다.

두 번째는 이중성격, 또는 인격교대이다. A라는 인간은 전세계에 한 명밖에는 없으며 그 독자적 성질, 즉 인격(Personnalité)을 갖고 있다. 그런데 이런 A의 인격이 돌연 B라는 다른 인격으로 전환되는 경우이다. 실제로 어떤 사람이 어느 날 갑자기 실종되어 자기도 알지 못한 채 엉뚱한 곳에서 며칠이고 몇 주일이고 전혀 다른 일을 하다가, 어느 날 잠에서 깨어나 자기가 도대체 누구냐고 묻는 일이 있다. 그는 그 동안의 일을 전혀 기억하지 못하는 것이다. 어째서 이런 일이 발생하는가? 그 이유는 본인도 의식하지 못하는 어떤 정신의 내부에 있다고 생각할 수밖에 없을 것이다.

세 번째로 무의식의 존재를 나타내는 것은 최면상태이다. 최면상태에 들어가면 잃었던 기억 중 일부를 되살릴 수도 있는 것이다. 이것과 관련하여 '후최면현상(後催眠現象)'이라는 것이 있는데, 이것도 무의식 세계의 존재를 나타낸다.

네 번째로 평소 생각해 낼 수 없는 것이 꿈속에서 출현하는 것도 무의식을 가상하게 한다.

완전히 잊고 있던 일이 꿈에 나타난다고 하면, 지난날의 경험이 의식되지 않은 채 남아 있었다고 생각할 수밖에 없다. 이상과 같은 사실로 우리는 '무의식'이라는 것을 가정하고, 그 성질을 명확히 함과 동시에 일상생활에 미칠 그 영향을 확인할 필요가 생겼던 것이다.

프로이트의 천재성

정신분석이란 곧 심층심리학(深層心理學)을 말한다. 그것은 일반적으로 알려진 것처럼 프로이트(Freud, Sigmund, 1856~1939)의 천재성에 힘입고 있다. 프로이트는 젊은 시절 프랑스에서 수학했고, 파리의 샤르코(Charcot, Jean Martin, 1825~93), 낭시의 베르네임(Bernheim), 리에보(Liébault)의 연구와 접촉했다. 샤르코가 있는 곳에서 그는 히스테리의 현상, 특히 히스테리를 최면 암시로 일으킬 수 있다는 사실을 배웠으며, 낭시에서는 '후최면현상'을 관찰했다. 후최면현상은 프로이트에게 '행위의 참된 원인은 항상 의식되어 있다고 할 수만은 없다'는 정신분석의 근본적 견해를 가지게 하는 데 중요한 역할을 담당했던 것이다.

프로이트는 히스테리 증상을 보인 한 여성을 관찰하고, 그것을 바탕으로 하여 히스테리에 관한 연구 논문을 발표했다(1893년 및 1895년). 그는 그 속에서 히스테리 증상은 잊어버리고 있던 과거의 사건과 관련이 있으며, 그것을 상기하도록 함으로써 이런 증상을 제거할 수 있다고 주장했다. "환자는 마음에 상처를 입고 있었던 것이다. 이것을 재현시키면 치료될 수 있다. 블로일러(Bleuler, Eugen, 1857~1939)가 카타르시스(catharsis ; 정화법)라고 부른 방법, 마음속에 남아 있던 응어리를 제거하는 것이야말로 유효한 치료법"이라고 프로이트는 믿었던 것이다.

프로이트는 베르네임에 의해 무의식 속에서 이루어지는 행위가 존재함을 배웠는데, 브뤼엘의 관찰이 더욱더 이 생각을 뒷받침했다. 히스테리 증상은 잊어버리고 있던 사건에 의해 일어났다. 병의 원인이 된 '상처(감정적 외상)'가—이것은 최면법에 의해 재현되기까지는 의식되지 않았던 것이다—증상을 일으키는 활동을 한 것이 분명하다고 생각되었다.

무의식 속에 있으면서 발산되지 않고 있는 감정적 긴장이 어떤 계기에 의해 말이나 행동으로서 발산되고, 이로써 마음속이 깨끗해진다(해제반응에 의한 카타르시스)는 사고방식이다.

이러한 것 전부가 프로이트 스스로 창조해 낸 것은 아니다. 특히 자네(Janet, 1859~1947)의 연구가 프로이트에게 영향을 미쳤다. 자네는 다음과 같이 쓰고 있다.

1890년대 초 외국의 의사로 프로이트라는 사람이 사르페토리엘 병원에 와서 나의 연구에 매우 흥미를 보였다. 그는 그 사실의 진가를 인정하고 약간의 새로운 관찰을 발표했다. 이 발표에서 그는 무엇보다도 먼저 내가 사용하고 있던 용어를 바꾸었다. 내가 '심리적 분석'이라 부른 것을 '정신분석'이라 일컬었고…… 내가 '심리적 조직'이라 부른 것을 '콤플렉스'라고 했다. 내가 '의식의 협소화(狹小化)'라고 한 것을 '퇴행현상(退行現像)'이라고 했으며, 내가 '심리적 분해' 또는 '정신적 훈증(燻蒸)'이라고 풀이한 것을 그는 '카타르시스'라고 명명했다. 그렇지만 그보다 그는 임상관찰과 치료를 변형하여 '범성철학(汎性哲學 ; 모든 것을 성〈性〉으로 해석하는 철학)'의 체계를 구축했다.

프로이트는 자네의 말처럼 '정신현상을 설명하는 학설'을 만들어냈다. 이리하여 프로이트와 그 협력자를 '프로이트학파'라고 일컫게 되었던 것이다.

자유연상법

일상생활 중에서 우리는 전혀 우연이라고밖에 생각되지 않는 행동을 하는 일이 있다. 무심코 얼굴을 쓰다듬는다든가 휘파람을 분다든가 하는 일에서부터, 문득 기억이 떠오르지 않는다든가 글씨를 잘못 쓴다든가 하는 일이다.

이런 행동에 원인은 없는 것일까? 종래에는 이런 원인을 캐려는 일은 무의미하다고 생각되었다. 굳이 말한다면, 뇌에 어떤 변화가 있기 때문이라고 생각하는 정도였다.

그러나 이런 행동 중에는 명백히 정신적 원인에 의한 것이 있다. 때때로 휘파람을 불고 있었기 때문에 기계적으로 휘파람을 분다. 불쾌할 때 이런 기분을 잊고자 휘파람을 부는 것이 습관이 되어, 불쾌감을 느끼면 곧 휘파람을 불게 되는 경우도 있다. 이것은 생리적으로도 설명될 수 있을지 모르지만, 프로이트는 이를 진전시켜 첫째로 마음의 내부에 동기가 없는 우연적·기계적 운동은 있을 수 없으며, 그것은 반드시 과거의 사건에 의해 결정되고(심적 결정론), 둘째로 밖으로 나타난 징후의 원인이 자기 자신에게도 알려져 있지 않은 경우가 있다고 생각했다(원인의 무의식).

그런데 자연과학은 인과관계를 구한다. 일식(日蝕)이 일어나는 이유는 무엇인가, 사과가 나무에서 떨어지는 이유는 무엇인가…… 이렇듯 결과에 대한 원인을 탐구한다. 마찬가지로 기계적·우연적이라고 생각되는 행동의 원인을 탐구하는 것도 프로이트에게는 역시 과학의 발전이었다.

하지만 대체 이와 같은 심리적 원인을 자연과학의 경우와 똑같이 탐구하는 일이 가능한 것일까?

자연과학에서는 실험을 되풀이하고, 이런 원인이 있다면 그 결과가 있다는 결론을 끌어낸다. 혹은 관찰에 의해 이런 원인이 있을 때에는 언제나 이런 결과가 생긴다는 것을 인정한다. 심리적 원인=결과가 과연 똑같이 확인될 수 있을까? 프로이트는 이것이 정신분석에 의해 가능하다고 주장했으며, 자연과학과 완전히 같은 방법으로 인과관계를 파악할 수 있다고 단언했던 것이다.

프로이트학파의 사람들은 프로이트가 정신현상을 인과관계에 의해 설명했다고 믿고, 새로운 과학의 분야를 개척했다고 생각한다. 그러나 이런 경우의 인과관계는 자연과학의 인과관계와 같은 것일까? 이 경우 중요한 점은 원인=결과의 관계를 반복해서 검토할 수가 없다는 사실이다. "이런 과거가 있었기 때문에 현재는 이러하다"는 말인데, 그것은 한 차례만 일어난 일, 반복될 수 없는 일, 그러니까 '역사적 인과'인 것이다.

레빈(Lewin, Kurt, 1890~1947)은 원인 = 결과에 관한 역사적 개념과 체계적 개념을 구별했다. '나무 아래서는 왜 몸이 비에 젖지 않는가'를 생각했다고 가정하자. 이것은 빗방울이 떨어지는 방향이나 속도, 나뭇잎의 위치, 자기가 서 있는 위치 등으로 설명된다(이 경우에는 자연과학적 인과로서, 시간의 좌표를 반대로 함으로써 원인 = 결과를 역전시킬 수 있다).

그러나 비에 젖지 않는 것은 할아버지가 나무를 심었기 때문이다. 이 땅은 별로 비옥하지 않지만 특별히 신경을 써서 이 나무를 심었던 것이며, 그 때문에 비에 젖지 않는 것이라고 설명할 수도 있다. 할아버지가 나무를 심은 것이 원인이고, 비에 젖지 않는 것이 결과이다(후자의 경우 시간은 일정한 방향을 갖고 있으므로 역전하는 일이 없다).

이 두 가지 설명은 레빈 이전부터 '자연과학적 설명'과 '역사적 설명'이라고 불린 것으로서, 모든 과학에는 이런 두 가지의 인과적 설명이 포함되어 있는 것이다.

다음에 정신분석이 정신의 표출로부터 마음속의 경향을 탐색하려는 것이라고 한다면, 어떤 방법으로 그 원인을 탐색해야 할까? 최면법도 그 하나의 방법이다. 프로이트는 처음에는 이 방법을 채택했지만 나중에 이것을 버리고 '자유연상법'을 사용하게 되었으며, 이것이 오늘날 정신분석의 가장 중요한 것이 되었다.

이것은 분석의 대상이 된 사람을 소파에 뉘고 눈을 감게 하여 긴장감을 없애주며, 의지적 태도와 비판 혹은 판단하는 태도를 버리게 하되 스스로 자기를 관찰할 수 없는 상태, 즉 수면 또는 반수면 상태에 빠지지 않도록 한 다음 머릿속에 떠오르는 일을 차례로 말하게 하는 방법이다. 우리는 멍하니 있을 때 하늘→땅→산→강→바다→동해…… 하는 식으로 목적도 없이 연상을 하는데, 이같은 자유연상을 해나가다 보면 마음속의 응어리가 되어 있는 콤플렉스에 도달한다는 것이다.

그런데 블롱델(Blondel)은 '자유연상법'으로 마음의 내면에 있는 응어리를 찾아낼 수 있다는 설을 부정했고, 자유연상이란 이를테면 산책과 같은 것으로서, 그것은 일정한 방향을 갖지 않는다고 했다. 오른쪽에 사나운 개가 있다면 왼쪽

길로 접어들고, 왼쪽 길이 나쁘면 오른쪽의 좋은 길을 택한다는 것이다. 하지만 프로이트학파는 이것을 반박하며, 산책하고 있어도 발이 저절로 아름다운 경치 쪽을 향하듯이 연상은 일정한 방향으로 향하는 경향이 있으며, 연상이 진행됨에 따라 근저에 있는 이런 일정한 경향이 나타난다고 했다. 또 달비에즈는 연상법이 과학적으로 인과관계를 탐색하는 것임을 제시하기 위해 '관련의 무의식'이라는 견해를 제창했다.

산으로부터 강을 연상할 경우, 어째서 강이 의식 속에 출현했는가에 대해서는 무의식적이다. 산으로부터 바다가 연상될 가능성도 있고 산에서 숲이 연상될 가능성도 있는데 어째서 강이 연상되는가는 자기로서도 알지 못하는 것이다. 산도 의식되고 강도 의식되지만, 산과 강의 관련은 의식되고 있지 않다. 이렇듯 '관련의 무의식'이 있어 연상은 의지에 의해 행해지는 것이 아니므로, 산→강→바다→동해……라는 식으로 연상을 계속할 경우의 그 계열은 자연현상처럼 연구할 수 있다는 것이었다.

의지적 노력을 통한 사고의 경우에는 자연현상과는 달리 전개되어 가는 양상이 그때그때 다르지만, 자유연상에서는 의지가 혼입되지 않으므로 관념이 계속되는 방식은 해류나 기류의 경우와 마찬가지로 어느 정도 안정된 것으로서 다룰 수 있다. 사실 정신분석의 경험에 의해 이런 연상의 흐름이 일정한 방향을 갖고 있음은 명백하다.

오늘날 인간의 성격에 관한 설로서는 크레치머(Kretschmer, Ernst, 1886~1964)의 기질론(氣質論)이 가장 중요한데, 그가 인간의 기질을 분류하는 데 사용한 방법은 정신병자를 토대로 하여 보통 인간의 성격을 분류하는 것이었다. 유전적인 것에 관계가 있다고 생각되는 내인성(內因性) 정신병은 정신분열·조울증·전간으로 구별되는데, 보통 사람의 기질도 이런 세 가지 정신병에 대응하여 분열질·조울질·전간(점액)질로 구별할 수 있다고 생각했던 것이다.

이같은 병적 상태를 통해 보통의 심리를 연구하는 방법을 '병리법(病理法)'이라고 일컫는데, 정신분석에서는 이 방법이 대폭적으로 사용되고 있다. 구체적 심리현상을 대상으로 함에 있어서는 '발달법'(유년시절부터의 정신적 발달 경과를 추적함으로써 성장된 정신을 명확히 하려는 방법)과 더불어 '병리법'을 무시할 수 없기 때문이다.

병리법은 프랑스에서 발달된 것으로서 철학자인 비랑(Biran, Maine de)에 의해 주창되었다는 사실은 잘 알려진 바이다. 그런데 사회학자인 콩트(Comte, Auguste, 1798~1857)는 당시의 심리학이 건강한 어른의 심리만을 취급한다 하여 이를 비난했고, 철학자이며 문학사가였던 텐(Taine, Hippolyte Adolphe, 1829~93)도 이 방법을 문제삼았다. 그리하여 이것을 대성한 사람은 심리학자인 리보(Ribot, Théodule Armand, 1839~1916)였다. 리보는 다음과 같이 썼다.

> 병리법은 순수한 관찰이며 동시에 실험에도 관련된다. 병이라는 것은 사실 극히 일정한 조건 아래서는 인간의 힘으로는 불가능한 방법으로 자연 자신에 의해 행해진 아주 미묘한 실험이다.

실험은 '일정한 조건 아래서' 해야 하지만, 병이라는 조건은 매우 복잡하므로 이런 리보의 말에 반대하는 사람이 있을지도 모른다. 그러나 이 방법은 실험적 방법이나 통계적 방법과 마찬가지로, 또한 그것 이상으로 심리학에서도 중요하다. 많은 사회심리학자 중 독창적인 견해를 말하는 사람들은 이상심리(異常心理)에 관심을 나타내고 병리법을 사용했다.

정신분석은 병리적 방법을 이용한 심리학으로서, 이상심리를 매개로 하여 그 설을 구축했다.

무의식의 세계

정신분석이 무엇보다도 먼저 무의식의 세계를 탐구하는 '심층심리학'임은 이미 말했다. 의식이 없는 상태에서는 신경의 전달이나 심장의 박동과 같은 완전히 의식을 떠난 신체 내의 현상으로서 그 결과(통증의 전도가 아니라 아프다는 감각, 심장의 박동이 아니라 두근거리는 감각)만이 의식되게 마련인데, 이것은 '의식외'라고 부르며 구별된다. 의식외는 전혀 의식에 떠오르는 일이 없는 것이다. 여기서 '무의식'이라 함은 어떤 방법으로 의식되는 것을 가리킨다. 프로이트는 생각해 내고자 노력해도 그것이 불가능한 것을 '전(前)의식'이라 하여 구별하고, 꿈과 같은 특별한 상태 이외에는 의식화되지 않으며, 그것 이외로는 최면법이나 정신분석법에 의해서만 의식되는 것을 무의식이라고 불렀다.

프로이트는 '꿈'이야말로 무의식을 탐구하는 왕도(王道)라고 생각했다. 꿈의 성질을 관찰하면 무의식이 어떤 것인지 뚜렷해진다는 것이었다.

꿈에 관한 사고방식으로는 레르미트(Lhermitte)도 지적한 것처럼 두 가지의 흐름이 있다. 하나는 꿈이 제멋대로 흩어져 있어 의미가 없는 것이라는 생각이고, 또 하나는 꿈이 얼핏 보기에는 무의미한 것 같지만 꿈의 구조를 밝히고 보면 의미를 알 수 있다는 주장이다. 프로이트의 입장은 물론 후자이다.

꿈을 분석하여 무의식의 특성을 검토해 보면 우선 비논리성·비언어성·비도덕성을 알게 된다.

비논리성이란 차례로 나타나는 이미지가 시간이나 공간의 범주(kategorie) 내에서 정리되어 있지 않다. 꿈에서는 무엇이든 동시에 생기며, A의 장소가 어느 틈에 B의 장소가 되기도 한다. 프로이트는 그런 비논리적인 성질로서 압축 · 전위(轉位) · 상징화라는 현상을 지적한다.

꿈속에서 두 가지 또는 그 이상의 것이 하나가 되는 일이 있다. 말하자면 꿈의 원인이 되는 많은 소망이 하나로 결합되어 나타나는 것인데, 이것이 '압축'이다.

프로이트는 무의식의 어떤 힘에 의해 행위가 현저히 바뀌는 것을 '왜곡행위'라고 불렀다. 제1차 세계대전 중 프로이트는 잡지를 읽으면서 'Der Friede von Görz(게르츠의 평화)'라는 구절을 보았는데, 사실은 'Die Feinde vor Görz(게르츠 전면의 적)'라고 씌어 있었다. 그는 그때 두 아들이 전장에 나가 있었으므로 진심으로 평화를 바라고 있었다. 단어가 비슷했기 때문에 이런 소망이 '잘못'되어 나타났다고 프로이트는 해석했다. 이 경우에 원인으로서의 평화에 대한 소망은, 평소 생각하고 또 의식하던 일이었다. 그러나 마찬가지로 잘못 읽든가 잘못 씀으로써, 원인이 평소에도 의식되지 않을 경우도 있음을 그는 시사했던 것이다.

무의식 속에 있는 소망, 그 밖의 경향이 일상의 행위를 지배하는 경우가 있음을 우리는 여기서 보았다. 어째서 평소에는 그같은 경향이 의식하(意識下)에서 우리도 모르게 존재하고 있는 것일까?

자네는 프로이트에 앞서 무의식을 연구하고 마음속의 경향을 문제로 삼았는데, 보통의 경우에는 정신이 긴장되어(정신적 긴장력이 어느 정도 있어) 무의식적 경향을 통제하고 있으므로 인격이 통일을 유지한다고 생각했다. 그런데 수면 등에서 이런 긴장이 풀려 정신적 긴장력이 느슨해지면, 이것에 억눌려 있던 무의식의 경향이 고개를 든다는 것이었다.

프로이트는 이것과 반대로 정신의 내부에 있는 힘의 충동을 생각했다. 그에 의하면 마음속의 경향이 다른 경향을 억압함으로써 의식에 떠오르는 일을 막는다는 것이다. 특히 정신의 내부에 있는 힘의 충동에서 문제가 되는 것은, 불쾌한 경험이나 원시적(성적) 경험이 이것과 상반되는 힘에 의해 제동이 걸리고 무의식으로 쫓겨가는 경우인데, 이것을 '억압'이라고 한다. 억압하는 힘이 무의식의 경향(억압된 힘)보다 훨씬 강하여 후자를 무의식으로 쫓아버리는 일도 있고, 그리 강하지는 않지만 무의식적인 경향을 어느 정도 변형시키는 일도 있다.

불쾌한 기억은 억압되지만, 억압이 강할 때에는 이런 경험은 망각된다고 프로이트는 생각했다. 그리고 생각해 내지 못한다는 것은 다른 힘에 의한 것이 아니라 기억 그 자체의 무기력에 의한(내재하는 원인에 바탕이 되는) 것이라고 생각되었다.

그렇지만 이것은 기억이라는 활동을 정신 전체의 활동에서 분리시킨 생각이다. 현실에서는 기억도 욕구나 감정 등과 무관하지는 않은 것이다. 그래서 프로이트는 망각이란 욕구 등과 같은 마음속의 다른 힘에 의해 행해진다는 것, 따라서 망각에는 외재적(外在的)인 원인이 있다고 주장했다.

성(性)의 심리(성심리학)

이 책에서는 성(性)에 대해 거의 언급이 없었는데(간접적 시사는 많다), 그것은 텔레비전 대담이라는 이 책 성립의 사정이 있었기 때문이다. 또한 융은 프로이트와는 견해를 달리하여 리비도는 '성 에너지'가 아니라 '생명 에너지'라고 제창했는데, 프로이트의 성심리학에 대해서는 짚고 넘어갈 필요가 있다. 왜냐하면 프로이트 심리학은 범성설(汎性說 ; 성개념을 확대한 이론)이라 일컬어지고 그 사상의 중심이 되기 때문이다.

프로이트에게 심층심리학과 성심리학은 늘 혼용되고 있었다. 그렇지만 양자는 일단 분리시켜 생각하는 것이 좋을 듯하다. 왜냐하면 그의 성심리학은 오늘날까지의 상식 및 과학적 견해와는 상당히 동떨어진 것을 포함하기 때문이다.

먼저 프로이트의 성심리학 방법은 심층심리학과 마찬가지로 '요해법(了解法)'이다. 이 방법이 성심리학의 영역에서 그 한계를 초월하여 갖가지 임의의 해석을 낳고 우리를 납득시키지 않는 일도 많지만, 달비에즈처럼 이같은 정신분석과 상식의 분열이야말로 오히려 과학적이라고 한다.

성심리학의 두 번째 방법은 '병리법'으로서, 이것은 이상성욕(異常性慾)을 토대로 하여 정상적인 성욕을 밝히고자 하는 것이다. 세 번째 방법은 '발달법'인데, 발달법은 오늘날의 심리학에서 중요한 방법 가운데 하나이다. 프로이트의 발달법은 일반적 발달심리학자처럼 연령의 순서에 따라 정신의 발달 과정을 추구한 것은 아니다. 프로이트는 '유아성욕(幼兒性慾)'을 문제로 제기하는데, 그것은 어린아이의 성생활을 관찰한 것이 아니라 정신분석에 의해 마음의 심층을 탐색했을 때 '어른' 속에서 '유아' 시절의 정신상태를 발견했던 것으로서, 말하자면 발달의 순서를 역으로 더듬어가는 '퇴행법'이었다. 여기서 프로이트가 '유아성욕'이라고 부르는 것은 매우 넓은 의미로서의 개념임을 밝혀두고자 한다.

예부터 식욕과 관련된 본능 및 적으로부터 몸을 지키는 본능 등은 '자기보존본능'이라 하고, 성욕에 관련된 것은 '종족보존본능'이라 하여 이 두 가지를 대립시키고 있었는데, 프로이트도 이런 입장을 취했다. '본능'이란 용어는 매우 다양한 의미로 사용되고 있으므로, 오늘날에는 이 용어의 사용을 배제하는 심리학자도 적지 않다. 여기서는 선천적이고 정해진 행동방식의 것은 '본능'이라고 하겠지만, 프로이트의 본능은 이와 같은 행동의 패턴이 아니라 행동의 원동력이며 동인(動因)이었다.

자아를 주장하는 경향은 물론 자기보존본능에 속하는 것이지만, 이미 말했듯이 타인을 사랑하는 대신 자기를 사랑하는 경우(자기애〈自己愛〉)가 있다. 그렇게 되면 자기보존본능의 일부는 성본능의 일종으로서 전자에 속하는 셈이 된다. 왜냐하면 그것이 종족보존에는 쓸모가 없지만 똑같은 에너지의 변형이기 때문이다.

이성을 사랑하면 그 사람 자신의 에너지, 즉 자기를 사랑하는 에너지는 상실되기에 이르고, 실연하면 다시 자기한테 돌아와서 자기를 사랑하게 된다(2차적 나르시시즘).

프롬 등은 이런 프로이트의 생각을 비판하여 타인을 사랑하는 일에 의해 인간은 소모되는 것이 아니라 오히려 풍부해진다고 했는데, 이 경우의 '풍부'는 에너지가 풍부한 것과는 의미가 다르다. 프로이트는 문학적으로 표현된 풍부함을 문제로 하고 있는 것이 아니었다. 프로이트의 '자기애'와 '타인애'를 동일시하는 견해는 받아들일 수 없다 하더라도, 성적 에너지를 가정하는 한(물론 양적 측정은 불가능하지만) 어느 정도 형태를 바꾼다고 하는 것은 사실과 모순되지 않는다.

성적 교섭이 돌연 중지되었을 때 강한 불안이 생기는 경우가 있는데, 이것은 성적 에너지가 불안으로 바뀐 것이라고 크레치머도 주장했다. 단, '불안'이라고는 하지만 이것은 보통의 불안과는 어느 정도 다르며, 심하면 '불쾌'가 된다. 예술이나 종교에 대한 욕구는 성적 에너지가 변화된 것이라는 점은 심리학자가 자주 지적한 사항이다. 종교활동에 정열을 기울인 사람 가운데는 성적 욕구를 극복한 자가 상당히 많았다. 이같은 사실은 오로지 종교활동에 열중하여 다른 것에는 전혀 눈길을 돌리지 않았기 때문이라고 설명할 수 있겠지만, 다른 한편으로는 에너지가 전화된 것이라고 생각해도 무방할 것이다.

이렇듯 프로이트는 에너지에 대한 견해를 채용함과 함께 성본능을 확대시켜 가는 과정에서 많은 행동을 성적 에너지의 변형으로서 규정했던 것이다.

생(生)의 본능 가운데 대표적인 것은 성적 충동이다. 일찍이 '성본능'이라고 일컬어졌던 것은 마땅히 '생의 본능'이라고 불러야 한다(프로이트의 성 에너지에 대한 융의 생명 에너지가 연상된다). 보통 생의 본능과 죽음의 본능은 하나가 되어 '융합'하고 있다. 프로이트는 처음에 신경증은 사회적인 의식과 비사회적인 무의식의 충돌로서, 억압이라는 것은 의식에 떠오르기 전에 싫은 생각을 무의식으로 쫓아버리는 것이라고 간주했다. 의식(자기 자신이 알고 있는 것)과 무의식(자기로서는 알지 못하는 것) 사이에는 전의식(前意識), 즉 생각해 내려고 하면 생각해 낼 수 있는 것이 있는데, 여기서 억압이 행해진다고 생각했다.

그런데 모순이 발생했다. 전의식이라면 떠올리고자 할 때 떠올릴 수 있음에도 불구하고 억압하고 있는 일, 억압한 일은 우리로서는 최면이나 정신분석에 의하지 않는 한 의식하지 못한다. 게다가 전의식은 단지 '생각해 내고자 하여 생각해 낼 수 있는 상태'를 가리키는 것으로, 결코 무의식에서 오는 경향을 축출할 힘이 없는 것이다. 그래서 의식·무의식·전의식에 대한 생각을 정리하려고 했다. 그것이 자아·초자아·이드였다.

이드(퍼스낼리티〈personality〉의 원시적 측면)는 원시적 자아로서, 자아의식이 없다.

그 성질은 아래와 같다.

① 무의식적이고 결코 의식되는 일이 없다. ② 행동의 원인과 관계되는 인격 부분으로서, 프로이트식으로 말하면 개인의 본능적 에너지의 저장소이다. 따라서 본능적 행동이 자아의 이 부분에 의해 행해질 뿐 아니라, 이것이 후천적인 습관을 만들어가는 힘이 된다. 능동적인 것은 이 때문이다. ③ 쾌락원칙에 따라 쾌를 구하고 불쾌는 피한다. 어린아이는 '과자가 맛있다'는 사실만으로 이것을 입에 넣지만, 이윽고 마구 먹으면 부모에게 꾸중을 듣게 되리라는 것을 안다. 자기가 이렇게 행동하면 외계는 이렇게 반응한다는 것을 깨닫고는 눈앞의 쾌락을 따르지 않으며, 때로는 연기하고, 참고, 혹은 이를 단념한다. 이렇게 되었을 때 어린아이의 행동은 현실원칙을 따른다고 하는데, '이드'는 갓 태어난 어린아이와 마찬가지로 쾌락원칙을 따르고 현실원칙을 따르지 않는다. ④ 비도덕적·비논리적(이것은 무의식의 성질이다)인 행동을 일으키는 성질이 있어서 목적의 통일이란 것이 없다. ⑤ 우리의 조상이 경험한 것(옛날의 행동방식 및 민족적·인종적 체험의 결과)이 포함되어 있다. 태어난 뒤에 배운 성질이 유전되는지 여부는 중대한 유전학적 문제인데, 프로이트는 융의 설을 좇아 이를 인정했다. ⑥ 억압된 관념이 있다.

자아(Ich ; 퍼스낼리티의 의식적 측면)는 ① 주로 의식적이다. ② 외계에 작용한다. ③ 현실원칙을 따르고 인간을 사회에 적응시키려고 한다. ④ 따라서 논리적·도덕적이며, 이미지를 말로써 표현할 수 있다.

초자아(Uber-Ich ; 양심적 자아, 양심적 행동을 하는 퍼스낼리티의 측면)는 ① 자아보다 의식적인 측면이 적다. 우리는 보통 타인에게 상처를 입히는 일을 두려워한다. 증오스러운 인간이라 생각해도 죽이지 못하는데, 이는 법에 저촉된다 해서가 아니라 진심으로 타인을 살상하는 것이 두렵기 때문이다. 보통 사람은 어린 시절부터 도덕의 제동이 형성되어 있으며, 그것은 무의식적인 것이다. ② 자아의 행동을 조정한다. ③ 태어난 이후의 학습이나 교육에 의해 이드로부터 파생된 것으로서, 이드와 긴밀한 접촉을 유지한다. 이드가 쾌락원칙을 따라 임의의 행동을 취할 때, 이것에 제동을 걸기 위해서는 맞서는 힘이 있어야 한다. 이런 힘은 이드에서 나온 에너지에 의해서이다. ④ 성 에너지는 처음에(이드로서는) 성행위를 목표로 한 힘인데, 이것이 오히려 성행위를 피하게 하는 힘이 된다. ⑤ 위와 같은 이드의 원시적 충동(성의 힘)이 바뀌어 성에 대해 제동을 건다고 하는 견해는 '범성설'이라는 이름에 합당한데, 프로이트는 성을 억제하는 힘은 유전적으로도 우리에게 전해진다고 생각했다. 이 경우에도 이드에 있어서와 마찬가지로 조상이 갖고 있던 도덕성이 유전된다.

자아 · 초자아 · 이드라는 정신도식은 그뒤 신경증이나 정신병을 설명하는 데 이용되고 많은 사변적 해석에 이용되었다. 이런 용어가 일반화되었기 때문에 그 의미하는 바를 알아두는 것은 필요하겠지만, 달비에즈의 말처럼 프로이트의 방법을 혼란시키는 것이고, 자아나 초자아가 정신의 어딘가에 있는 것처럼 생각하게 하는 위험도 있다고 하겠다.

융의 등장

칼 구스타프 융(Carl Gustav Jung, 1875~1961)은 보통 '분석심리학'의 창시자로 일컬어진다. 융은 스위스의 산간지방인 케스빌에서 프로테스탄트 목사의 아들로 태어났다. 어머니는 특이한 성격의 소유자로서, 갑자기 딴사람처럼 행동하곤 하는 경우가 자주 있었다고 한다. 융은 어린 시절부터 매우 내향적이어서, 꿈이나 자기의 내적 체험을 늘 되씹고 있었다고 한다. 이런 그의 특이한 개성은 획일적인 학교생활에 의해 구원받을 수 없을 만큼 답답하고 지루하여 열두 살 때 반년 이상이나 등교를 거부한다.

1900년, 융은 바젤 대학을 졸업함과 동시에 취리히 대학 부속 부르크휠즐리 정신병원의 조수가 되었는데, 이것이 운명적 갈림길이 되었다. 그 병원의 원장은 앞에서도 이미 말한 바 있는 블로일러였다. 1902년 영매(靈媒)에 관한 졸업 논문을 정리하여 《이른바 오컬트(occult) 현상의 심리학과 병리학》이라는 제목으로 출판했으며, 그것으로 박사학위를 취득했다. 1903년에는 에마 라우셴바흐와 결혼했다. 이 무렵부터 병원에 실험실을 만들고 언어연상 검사의 연구에 몰두했는데, 1906년 그 연구를 《진단학적 연상연구》라는 제목으로 간행했으며, 프로이트와 편지를 주고받기 시작했다.

이듬해 '조발성 치매증(癡呆症)의 심리학'을 발표했고, 프로이트를 빈의 그의 집으로 방문했다. 이때 프로이트는 51세, 융은 31세였다. 당시 융의 열정은 엄청난 것으로서, 오후 1시부터 12시간 내내 '쉬지 않고 이야기를 나누었다'고 한다. 그리하여 귀국 후에도 '정신분석에 관한 지식을 얻은 자는 누구라도 파라다이스의 나무 열매를 먹고 눈을 뜬다'는 등의 내용이 담긴 편지를 프로이트에게 보냈다. 그는 훗날 《자서전》에서 '프로이트는 내가 만난 최초의 참으로 중요한 인물로, 그 밖에 그를 능가할 만한 인물은 아무도 없었다'고 술회했다. 이후 그는 프로이트로부터 정신분석의 '대를 잇는 아들'이라든가 '황태자' 등으로 일컬어졌고, 1913년까지 공사에 걸쳐 행동을 함께한다(프로이트의 첫번째 제자는 아들러이다).

집단무의식

융을 프로이트학파, 혹은 그 분파라고 간주하는 사람이 있다. 물론 융은 프로이트의 후배이며 한동안 프로이트와 협력하고 그 영향을 받은 것은 사실이다. 하지만 융을 프로이트의 제자라고 보는 것은 옳지 않다.

1909년, 융은 프로이트와 함께 미국 매사추세츠 주에 있는 클라크 대학에서 강연을 했는데, 7주간에 걸친 여행 중 프로이트와 더불어 서로 꿈의 분석을 했다. 그 사이 꿈의 내용 연상을 프로이트가 거부한 일 등을 계기로 그는 차츰 프로이트에게 실망했고, 동시에 자기의 꿈으로부터 '집단무의식(kollectivs unbewusstes)'의 개념에 대한 발상을 얻는다. 즉 융은 그때까지 심층심리학에서는 처음부터 프로이트와 똑같은 견해를 갖고 있어, 프로이트와 만나기 이전에 '연상 테스트'로 마음의 내부를 탐색하는 실험을 계속하고 있었던 것이다. 그러나 무의식 속에는 개인이 태어난 이후의 경험뿐 아니라 우리의 조상이 겪은 경험도 혼입되어 있다고 생각했다.

예컨대 알코올에 중독되었을 때 뱀의 환각을 본다는 점은 전세계의 정신의학자가 인정하는 사실이지만, 어째서 다른 나라, 다른 문화 속에서 성장한 사람에게 똑같은 증상이 일어나는가? 융은 이것도 조상이 체험한 응어리가 남아 유전적으로 전해진 것이라고 생각했다.

정신의 내부를 탐색해 보면 그 개인 특유의 이미지(상징)가 떠오르고, 좀더 분석해 보면 신화나 전설 속에서 발견되는 것과 똑같은 이미지가 출현한다. 이런 집단무의식은, 나중에 프로이트도 인정한 바이지만, 누구에게나 있는 것으로서 자기가 속한 민족에게 공통되고 고태적(원시적)이라는 데 특징이 있다.

융의 이런 견해는 그로 하여금 무의식의 연구로부터 미개인의 연구로 향하게 만들었다. 사실 융은 미국에서 귀국한 뒤 '고대인의 상징이나 신화' 연구에 열중했고, 미국의 인디언이나 아프리카 원주민, 케냐의 흑인 속에서 생활한 적도 있었으며, 그 밖에 중국이나 인도에 관한 전문가 및 신화학자와 공동 연구도 했다.

융은 꿈에서 요해되지 않는 점이 많은 것을 원시적 사고방식의 자취라고 해석한다. 꿈의 '말'은 오늘날의 사회에서 통용되는 말이 아니라 옛날 말이기 때문이다. 예컨대 우리의 조상은 남성의 성기를 표현함에 있어 미개인의 경우와 마찬가지로 몽둥이나 장대라고 말했다고 상상할 수 있는데, 그것이 꿈에 나타난다는 것이었다.

바꾸어 말하면, 융은 프로이트처럼 '성적'인 해석을 하지 않았는데, 융의 이런 입장, 범성설적인 경향을 갖지 않는 점은 일반 심리학자에게 프로이트보다 잘 납득되고 받아들여졌다. 1912년에 출간된 《리비도의 변천과 상징》(무의식의 심리학)이 그 사고방식의 집약이었다.

이리하여 프로이트와의 격렬한 논쟁이 시작된다. 융은, 프로이트가 말하는 무의식의 주요한 모티프가 고대 신화나 온갖 민족의 전승이나 전설에서도 무수히 발견된다는 점을 제시했고, 이런 모티프는 그 개인의 유아기의 성애적인 요인(리비도)에만 환원되는 것이 아니라 상징으로서 극히 중요한 역할을 담당한다는 점을 지적했다.

그리고 신화적 모티프란 인간의 마음이 태고 때부터 계승해 온 것(archaic heritage)으로서, 개인의 생물학적 욕구에서 파생된 것과는 본질적으로 다르며 높은 정신성을 갖추었다고 생각했던 것이다. 그는 인간의 마음에 가장 영향을 미치는 것은 마음의 심층에서 나타나는 원형적 이미지를 포함한 상징이고, 그것이 누미노우스(Numinosum)라고 불리는 신비적 직접체험으로서 인간의 마음에 결정적인 영향을 준다고 생각했던 것이다.

　1913년 프로이트와 결별한 융은 일종의 '내적인 불확실성'에 사로잡혀 전혀 입각점(立脚點)이 없는 '방향 상실 상태'에 빠진다. 이후 1918년까지 무의식의 세계에 깊이 잠겨 온갖 내적 위기를 체험했다. 이때 융은 '가공할 홍수가 진행하는' 환각이나 '피바다', '세계가 얼어붙는다'와 같은 무서운 환각을 체험했고 그것에 압도되었으며, 이 밖에 자기의 '그림자'와 '애니머', 그가 피레몬이라고 명명한 '노현자'의 환상을 그림으로 그리든가 했다. 그리고 1916년에는 집안에 영이 가득 차는 것을 체험했고 《죽은 자와의 일곱 가지 대화》를 친구들에게 배포했다. 또 1918년에는 자기 속에 출현하는 '만다라'의 의미를 발견한다. 그의 내적 위기는 여기에 이르러 비로소 끝나게 되는데, 그는 "내적 이미지를 추구하던 무렵은 나의 생애에서 가장 중요한 시기였다. 그러니까 그때 모든 본질적인 것이 결정되었던 것이다. 그뒤의 세부(細部)는 무의식에서 돌연 나타나 나를 압도해 버린 소재의 보족이고 설명인 것이다"라고 말했으며, 이 무렵 경험하고 써 두었던 것을 "과학적 연구의 용기(容器) 속에서 증류하는 데 실제로 45년이 걸렸다"고 했다.

　융이 프로이트의 범성설을 인정하지 않았다는 점은 앞에서 이미 말한 바 있다. 융은 또한 꿈과 그 밖의 무의식 현상을 프로이트처럼 어린 시절의 경험에 의해 증명하는 '뒷방향의 해석'보다는 미래 또는 목적에 의해 해석했다(전향적인 해석).

　미네르바가 주피터의 머리로부터 태어났다는 신화가 있다. 이것을 어떻게 해석하는가? 프로이트라면 성기로부터 태어났다고 하겠지만, 이 표현은 너무 노골적이므로 사람들이 반발을 느끼고 이를 억압한다. 그 결과 형태가 바뀌어 머리가 성기의 대용물이 된 것이다. 그런데 융이라면 이 신화는 사람의 지혜가 신으로부터 비롯된다는 것을 나타내기 위해 상징화시켰다고 해석할 것이다.

융의 상징은 결코 억압된 것이 아니다. 상징의 사용은 아직 알려지지 않은 의미를 나타내기 위한 것, 현재 존재하지 않는 것을 표현하고자 하는 시도라고 간주된다. 융은 일반적인 정신적 에너지라고 생각했고, 인간의 활동의 원동력을 리비도라고 불렀다. 리비도는 물리적 에너지와 마찬가지로 변화하지만 양은 바뀌지 않는다.

그리고 융은 이런 생명 에너지의 생각과 관련시켜 성격학을 만들어냈다. 생명 에너지가 밖으로 향하는가 안으로 향하는가에 따라 '외향성'의 성격과 '내향성'의 성격으로 분류했던 것인데, 성적 발달로 인간의 성격을 분류한 프로이트의 성격학보다도 훨씬 요해하기 쉬워 일반심리학에 채택되었다. 그리하여 내향성과 외향성의 테스트가 고안되어 그것에 의해 인간의 성격을 분류한다.

외향성 — 관심이 밖으로 향하면 객관적이다. 사회적이다. 쉽사리 자기의 생각을 겉으로 표현한다. 자신감이 강하다. 타인에게 자기와 똑같이 행동할 것을 요구한다. 타인이 보는 앞에서 오히려 일을 더 잘한다. 책임감보다는 기회를 잡으려고 한다.

내향성 — 관심이 안으로 향하면 주관적이다. 고독해서 외부세계로부터 몸을 지킨다. 자기의 생각을 좀처럼 표현하지 못한다. 자신감이 약하다. 남의 일에 관여하지 않는다. 남이 있으면 일을 못한다. 일을 맡기 전에 책임을 생각한다.

이런 테스트를 통해서만 융의 성격학에 접촉하는 사람으로서는, 인간을 기계적으로 분류했다든가 인간을 형태화시켰다고 오해하기 쉽다. 그러나 융은 대체로 외향적인 사람이라도 어떤 경우에는 내향적으로 되고, 내향적인 인간도 장(場)의 상태에 따라서는 외향적으로 된다고 주장했다. 마음의 표면에서 외향적이라도 내면에서는 내향적이라는 의미로서, 그것은 정신 내부의 균형을 유지하려는 것이며 반동형식(융은 공기능〈共機能〉이라고 한다)이기도 하다.

의식의 표면에서 외향적인 사람은 마음속에서 내향적이고, 내향적인 사람은 외향적이라는 사실은 다음의 보기로 명백해진다. 자기 집안에 정신병자가 있다는 것을 알게 된 내향성의 사람은 정신질환에 관한 이야기를 회피한다. 그런 이야기가 나오면 자리를 피하며, 따라서 그로서는 정신과 의사를 방문한다는 것은 결코 생각할 수 없는 일이다. 그러나 마음속에서는 정신병에 대한 걱정과 관심이 존재한다(융은 이런 관심을 무의식의 외향이라고 간주한다). 외향적인 사람은 오히려 정신병에 관해 듣고 싶어한다. 어떤 정신병이 집안에 있었는지를 조사하고 정신병에 관한 책을 읽는데, 마음의 내면에서는 이것을 피하려고 한다.

융은 이런 일반적인 형을 다음과 같이 세분했다.

① 내향사고형 : 사실보다는 자기 생각에 얽매이고 융통성이 없으며, 차갑고 교우관계가 원만하지 못하며 독단적이다. ② 외향사고형 : 주지적(主知的)이며 너그럽지 못하고, 타인의 견해를 인정하지 않는다. ③ 내향감각형 : 감각이 자극과 다르게 나타난다. 즉 섬세하고 불안감이 많으며 교묘한 비유를 한다. ④ 외향감각형 : 항상 외부로부터 자극을 구하고 향락적이며, 쉽게 지루함을 느낀다. 또한 추상적인 것에는 흥미가 없다. ⑤ 내향감정형 : 감수성이 강하고 다정하며 호오(好惡)가 심하지만, 이런 감정은 밖으로 표출되지 않는다. ⑥ 외향감정형 : 사교적 관습에 따르고 다른 사람이 좋아하는 것을 좋아하며 암시되기 쉽다. ⑦ 내향직관형 : 비현실적·주관적으로서, 가능한 것에 관심을 갖는다. ⑧ 외향직관형 : 불안정하여 변화를 구한다. 선견지명이 있으며, 때로 저돌적인 모험을 감행한다. 도박을 즐긴다. 어린아이 같은 고집이 불안정을 막는 유일한 요소이므로 공상적이며, 따라서 남이 이해하기 힘들다.

융에게서는 집합 무의식과 같은 사고방식 외에도 사회심리학적 경향이 엿보인다. 부모들의 걱정이나 부부간의 좋지 않은 상황이 어린아이에게 영향을 준다고 했다. 또 사회적 역할에 관심을 갖는다. 사회생활에서 의사는 의사답게, 상인은 상인답게 행동하는데, 이와 같은 사회적 역할 또는 사회적 성격은 어째서 생기는가? 사회는, 의사란 이런 존재이며 이러해야만 한다고 생각하고, 의사 역시 이런 사회의 기대에 부응해 행동한다. 이것이 사회적 역할을 낳고 사람들의 성격을 만들지만, 이는 결코 참된 성격이 아니라고 융은 말한다.

프로이트는 근본적으로 신경증을 정신 내부의 힘의 갈등이라고 생각했지만, 융은 신경증을 갈등이라 보지 않고 주위에 잘 적응하지 못하기 때문이라고 했다. 프로이트의 신경증 치료는 다만 분석을 실시함으로써 지난날의 묵은 상처(정신적 외상)를 명확히 하면 되었는데, 융은 환자를 현실에 적응시키는 노력이 필요하다고 주장했다. 융도 무의식을 분석하고 연상을 추구했는데, 집합 무의식과의 관계를 생각했다. 프로이트는 환자가 분석자에게 옛날의 공상이나 소망을 전달하고 분석자를 아버지나 어머니로 간주하는 '전이'(轉移)가 치료의 최종단계라고 했지만, 융은 그것이 개인적 무의식을 분석하는 마지막 단계일 뿐이므로 그 위에 집합 무의식을 탐색해야 한다고 생각했다. '전이'는 집합 무의식을 분석하고 있는 사이에도 나타난다. 그러나 환자는 개인적 무의식의 경우처럼 분석자를 아버지나 어머니로 간주하는 것이 아니라 신이나 악마와 같은 우리 조상들이 갖고 있던 이미지로 전이하는 것이다.

융의 심리학은 실증적이지 못하고 이론이 많아 명쾌학이 결여된 면도 있지만, 프로이트처럼 공상적이진 않다. 예를 들어, 프로이트는 오이디푸스 콤플렉스라는 생각을 바탕으로 하여 원시시대의 아버지와 아들들의 투쟁을 공상했고, 이것을 막는 수단으로서 터부나 종교를 설명하고 있지만, 융은 좀더 상식적이다. 즉 원시인은 어떻게 설명해야 좋을지 모를 경우에는 특별한 사고방식을 가졌는데, 이런 인간의 무력함의 표현이 종교라는 것이었다.

융의 재발견

융은 제1차 세계대전 후 눈부신 활동을 벌였으며, 1921년에 《심리학적 유형》, 1929년에는 R. 빌헬름과 공동으로 《황금꽃의 비밀》을 출판했다. 또한 1933년에는 크레치머의 뒤를 이어 국제정신요법학회의 회장이 되었다. 1938년에는 인도를 여행했으며, 《심리학과 연금술》(1944), 《아이온(aiōn)》(1952)을 출간했다. 아이온은 '존속의 어떤 기간, 자세히 말하면 인간의 일생, 한 시대, 우주의 한 주기 등을 의미하고, 용법에 따라서는 영원을 의미한다'고 한다. 이 말은 시간을 나타내는 그리스어이다.

융은 환자의 꿈에 나타난 신을 '아이온'에 비유하며 이렇게 말했다. "그는 영원한 시간이고 시간의 지속입니다. 그는 미트라신 중에서도 가장 높은 신으로서 온갖 것을 창조하고 파괴합니다. 그는······ 창조의 지속입니다. 그는 태양신입니다. 아이온은 몸에 뱀을 감고 있는 사자의 얼굴을 한 신으로서, 사자자리(별자리)는 태양이 여름에 사는 황도 12궁의 하나이며, 뱀은 겨울 혹은 우기(雨期)를 상징하고 있습니다. 그러므로 아이온은 상반되는 것, 즉 빛과 어둠, 창조와 파괴 등의 통합을 나타내고 있습니다. ······아이온이 갖고 있는 것은 과거와 미래의 열쇠입니다."

아내가 사망한 80세 때 《결합의 신비》(1955)를 출간한 융은 이렇게 말했다. "나의 심리학은 마침내 현실 속에 그 장소를 얻고, 그 역사적 기초를 확립했다.

이리하여 나의 의무는 완료되고 사업은 이루어졌다."

그뒤 《현대의 신화 — 하늘을 나는 원반》(1958) 및 《인간과 무의식의 상징》(1961)을 출판했으며, 그의 사후 구술에 의한 《자전 — 회상, 꿈, 성찰》이 출간되었다. 이리하여 융은 그 자신의 경험으로부터 새로운 심리치료법을 개발하고 이를 이론화했다. 뿐만 아니라, 이른바 연금술의 전통에 새롭게 중요성을 부과함으로써 오늘날 가장 주목받는 심리학자가 되었다.

고전으로 미래를 읽는다 022
무의식의 분석

초판 발행 _ 1990년 12월 20일
개정판 2쇄 발행 _ 2014년 3월 20일

옮긴이 _ 권오석
펴낸이 _ 지윤환
펴낸곳 _ 홍신문화사

출판 등록 _ 1972년 12월 5일(제6-0620호)
주소 _ 서울시 동대문구 용두 2동 730-4(4층)
대표 전화 _ (02) 953-0476
팩스 _ (02) 953-0605

ISBN 978-89-7055-691-8 03160

ⓒ Hong Shin Publishing Co. Printed in Korea
＊값은 뒤표지에 있습니다.
＊잘못 만들어진 책은 바꾸어 드립니다.